Head in the Cloud

為什麼

Google

不夠用？

從世界首都到體育知識，
你絕不知道的滑世代勝出關鍵！

《如何移動富士山》暢銷作者

威廉·龐士東（**William Poundstone**）———著　林奕伶———譯

我在學校學到對後來生活唯一有幫助的事，就是在橡皮擦上吐口水，可以把墨水擦掉。[1]

——陶樂絲‧派克（Dorothy Parker）

一個謊言如果重複說得夠多次，大家就會相信。

——經常被誤認為是納粹宣傳部部長約瑟夫‧戈培爾（Joseph Goebbels）說的一段話，一四％的美國人相信真的是戈培爾說的[2]

目錄 CONTENTS

II 知識溢價

目錄 CONTENTS

前言
事實老是過時，記那個幹嘛？

　　那是在馬里布（Malibu）的一場同業派對，一群人熱烈進行挑剔批評對手作品的好萊塢遊戲。肯尼斯・布萊納（Kenneth Branagh）執導的高預算、維多利亞時期服裝版的《哈姆雷特》（*Hamlet*）票房慘淡。從戴瑞克・傑寇比（Derek Jacobi）與茱蒂・丹契（Judi Dench），到羅賓・威廉斯（Robin Williams）和比利・克里斯托（Billy Crystal）那些明星都是花大錢選錯角。但是即使如此，也無法解釋首映週末票房只有慘淡的九萬美元。

　　「也許，」有人開玩笑地說：「問題出在編劇身上。」

　　「是誰寫的？」製片廠經理問道。

　　「我是說莎士比亞。」先前開口的人說。

　　製片廠經理還是不懂。**威廉・莎士比亞**（William Shake-speare）！大家解釋著。不是尚在人世的編劇，而是英語界最偉大的劇作家，已經作古很久很久了！

　　那位製片廠經理以前在南加州大學（University of Southern California, USC）就讀法律，還以優異的成績畢業，當然知道

莎士比亞，她只是不知道《哈姆雷特》這部電影是以莎士比亞的作品為依據。我住在洛杉磯，類似這樣的故事並不少見。電影產業一直是博學之士與無知者的熔爐。就以《隔壁的男孩殺過來》（The Boy Next Door）這部在二〇一五年由珍妮佛・羅培茲（Jennifer Lopez）主演的驚悚片來說，其中有一幕是性感健美的鄰居給了羅培茲一本荷馬（Homer）的作品《伊利亞德》（Iliad）的初版書籍。「這肯定要花一大筆錢！」她出言反對道。

「別人的車庫舊貨拍賣，用一美元買的。」鄰居這麼說。

《伊利亞德》創作於印刷術發明前約兩千三百年，「初版」這一段劇情讓網路上較具有文化素養的那一半人爆發了。推特（Twitter）上有人留言：

> 我哪天來秀一下我的《摩西五經》（Torah）初版，是有一天在大型垃圾車裡發現的。[3]
>
> 他們沒有讓你看到的是時間機器，還有荷馬被鎖鏈鎖在書桌前的那個房間。
>
> 搞什麼啊！西方文明崩壞了。

該片的編劇芭芭拉・凱瑞（Barbara Curry）在被問到有什麼回應時，表示《伊利亞德》初版的那一段「並不在我撰寫的原始腳本裡。」[4]

公平地說，藏書家確實會說《伊利亞德》和《奧德賽》（Odyssey）的「初版」，那是一四八八年在佛羅倫斯以希臘語印製的。蘇富比（Sotheby）在不久前曾以一本兩萬五千英鎊的拍賣價格售出，[5]或許算得上是一大筆錢了。但是，和電影

裡的那本書絕對不一樣，電影裡的書籍是以英語印刷，而且書頁乾淨整齊，還鑲著金邊。網路上的詰難說得有道理：對任何有文化素養的人來說，無意間提起荷馬的《伊利亞德》初版書，會冷不防地讓人無法及時反應。若是用《第凡內早餐》（*Breakfast at Tiffany's*）、《無盡嘲諷》（*Infinite Jest*），或是任何真的容易在車庫拍賣中找到的現代小說，還比較可能會有初版。製作團隊要不是有把握《隔壁的男孩殺過來》的觀眾不會看出有什麼不妥，就是自己看不出來。羅培茲在片中的角色是英語老師。

二〇一一年的動畫電影《飆風雷哥》（*Rango*）是說一隻變色龍成為一個老西部小鎮的警長，鎮上都是一些電腦創造的可愛生物。導演高爾‧華賓斯基（Gore Verbinski）描述他是怎麼想出這個設定的：「我們就是反覆討論各種想法，例如……有沙漠生物的西部動畫嗎？基本上就是這麼一句話。從這裡開始，就要有典型的外來者角色，既然是沙漠，那麼來個水中生物如何？如果是水中生物，不如來個變色龍？」[6]

太好了，就是變色龍了。呃……只是變色龍並不是水中生物，而是棲息在非洲森林、草原及沙漠的蜥蜴，變色龍在沙漠中並不像離了水的魚。

以拍攝全球賣座的《神鬼奇航》（*Pirates of the Caribbean*）系列電影而聞名的大導演華賓斯基，顯然並不知道這一點，而且在提案會議上也不曾有人說：「外來者的構想很棒，華賓斯基，但是你知道變色龍並不是水中生物……」

有關係嗎？不過就只是一部卡通。變色龍也不會**說話**，但是雷哥（Rango）會，相似性僅止於此。看動物在電影中說話很有意思，因為大家都知道動物不會說話。說變色龍是水中

生物只是一個單純的錯誤，沒有藝術或娛樂價值的偏離現實罷了。華賓斯基站在這個競爭激烈的產業中接近最高峰的位置上，他的錯誤顯示出，與其說他是孤陋寡聞，倒不如說他置身於一種不在乎事實的文化裡。這個文化並不是好萊塢文化，而是當代美國文化。

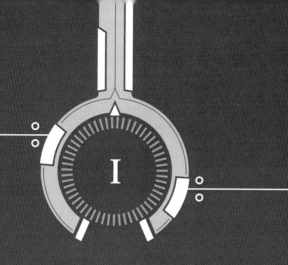

I

達克效應

01 在臉上塗了檸檬汁的搶匪，就能隱形嗎？

　　身高約一百六十八公分，體重約一百二十二公斤，這樣的銀行搶匪不可能隱形不見。一九九五年四月十九日，他在光天化日之下搶劫匹茲堡的兩家銀行。監視攝影機清楚拍到搶匪的臉——他沒有戴面罩，而且清楚地顯示他持槍對準銀行出納員。警方要求十一點的地方新聞務必播出畫面。幾分鐘不到，就有人提供一條線索；剛過午夜，警方就敲了嫌犯在麥基斯波特（McKeesport）住處的大門。確認身分為麥克阿瑟‧惠勒（McArthur Wheeler）的嫌犯不敢置信。「可是我塗果汁了。」[7]他說。

　　惠勒告訴警察，他在臉上塗了檸檬汁，讓監視攝影機無法拍攝到。警探推斷他並沒有妄想症，也沒有嗑藥，只是錯得離譜。

　　惠勒知道檸檬汁可以用來當作隱形墨水，所以理論上檸檬汁也能讓監視攝影機拍不到他的臉。他在搶劫前曾進行實驗，先把檸檬汁塗抹在臉上，再用拍立得（Polaroid）相機自拍。照片裡並沒有他的臉！（警方始終想不通這一點，很有可能是惠勒拍照的能力和當銀行搶匪一樣不及格。）惠勒說出作案計畫的一個

問題，就是檸檬汁刺痛眼睛，讓他幾乎什麼都看不到。

惠勒鋃鐺入獄，並且登上世界最蠢罪犯年鑑。惠勒的故事在一九九六年的《世界年鑑》（*World Almanac*）中實在太有特色了，引起康乃爾大學（Cornell University）心理學教授大衛·達寧（David Dunning）的注意。他從這個愚蠢故事裡，看到某種舉世皆同的悲哀，最缺乏知識與技能的人也最不能體察這種缺乏，這個觀察結果最後被稱為達克效應（Dunning-Kruger effect）。

達寧和研究所學生賈斯汀·克魯格（Justin Kruger）針對這個假設進行一連串實驗。他們針對大學心理系學生測驗文法、邏輯與笑話，再請學生評估自己的分數，也評估自己相較於其他人的表現（以百分位數表示）。結果發現，得分偏低的學生對自己的表現優異程度看法頗為誇大。達寧早已預料到這個結果，只是沒想到會這麼誇張。他對測試結果的第一個反應是：「哇！」[8]那些得分接近最低者，評估自己的能力勝過三分之二的學生。

而得分較高的學生大概也一如預期，對自己能力的看法較為準確。但是（你準備好要接受了嗎？），得分最高的那一群人略微**低估**自己相較於其他人的表現。

正如研究人員的觀察，想要知道自己的文法測驗表現，唯一的方法就是懂得文法。缺乏文法知識的人也最無法衡量自己的知識，渾然不覺自己的無知。

每個人都以為自己知道什麼是好笑的。笑話測驗包括以下兩個例子：

一、問題：什麼東西和人一樣大，卻毫無重量？
　　答案：這個人的影子。

二、如果有小孩問，雨從哪裡來，我認為俏皮的答案是告訴
他：「上帝在哭泣。」如果他追問上帝為什麼哭泣，再
告訴他一個俏皮的答案，「大概是因為你做了什麼事。」

　　測驗目標是評定每個笑話的好笑程度。達寧和克魯格找
了一組專業喜劇演員為笑話評分，他們的平均意見就視為「正
確」。喜劇演員判定第一個笑話一點也不好笑，而第二個〔由
《週六夜現場》（*Saturday Night Live*）編劇傑克・韓迪（Jack
Handey）所寫的〕笑話則被評為非常好笑。有些接受測驗的人
很難做出這種區別，但還是確信自己有能力判斷什麼好笑。

　　後來的研究就遠遠超出大學範圍了。達寧和克魯格做的一
個實驗，是在飛靶射擊與飛碟射擊比賽中招募槍枝愛好者。[9]
自願者會接受槍枝安全與知識的測驗，這十個問題取自全國步
槍協會（National Rifle Association）公布的問題。同樣地，對
槍械安全了解最少的槍枝擁有者對自己的知識高估得離譜。

　　和大多數的規則一樣，這一點也有例外。「不用怎麼費力
尋找，」[10]達寧和克魯格寫道：「就能找到有些人，例如：對
籃球的策略和技巧瞭若指掌，卻絕對不會『灌籃』。（這些人
被稱為教練。）」但是，教練當然了解自己的**身體**限制。同樣
地，「大部分的人完全能確定自己沒有能力翻譯斯洛維尼亞
的諺語、改造 V 八引擎，或是診斷急性瀰散性腦脊髓炎。」

　　達克效應的必要條件，就是對你無知的領域有最低程度的
知識與經驗（而且不知道自己的無知）。駕駛這一類的人就有
這種效應，差勁的駕駛通常認為自己是優秀的駕駛，但是不曾
學開車的人並不包括在內。

　　自從達寧和克魯格在一九九九年的報告「沒能力且沒察

覺：難能體察自身的能力不足，導致自我評價膨脹」（Unskilled and Unaware of It: How Difficulties in Recognizing One's Own Incompetence Lead to Inflated Self-Assessments）[11]首次發表研究結果，這個以他們為名的效應就成為一種迷因（meme）現象，引起全世界的共鳴：用達寧的話來說，過度自信的傻瓜「是大家都曾遇過的。」[12]搞笑諾貝爾獎（Ig Nobel Prize）將二〇〇〇年的一座諷刺獎項頒發給這個二人組。演員約翰・克里斯（John Cleese）在一則廣為流傳的YouTube影片上，[13]扼要說明達克效應：「如果你非常、非常愚蠢，怎麼可能會知道自己非常、非常愚蠢呢？你必須相當聰明才能知道自己有多愚蠢……這不僅能說明好萊塢，還有幾乎整個福斯新聞（Fox News）頻道。」達克效應現在成為網路揶揄嘲諷（還有些自以為了解意思，但是其實不甚了解的人）的詞彙。但是，這份一九九九年的報告清楚說明作者的見解，第一個尋找達克效應無知笨蛋的地方，就是鏡子。

熟記兩萬五千條道路的小黃司機

第一個成功的搜尋引擎，名稱源於「喧譁的笨蛋」的同義詞。一九九〇年代中期，雅虎（Yahoo）帶來一個人人都能方便取得事實的世界。按幾下鍵盤或口說，就能召喚出一個精靈列出幾乎所有記錄在冊的事實。過去有一段時間，酒吧侍者是爭辯體育、性事、名人及政治等問題時的仲裁者；而現在的顧客則會拿出手機或手錶。那些迷人的行動裝置將雲端帶到餐桌、健身房、汽車後座，當然也帶到會議室、教室和臥室。

所以，我們何必費事地在腦袋裡裝滿事實？

有一個好例子就是「知識大全」（Knowledge），這是倫敦的計程車司機都必須通過，以困難著稱的考試。應試者的手冊裡解釋：

> 為了達到必要之水準，以取得「全倫敦城」計程車司機執照，[14]必須具有完整周密的知識，主要是查令十字（Charing Cross）方圓六英里範圍的區域。必須知道：所有街道；住宅區；公園及開放空間；政府部門與辦事處；金融與商業中心；外交館舍；市民集會所；戶籍登記處；醫院；宗教場所；體育館及休閒中心；航空公司辦事處；車站；旅館；夜總會；劇院；電影院；博物館；藝廊；學校；學院與大學；警察局和總署大樓；民事法庭、刑事法庭及死因裁判法庭；監獄；以及觀光勝地。事實上，也就是所有計程車乘客可能會要求前往的地方。

在這方圓六英里的範圍內，有兩萬五千條街道必須記得滾瓜爛熟。不僅如此，倫敦計程車司機還得是一個活生生的衛星導航系統（Global Positioning System, GPS），能夠立刻說出任兩個指定地點之間最有效率的路線。

但是，變化就在眼前。倫敦和其他大都市一樣，共乘服務優步（Uber）打亂了計程車業的腳步。我們可以很有把握地認定，優步的駕駛不會有倫敦計程車司機揚揚自得的知識大全，但同樣可以確定的是，優步的駕駛會有 Google 地圖。

有一個知識豐富的駕駛，而非只是依照應用程式路線規劃指示的司機，是否有任何優點？這場辯論目前正在倫敦吵得不可開交。計程車司機和支持者提到衛星導航系統的局限與小毛

病（彷彿人類司機永遠不會犯錯似的）。言下之意就是，知識大全是另一個瀕臨滅絕的英國獨特傳統。

不難猜測故事最後會如何結束。無論倫敦到底是禁止，還是擁抱共乘應用程式；無論變化是迅速發生，還是拉長到數十年，到了某個時候，巨大的數位力量將會戰勝一切，攬客的司機將不再熟記城市地圖。

將知識外包給數位平民，是二十一世紀的大敘事（grand narrative）。無論你的專業知識是在哪一方面，雲端都已經知曉或即將知曉。網絡的知識將比你的知識更新，同時網絡擷取的速度更快，也更善於做出連結，然後呢？

二十世紀的重大恐懼，就是被機器取代；二十一世紀的重大恐懼，則是擔心被學識淺薄但有機器補強的低薪人類取代。那些低薪人類擁有的不是知識大全，而是碎塊知識（McKnowledge），像是知道如何使用衛星導航系統應用程式。科技愛好者表示，這種創造性破壞不可避免，而且最終對所有人都好。關於不可避免這部分，他們是對的，只可惜不可避免的變化並不保證會產生最理想的世界。

知識大全考試是純粹的精英制度，在階級森嚴的英國依舊很難通過。階級、種族、宗教、性別及年齡並不重要，真正重要的是熟悉街道。雖然應試者可能要花費數年的時間用功準備考試，但是花費的時間和金錢往往遠少於大學教育。一個倫敦計程車司機比許多大學畢業生賺得多，還有能力安排自己的時間。

優步進入障礙的嚴苛程度則是遠遠不及，「遠遠不及」也能用來形容優步駕駛的收入。成為優步的駕駛謀生，既不算是一種事業，也不是向上流動的工具。等到哪一天優步駕駛不可避免地被自動駕駛汽車取代，這一點可能還是依然如此。

該學的是事實，還是技能？

有人說，改變課綱就像移動一座公墓，但是改變確實發生了。共同核心課程（Common Core curriculum）於二〇一三年將書寫體從全美學童必學的技能清單中刪除。愛達荷州議員林登・貝特曼（Linden Bateman）義憤填膺。「現代研究顯示，學童手寫書寫體時用到的大腦區域會比使用鍵盤時還多。」[15]他說：「我實在不敢相信州政府竟然容許標準課程略過書寫體。」貝特曼更表示，他一年會用書寫體寫一百二十五封信。

雖然七十二歲的貝特曼比美國學童還要年長，但卻不是只有他抱持著這種看法。課程改變迅速引發抨擊⋯⋯是來自於懷舊的遊說團體？反對者在包括加州與麻州在內的七個州有足夠的影響力，可以將書寫體課程放回州課綱中。[16]

問題不在於書寫體是否有價值，而是在於它的價值是否**超越**取而代之的課程。每花費一小時教授書寫體，就代表有一小時不能教授其他的東西。

教育不變的兩難，就是到底要教授事實還是技能。一個極端是死記硬背九九乘法表、重要日期及經典典籍；另一個極端則是強調批判性思考和技能（像是在你需要事實時，如何在網路上查詢）。當問題用這種過度簡化的方式呈現時，大部分的人會傾向技能，因為授人以魚，不如授人以漁。

「應該對學童教導哥倫比亞的首都嗎？」[17]金斯頓大學（Kingston University）新聞學教授布萊恩・卡斯加特（Brian Cathcart），在二〇〇九年對英國全國校長協會（Britain's National Association of Head Teachers）小學委員會主席大衛・范恩（David Fann）提出這個問題。范恩斬釘截鐵地否決了。

「他們根本不需要學習全世界的首都。」他說：「法國的首都就要，但是哥倫比亞的首都不用，他們學會使用地圖的技能會更好。」

范恩的觀點是舊觀點。查爾斯・狄更斯（Charles Dickens）在一八五四年出版的《艱難時世》（*Hard Times*）中，以鐵石心腸的校長湯瑪斯・葛雷梗（Thomas Gradgrind）這個角色，誇張呈現維多利亞時代死記硬背的教學方法。「現在我要的就是事實，」[18]葛雷梗說：「教這些男女學生事實就好。」到後來，葛雷梗有了埃比尼澤・史古基〔Ebenezer Scrooge，譯注：為狄更斯另一部小說《小氣財神》（*A Christmas Carol*）的主角〕式的頓悟。他恍然明白，每一個事實只不過是教育之牆中，另一塊我們不需要的磚塊。

狄更斯的小說〔以及平克・佛洛伊德（Pink Floyd）的搖滾歌劇〕對了一半，你無法向一個史古基般的稽核人員證明一個事實或磚塊的成本合理。移除了那塊磚頭，牆依舊屹立不搖；移除許多塊不是太多，彼此也不是太過接近的磚頭，牆也依然巍然不動。

錯就錯在過度衍生這一點，以為可以省掉**大部分**的磚塊，卻會造成磚塊懸在半空中，牆就會因此倒塌。學習者必須學會關鍵規模的事實，得以勾勒出知識與缺口的粗略地圖。唯有如此，才能避免不知道自己無知的達克效應，也唯有如此，才能使用Google填補空白缺口。

仔細想想「查詢」哥倫比亞首都的意思，這不僅需要看懂地圖或網路搜尋的技巧，還要了解兩個事實：

一、有一個國家叫哥倫比亞。

二、幾乎每個國家都有首都。

事實一在學校有教。事實二卻很少清楚說明，無論是在學校還是其他地方，那是學生在學過許多國家和許多首都之後，自己做的推論。除非事實一和二都知道，否則就不會知道有一個哥倫比亞的首都要查詢。實際上，事實與技能並沒有那麼涇渭分明，太過強調兩者之一的教育方案，都有可能會出現違反學習思維運作的風險。

輕忽教導事實的教育制度

共同核心課程源於保守派對教育自由主義趨勢的反動，其首領為維吉尼亞大學（University of Virginia）的英文教授小艾瑞克·多納德·赫許（Eric Donald Hirsch Jr.），他認為反事實運動已經走火入魔了。赫許注意到學生在入學時，缺乏前幾代學生擁有的基本文化背景。赫許回憶他的父親，是一個會在商業書信中用上幾個莎士比亞典故的曼非斯（Memphis）棉花商，而那些典故是其他曼非斯棉花商也能理解的。

赫許歸咎於強調技能與「批判性思考」，卻輕視教導事實的教育制度。在許多情況下，教給學生的事實只是當成「舉例說明」。赫許主張，事實**確實**重要。他和共同研究者編纂一份約五千項的人、事及思想清單，是他們認為每一個受過教育的人都應該知曉的。清單包括**伽瑪射線**（gamma rays）、**洛可可**（rococo）、**絕對零度**（absolute zero）、**失禮**（faux pas），以及**陽具羨慕**（penis envy）等名詞。赫許寫道，這些是「有能力

的讀者擁有的部分資訊網絡……背景資訊，儲存在腦海之中，讓他們能在拿起一份報紙時，有足夠的理解程度閱讀、能了解重點、領會言外之意、將看到的東西聯繫到並未說明的背景脈絡，光是這個背景就足以讓他們閱讀的內容產生意義。」[19]

赫許的清單成為一九八七年暢銷書《文化素養：每個美國人都需要知道的常識》（*Cultural Literacy: What Every American Needs to Know*）的基礎。赫許在這本書裡引述一項實驗：哈佛大學（Harvard University）的學生道格拉斯‧金斯伯瑞（Douglas Kingsbury）詢問路過哈佛廣場的人：「怎麼到中央廣場？」[20] 大多數人的說明都很簡短，例如：「地鐵第一站。」

金斯伯瑞接著又假扮觀光客詢問道：「我是從外地來的，你能告訴我怎麼到中央廣場嗎？」這次的答案就長多了。

> 　　沒問題，你走過去地鐵站。在那裡可以看到入口，下樓買好代幣，放進投幣口，然後走到寫著昆西（Quincy）的那一側。搭上往昆西的列車，但是很快就要下車，第一站就是中央廣場，而且一定要在那裡下車。你到那裡就會知道，牆上有很大的標示就寫著中央廣場。[21]

甚至不用多想，每個人都知道觀光客需要更詳細的說明，他可能缺乏共有的參考點；對波士頓人再清楚不過的事，或許都得詳細說明。金斯伯瑞發現，換上密蘇里州腔調會觸發更加詳盡的說明。赫許以此為證，說明共有的文化參考點能提高溝通的輕鬆程度與豐富性，對所有人都有益。

我們很容易就接受赫許的基本論點，只是不太清楚能夠推演到什麼程度。赫許的清單有很多源自古希臘羅馬的詞彙，

這個文明繼續存在於修辭比喻，像是**導師**（mentor）、**柏拉圖式**（platonic）及**女同性戀者**（lesbian）（只是古希臘人大概很難精確猜出那些詞彙的現代用法）。不過，不必讀索福克里斯（Sophocles）的作品，也能知道那些詞彙的意思。

現在很少人擔心新生一代會錯過安東尼・特羅洛普（Anthony Trollope）或威廉・梅克比斯・薩克雷（William Makepeace Thackeray）（譯注：兩者皆為英國維多利亞時代的小說家）的經典典故。我們更可能為難困惑的是，報紙評論中提及，但多數人未曾看過的有線電視連續劇；臉書（Facebook）貼文間接提到的食物、音樂、政治、電影及時尚等微次文化（microsubculture）。這是應該擔心的問題，抑或只是生活中一個小小的異常現象？

無論如何，赫許的見解依然有影響力（也有爭議）。那些見解是共同核心課程背後的動機，而該課程目前有四十二州及哥倫比亞特區採用。[22]對許多家長和政治人物來說，**共同核心**是引發爭端的字眼。有些人總結，共同核心是企圖在美國較不先進的學校區域強行加入先進課程，包括查爾斯・達爾文（Charles Darwin），以及女性和少數族群的貢獻。正如南卡羅來納州州長妮可・海莉（Nikki Haley）所言：「我們從未想過要像加州教導小孩一樣地教導南卡羅來納州的小孩。」[23]

事實上，共同核心是一套相當無害的指導方針，規定每個年級應該教授的主題。例如，共同核心的一年級英語文科領域就表明，學童上完一年級時應有的能力如下：

• 確知美索不達米亞是「文明的搖籃」。
• 在世界地圖或地球儀上找到埃及的位置，並且知道埃及

位於非洲。

- 知道象形文字是古埃及使用的書寫系統。
- 說明基督教的發展在猶太教之後。
- 將太陽歸類為恆星。
- 說明我們這裡是白天時，世界的另外一半正是夜晚。
- 將冥王星歸類為矮行星。
- 確知心臟的肌肉永遠不會停止運作。
- 知道「一盞燈是從陸上來，而兩盞燈則是從海上來」（one if by land, and two if by sea）的出處。
- 說明最早一批到達英國殖民地的非洲人，是以契約傭工的身分到詹姆斯鎮（Jamestown），而非奴隸。
- 說明七月四日的重大意義。

你可能會說：「等等，**那**不是共同核心，我在臉書上看過這個瘋狂的家庭作業……」確實，**共同核心**這幾個字漸漸變成一種網路迷因。如今成為萬用主題標籤，用在施行該課綱的各州所出現任何古怪的家庭作業。[24]當然，每個教師都要設計家庭作業，難免會有一些生僻奇怪，或者就只是單純很倒楣碰上罷了。（沒有人會張貼來自共同核心課程各州的**合理**家庭作業。）「共同核心」等於瘋狂的看法，可以歸因於社群網絡的選擇性報導，這是資訊科技如何傳達錯誤訊息的實例教學。

四一％美國人不知道副總統是誰

不過，對共同核心的批評有一點是可信的：就是該課綱企圖遠大，或許對許多學生來說遠大到不切實際。我進行一項調

查，以剛才列出的一年級應習得的項目來測試成人的知識。一般美國成年人在十題中只能回答出七題。

若要為這些結果做出最樂觀的解釋，成人確實清楚此地是夜晚，而其他地方是白天的概念。或許我們可以原諒只有不到一半的人記得，冥王星在二〇〇六年被降為矮行星，基本上這只是語意的改變，但卻引來媒體的大量關注。比較難理解的是，有一半的大眾不知道太陽是恆星，那根本不是最近的新聞。

大眾無知的例證現在大家都耳熟能詳了；事實上，那些都

你比共同核心一年級學生聰明嗎？

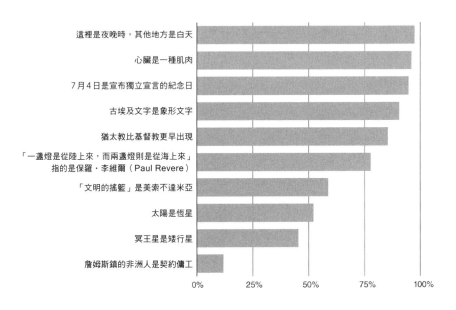

知曉共同核心一年級課程知識的成人百分比[25]

成為夜間喜劇的題材。皮尤研究中心（Pew Research Center）數年來一直用一些一般知識問題進行民意調查。二〇一〇年九月，皮尤研究中心調查發現，四一％的美國成年人說不出副總統的名字；[26] 二〇％的人表示雷射是靠集中聲波而作用（該題為是非題）；五八％不知道《白鯨記》（*Moby-Dick*）的作者，還有四％的人認為該書作者是史蒂芬・金（Stephen King）（該題為選擇題）。

行動世代記住的是什麼？

千禧世代是知曉及不必知曉事物的新方式領導者。千禧世代可寬鬆定義為出生於一九八〇年代初期至二〇〇〇年代初期的人，家庭作業是抄**維基百科**（Wikipedia），而非《世界百科全書》（*World Book*）的第一代；要掌握新聞是觀看《每日秀》（*The Daily Show*），而非電視新聞聯播網。如果當代媒體燒壞大眾的大腦，造成的傷害在千禧世代最顯而易見。

心理學家約翰・唐洛斯基（John Dunlosky）與凱薩琳・蘿森（Katherine Rawson）用三百個題目的題組，測試肯特州立大學（Kent State University）及科羅拉多州立大學（Colorado State University）共六百七十一名學生的一般知識。[27] 以下是他們詢問的其中五題：

- 《卡拉馬助夫兄弟們》（*The Brothers Karamazov*）的作者姓什麼？
- 分隔歐洲與亞洲的山脈叫什麼？
- 英國船艦「慷慨號」（Bounty）發生叛變時的船長姓什麼？

- 約翰・肯尼斯・高伯瑞（John Kenneth Galbraith）的職業是什麼？
- 遭菲德爾・卡斯楚（Fidel Castro）推翻的領導人姓什麼？[28]

　　這些問題或許可以在全家消遣玩樂的益智問答遊戲中看到，你願意猜猜有多少大學生答得出來嗎？

　　一個都沒有，六百七十一個學生中，無一能回答出上述五題中的**任何一題**。

　　要強調的是，千禧世代是美國教育程度最高的一代，但是教育程度高不見得代表更有知識。這是摘自設計學術能力測驗（Scholastic Assessment Test, SAT）考試的美國教育測驗服務社（Educational Testing Service, ETS）於二〇一五年的一份報告，該機構比較美國千禧世代與另外二十二國的千禧世代，在語言、數學及數位媒體的能力和知識，美國在所有類別的得分都墊底。

　　美國教育測驗服務社將調查結果分成三個數據：[29]一個是全國中位數、一個是得分在第十百分位數（得分優於各國千禧世代得分最差的一〇％），以及得分在第九十百分位數（得分超越各國九〇％的千禧世代）。這就讓資料點的數目增加到三倍，但是也無法讓美國人的自尊得到慰藉。

　　美國最孤陋寡聞的一〇％人，無知程度無與倫比，得分低於所有測驗的其他國家同儕。第九十百分位數群組的情況也幾乎一樣慘不忍睹。美國最優秀、最聰明的人得分超過西班牙，和其他幾個國家在統計上平分秋色，可是美國千禧世代得分最高者還是明顯落後斯洛伐克、挪威、日本、德國、加拿大及澳洲的得分最高者。

美國教育測驗服務社的報告結論是：

> 儘管教育普及水準高於美國先前所有世代，但是平均來說，這些年輕人在讀寫能力、計算能力，以及在科技富足環境中解決問題的能力，在在證明與國際同輩相比顯得較弱……同樣令人困擾的是，這些結果代表和過去的成人調查結果相比，美國成年人的讀寫能力與計算能力都減弱了。[30]

沒有人明確知道美國千禧世代為何會落後。有一個未經證實的假設，指稱行動裝置是原因之一，美國千禧世代比其他地方的千禧世代更可能擁有智慧型手機。二〇一四年，八六％的三十歲以下美國人有智慧型手機，中國是六九％，俄羅斯為四六％，巴西則為二五％。[31]智慧型手機將網路的答案送到指尖；而對於伴隨著這種立即存取方式長大的人來說，重新評估記誦事實的重要性似乎無可避免。就這一點來說，美國千禧世代可能代表全球的未來：見識更少，因為更不需要有見識。

我的調查也證實了其他人的發現，有許多可視為基本文化素養的事實，美國的千禧世代並不知道。這麼說可能會清楚一些……

大部分（超過五〇％）的千禧世代[32]說不出有誰曾槍殺美國總統，或是誰發現一顆行星；他們不知道蘇格拉底（Socrates）最有名的弟子（或是殺死蘇格拉底的毒藥）；他們說不出誰寫了《坎特伯里故事集》（*The Canterbury Tales*）、《慾望街車》（*A Streetcar Named Desire*）或《一九八四》（*1984*）；他們無法說出路易十四（Louis XIV）建造的宮殿，或湯瑪斯・傑佛遜（Thomas Jefferson）在維吉尼亞州故居的名稱；他們

無法說出代表「鹿肉」、「探索洞穴的人」或「象徵愛爾蘭的三葉草」等單字；他們說不出演唱「傷心酒店」（Heartbreak Hotel）與「渾身是勁」（All Shook Up）歌曲的流行音樂明星，或是《亂世佳人》（*Gone with the Wind*）及《北非諜影》（*Casablanca*）的男女主角；他們不知道畫出《格爾尼卡》（*Guernica*）、《記憶的堅持》（*The Persistence of Memory*）、《美國哥德式》（*American Gothic*）的藝術家分別是誰，或者死於盲腸破裂的逃脫大師是誰；他們不知道是誰發明了電報、汽船、收音機或留聲機；是誰提出地球繞日說、誰證明閃電是電流，或是提出相對論公式的人；他們無法說出天空中最明亮或第二明亮的恆星〔太陽和天狼星（Sirius）〕；他們無法說出地球最大的海洋、南美洲最長的河流、希斯洛機場位於哪一個城市，或是包含聖母峰的山脈；他們無法說出發現鐳的那位女士之名、（一般傳說中）設計並縫製第一面美國國旗的人，或是與馬克‧安東尼（Mark Antony）聯手對抗羅馬的埃及女王；他們無法從照片認出卡爾‧馬克思（Karl Marx）、維多利亞女王（Queen Victoria）或狄更斯；他們無法說出名稱代表「恐怖蜥蜴」的那一組絕種生物、有時可以在一串香蕉中發現的長毛大蜘蛛、印度弄蛇人用的致命毒蛇，或是會攻擊這類蛇的毛茸茸動物；在被問起紐約的首府或室溫下呈現液態的金屬時，他們的腦海一片空白；他們不知道法蘭克‧洛伊‧萊特（Frank Lloyd Wright）的職業是什麼；他們說不出《白鯨記》中「皮闊德號」（Pequod）的船長姓名、達爾文從事科學遠航的船隻名稱、建立第一顆原子彈的祕密計畫，或是第一顆人造衛星；他們不知道以空中花園揚名的古代城市、被維蘇威火山摧毀的城市，或是據稱羅馬焚城時仍在演奏小提琴的皇帝；而且大多

數的千禧世代說不出愛德加・愛倫坡（Edgar Allan Poe）詩作中，烏鴉所說的那一個字。

理性的無知[33]

對這類報導最典型的反應，就是混雜了震驚和興味。年輕人與平凡人懂得這麼少真的是糟糕透頂，對吧？值得一問的是，我們怎麼**知道**真的有這麼糟糕，以及到底是否真的很糟糕？

無知有可能是理性的，經濟學家安東尼・唐斯（Anthony Downs）在一九五〇年代提出這樣的主張。他的意思是，有很多情況是學習知識需要的心力超過擁有知識的好處。例子之一就是關心政治的選舉人，何必麻煩呢？選舉人除了一張選票以外，並沒有多餘的權力，而一張選票向來無法左右一場選舉，將來也不會。

或許你可能有學歷，也有高薪工作，卻不曾學過那首有烏鴉的詩作，現在又何必學呢？

當代世界對知識的看法矛盾糾結。我們讚揚學習，也依舊認為學習本身就是令人嚮往的結果。但是，我們更重權利的一面，卻將學習視為達成目標的手段，藉此提高社會地位、財富、權力或**某種東西**。我們對於不帶其他動機的教育抱持懷疑；我們會點擊標題「投資報酬率最差的八種大學學位」（8 College Degrees with the Worst Return on Investment）[34]的清單體（listicle）文章。

我們的年代是理性與合理化無知的黃金年代，資訊以驚人的速度產生、貶值，又淘汰。每一天，文化都在我們的腳下產生變化。現在比以往更難保持資訊同步，即便只是力求跟上大

事亦然。我們只能憑藉揣測，推斷掌握中東最新情勢、當代小說、地方政治、穿戴式科技，以及大學籃球的重要性。某個朋友不久前好奇地詢問，對《權力遊戲》（*Games of Thrones*）一書一無所知是否真的沒關係。你需要的任何資訊都查詢得到，這樣的言論其實迴避了問題，因為你無法 Google 到觀點。

消息閉塞的人不見得懂得比較少，他們只是懂的東西不一樣。把所有空閒時間都用在玩電玩的遊戲玩家，對那些遊戲會有如百科全書般的認識。說他見識不足，只是根據專斷的重要標準而定。並不是所有人都同意赫許的看法，認為有一套固定的知識是所有人都應該知道的，但是缺少這樣一套知識，見多識廣就只能成為一種無奈的相對概念。

現今的媒體景觀無法提供太多指引，而是鼓勵我們創造唯我論的個人資訊過濾器，囫圇吸收喜歡的名人、電視節目、團體、政治意識型態，以及科技小玩意兒的消息，都變得前所未有地容易。如此一來，我們就沒有太多的時間和注意力留給其他事物。其中的大風險並不在於網路讓我們的見識變少，甚至得到錯誤訊息，而是可能會讓我們變得**超級無知**（meta-ignorant），也就是對於自己不知道的事情更沒有意識。

小心「Google 效應」

現在有一個活躍的研究領域，正在研究網路如何改變我們學習和記憶的內容，就從「Google 效應」開始說起。二〇一一年由哈佛大學的丹尼爾・韋格納（Daniel Wegner）領軍的一個實驗，讓自願者看一份四十項冷知識的清單，有著簡短、精練的陳述，像是「鴕鳥的眼睛比腦子大。」每個人按照指示將

四十項陳述全部打字輸入電腦，一半的自願者被告知要記住；另一半則不用。同樣地，有一半的人被告知他們的成果會儲存在電腦裡；另一半則被告知在任務完成後就會立刻刪除。

自願者之後接受測驗，測試他們打字輸入的冷知識。被告知要記住資訊的人得分並沒有比未被告知的人來得高，但是認為自己的努力成果會被刪除的人得分卻比以為會儲存的人高出許多。無論他們是否嘗試記住事實，都是如此。

馬塞爾・普魯斯特（Marcel Proust）並非提出記憶是奧妙謎題的第一人。我們記得泡過茶的瑪德蓮蛋糕，卻忘了許多更重要的經驗與事實。意識心理鮮少主動選擇記憶或遺忘，沒有人會決定忘記一個客戶的名字，或是永遠記住一首討厭的流行歌曲歌詞，但事情就是發生了。

這個哈佛大學實驗的結果符合記憶的實際運作系統，我們不可能什麼都記得。大腦一定是在沒有意識干擾下，時時為記憶做分類。顯然大腦體認到，能夠迅速檢索的資訊不太需要囤積在腦中。（你可能很久以後才需要知道鴕鳥的眼球有多大。）因此，我們認為會被歸檔的事實，通常比較容易忘記。這種現象有一個名稱——Google效應，描述我們會自動忘記可以在線上找到的資訊。

Google效應引發一些有趣，甚至令人不安的可能性。其一就是在Snapchat和Confide等應用程式傳送的訊息，照片或訊息在讀取後立刻消失，或許會比文字和電子郵件記得更清楚。倘若如此，Snapchat意圖成為醉後色情簡訊媒介的目的就落空了。

如果將Google效應衍生到荒謬的極點，自拍也會造成健忘。二〇一三年，一項由費爾菲爾德大學（Fairfield University）的琳達・韓珂（Linda Henkel）所進行的研究，

就指出了這個方向。韓珂注意到，參觀美術館的人若是一心想用手機拍攝藝術作品，往往會對觀賞藝術品本身並沒有那麼注意。於是，她在費爾菲爾德大學的貝拉明藝術博物館（Bellarmine Museum of Art）進行一項實驗。[35]大學生規規矩矩地參觀，期間被指引觀賞特定的藝術品。有些人會接到指示要為藝術品拍照，其他人則是只被告知要多留意。隔天，兩組人接受測驗，測試他們對藝術品的知識，拍照的人比較無法認出作品，並回想起視覺細節。

我們無意識的記憶管理員，必定清楚喚起所需事實的速度及費力程度。這意味著我們的寬頻網絡建立一套學習與記憶的新制度，在這套制度中，比較不可能留住知識，而且會遺忘得更快。數年後，我們可能全都穿戴著裝置，一天二十四小時、全年無休地拍攝我們生活的影像。社群媒體是否會造成所有人健忘？

Google 知道的事

來源記憶（source memory）是關於學習一件事實的時間或地點的回憶，通常並不可靠，而且涉及不正確的記憶。[36]「對，變色龍是水中生物。我忘了是在哪裡聽到的……」

有一項哈佛大學的實驗證明我們有多麼仰賴來源記憶。這項研究的受試者獲得一張冷知識清單，並被告知可能會儲存在某個名為「事實」、「資料」或「資訊」之類的檔案夾裡。結果自願者記住儲存冷知識的檔案夾，多過記住知識本身，儘管那些知識千奇百怪又難忘（「鴕鳥的眼球……」），但是檔案名稱卻平凡無趣。

如果除了知道要在哪裡查詢需要的東西以外，其他幾乎一

無所知，這樣還能運作嗎？已經有人這麼做了，其中的一些人就叫律師。「無知不是藉口」是美國司法體系充滿諷刺意味的一句名言。光是美國國會每年就要增加約兩千萬字的新法令，如果有人嘗試，這個數量大約要十個月才能看完，這還只是增添到新聯邦法律的字數。倘若再加上幾個世紀以來，包含聯邦政府、州政府與地方政府的舊法令，以及曾經透過這些法令形成的所有判決，等於是不可能的閱讀任務。律師可以只知道法律的大略綱要，但必須要是查詢相關案例的高手。

前幾年有一個令人印象深刻的記憶實驗，就證明仰賴來源記憶會變成自動反應。這項由韋格納與艾德里安・沃德（Adrian Ward）所帶領的研究，將傳統的史楚普作業（Stroop task）做了一些調整；這個有趣的心理學基本實驗，是將色彩的名稱以「不正確的」墨色或像素呈現，好比說以藍色墨水印製「紅」字圖卡。這項作業的挑戰，是叫出顏色（而非大聲念出字的本身）。這比想像中更難。

例如，說出以下幾個字的顏色：

灰　　白　

懊惱失笑是常見的反應。說出那些顏色所需的時間，約為字與顏色一致時的兩倍。

這項發現記錄在一九三五年約翰・里德利・史楚普（John Ridley Stroop）的論文中。史楚普肯定是姓名辨識度對成就比最高的心理學家之一，他在取得心理學博士學位後，斷定自己

對文字色彩並不如對聖經文字感興趣，於是離開心理學這一行，轉而在田納西州的鄉下擔任傳教士。

另一方面，史楚普的發現卻漸漸為人所知，啟發其他數千項心理研究。史楚普作業用來衡量注意力與隱密心思頗為好用。曾有實驗受試者在沒有吃東西的情況下進行史楚普作業，觀看一份似乎隨意排列的字詞清單。[37]飢腸轆轆的受試者在遇到類似**漢堡**或**晚餐**的字眼時，速度會放慢，因為他們的腦海中第一個重要的念頭就是食物，很難不注意與食物相關字詞的意義。

再回頭談談韋格納與沃德。他們在一項實驗裡利用這個原則，讓自願者回答困難的問題，例如：「所有國家的國旗都至少會有兩種顏色嗎？」之後立刻提出史楚普作業，是一系列以各種顏色印製的熟悉品牌名稱，[38]目標是盡量快速又正確地說出每個品牌名稱的顏色。

受試者在讀出如Google和**雅虎**等字詞的顏色時會放慢，但是**耐吉**（Nike）與**塔吉特百貨**（Target）等字詞則不會，顯然困難的問答會將注意力引導至網路搜尋答案。

NIKE
GOOGLE
TARGET
YAHOO

　　為了證實這一點，研究人員將研究加以調整，換成簡單到不可思議、每個人應該都知道正確答案的益智問答。當受試者進行品牌名稱測試時，遇到**Google**和**雅虎**的速度並未放慢，只有面對困難的問題時才會喚起到網路搜尋答案的念頭。

分散記憶：我們不需要記得每件事

　　韋格納將Google效應與分散記憶（distributed memory）的普遍現象做出連結。點選幾個按鍵上傳，只是我們將資訊儲存在大腦之外的諸多方法之一。早在虛擬的社群網絡出現之前，我們就會在真實的社交網絡分享記憶、知識及專業技能。我不是老饕，但是有朋友可以推薦有意思的新餐廳；我不認識醫生，但是有一個家醫科醫生可以推薦專科醫生。我們應付生活大小事憑藉的不是無所不知，而是靠著認識的人。

　　分散記憶可以抵銷訊息錯誤，至少在一定的程度上如此。調查顯示，大部分人認為抗生素可以對抗病毒。這是**錯的**。但是，就像耶魯大學（Yale University）的丹・卡翰（Dan Kahan）所指出的，這根本不重要。「大部分的人」不會自己開立阿奇黴素（azithromycin）的藥方，重點是知道生病時就醫，並且遵循醫囑才是好辦法。

　　Google效應是分散記憶的另一種變形。雲端是一個正好什麼都知道的朋友。永遠隨手可得，幾秒鐘就能給出答案，而且從來不會為了笨問題而生氣，難怪我們會如此離譜地依賴它。經濟學家賽斯・史蒂芬斯－大衛德維茲（Seth Stephens-Davidowitz）指出，在Google搜尋包含「我的陰莖」用語的問題中，[39]排名第三常見的是「我的陰莖有多大？」你大概會想，

比較理想的答案應該是拿尺來量才對。

連參議員也淪陷的抄襲歪風

我們對雲端的仰賴，讓人想起一個古希臘與古羅馬人很熟悉的職務名稱：記憶員（mnemon）。記憶員是職業記憶者，[40]會在元老院議員演說辯論時站在一旁，提供所需的事實。顯然沒有人認為，這會讓人留下講者專業知識不足的印象。當今的網路就是常見的記憶員，而我們這個時代的政治人物卻用得左支右絀。

參議員蘭德‧保羅（Rand Paul）被指控抄襲維基百科和其他線上資源的素材。以下是取自《富比士》（*Forbes*）一篇文章〔由比爾‧辛格（Bill Singer）撰寫〕的部分段落，似乎一字不差地出現在保羅參議員於二〇一二年出版的著作《政府霸凌》（*Government Bullies*）裡，卻沒有標明出處。

> 認罪協定有一部分是，[41]金達‧卡維爾（Kinder Caviar）與黑星卡維爾公司（Black Star Caviar Company）皆同意各支付五千美元罰鍰並服三年緩刑。期間，兩家公司禁止申請或接受華盛頓公約輸出許可證（CITES Export Permit）。

匪夷所思的是，這種法庭記錄員文體竟然被視為值得抄襲，無論什麼事，任何人皆可抄，而這還只是政治人物、記者及名人從線上資源剽竊的諸多報導之一。儘管大多數令人側目的抄襲者早已屆齡中年，但被怪罪的通常會是較年輕的幕僚。

這些新生一代從小就認為，剪下和貼上與串流音樂一樣自然，而且無關道德。

霍夫斯特拉大學（Hofstra University）的新聞學教授蘇珊・卓拉克（Susan Drucker）甚至在自己的學生之中看到世代區別。「研究生將文字剽竊視為竊盜，但是那些十七、十八歲的大學生卻不覺得有錯。『從網路複製東西太容易了，』他們這麼說：『怎麼可能會有錯呢？』」[42]

除了助長侵害著作權的歪風之外，有助於記憶的網路可能也會誘使我們進入無來由的知識傲慢。韋格納和沃德進行的另一個益智問答實驗，一半的參與者可在網路查詢答案，另一半則不行。之後，所有人填寫問卷為自己的記憶、知識及智力評分。[43]

果然如同預期，測驗表現與自我評分之間有所關聯。令人大開眼界的是，什麼都查的人評分較高，從 Google 或維基百科抄答案讓人覺得「自己很聰明」（其中一題為是否同意的問題）。

當然，查詢答案通常也會得高分。韋格納和沃德做了另外一個版本的實驗，所有參與者都被告知他們的分數近乎完美。即使如此，在線上查詢答案的人還是會報告覺得自己比較聰明。

你可能會反駁，「覺得聰明」與並未說明出處就採用他人文字的道德問題無關。這也不算錯，但是主觀感覺會強化行動、合理化，最後就是我們的道德感。這個實驗說明，我們已經「承認」網路是共同記憶。

無縫接軌的雲端存取

雲端現在很容易存取，而且整個流程在不久的未來將會更加無縫。一九七七年上映的電影《安妮霍爾》（*Annie Hall*），

其中有一個片段似乎已經過時了，或許該說是預言？[44]伍迪‧艾倫（Woody Allen）排在隊伍裡，後面有一個男人正在高談闊論與馬歇爾‧麥克魯漢（Marshall McLuhan）的會面。艾倫打斷對方，說他完全弄錯麥克魯漢的理論。那個男人表示自己在哥倫比亞大學（Columbia University）教授媒體研究。艾倫沒有拿出智慧型手機，因為當時智慧型手機並不存在，而是將麥克魯漢從畫面外拉進來，親自駁斥那個裝腔作勢的傢伙。

我們愈來愈接近類似的情境。卡內基美隆大學（Carnegie Mellon University）的電腦科學家克里斯‧哈里森（Chris Harrison）想像的「主動傾聽」（active listening），就是智慧型手錶可以監測使用者的對話，並在背景中執行搜尋。每當你說起（或是附近有人高聲談論）麥克魯漢時，智慧型手錶就會列出有關麥克魯漢的資訊，為了以防萬一你有需要時。輕輕掃視手錶一眼，或許就能提示你一個更好、更恰當的話題，也許會跳出一段麥克魯漢演講的影片，找到反駁辯論對手剛剛言談的論點。

這幾乎算不上是科幻小說了，將語音辨識當成網路搜尋的途徑已經頗為令人驚嘆。只是礙於電池續航力及行動數據費用，主動傾聽目前仍不可行。只要這些問題解決了，哈里森的願景大致上就能實現。

現在開始思考，知識在那樣的世界裡有何價值並不會太早。當然，人們必須本來就對麥克魯漢有充分的認識，才可能會有和他不一樣的觀點，否則從雲端傳送麥克魯漢就沒有價值了。

事實比你想像的更有價值

在一個事實如此容易查詢的世界，知道事實還有價值嗎？本書企圖回答這個簡單的問題。我的處理方法，主要是分析對大眾知識的原始調查。

本書描述的調查採用新型態的民意調查科技，許多人或許不太熟悉，所以值得在此大略解說。進行**網路小組調查**（Internet panel survey）的機構，會先招募一大批同意參與未來調查的人（小組）。一旦新的調查開始，軟體會隨機從小組挑選樣本進行聯繫。將包含調查連結的電子郵件寄給獲選的參與者，通常會分成幾批寄出，以達到近似一般人口統計結構的均勻分配。樣本可依照民意調查人員和行銷人員關注的性別、年齡、種族、教育程度、所得，以及其他人口統計結構標記做平衡。

網路小組與傳統電話民調相比，有兩個重要優點。一是很少拒訪。傳統民意調查人員會隨機撥打電話號碼，而在多數人的眼中，民調電話並沒有比電話行銷受歡迎，許多人會不接電話或是發現電話的意圖就掛斷，因而損害了樣本的隨機性。例如，如果最後發現是五十歲的已婚白人婦女較有可能繼續聽電話，調查樣本就會有所偏差，而在網路小組調查中，所有人都已經表達參與的意願（而且遠遠超過九〇％）。因此，任何研究的邀約演算法都更容易達成人口統計結構的均衡。

但有一個明顯的警訊就是：網路小組的所有人都有網路連線。世界銀行（World Bank）在二〇一三年估計有八四％的美國人使用網路。[45]這八四％的人會比全體人口略微富裕一些、受過更多的教育，也更有數位理解（digital savvy），這一點應

該謹記在心。不過,幾乎每一個有電話的人都能連上網路(即便只是靠智慧型手機的行動數據)。相較於電話民調的缺點,範圍局限於網路使用者這一點可說是瑕不掩瑜。

網路小組調查是由非營利組織〔如:蘭德美國生命小組(RAND American Life Panel)〕,以及若干科技公司與新創公司〔GfK KnowledgePanel、SurveyMonkey,亞馬遜(Amazon)的 Mechanical Turk〕執行。一般而言,民意調查機構給予自願者的報酬,是小額捐款到自願者選定的慈善機構。這樣一來,能提供適度的誘因,又可以防止參與者為了金錢而參加。沒有人可以自願參與特定的調查,而民調演算法又限制每人一年只能參加幾次調查。

我在調查中說明有意衡量大眾知識的狀況,並且要求參與者不查詢答案。可能會有一些人作弊,不過即使得高分也不能得到什麼好處。但大部分的調查都是迅速填寫,沒有多少時間可以搜尋研究答案。整體的結果,通常顯示大眾的知識狀況低得令人震驚,證明作弊不必列入考量。

近幾年來,網路小組廣為學術界與商業界所採納。對社會科學家而言,可望大幅改善在校園張貼傳單、對大學生進行調查的舊方法。行銷人員現在利用線上小組測試新產品、廣告及設計。諸如 NBC 新聞(NBC News)、《華爾街日報》(*Wall Street Journal*)、《洛杉磯時報》(*Los Angeles Times*),以及彭博新聞(Bloomberg News)等媒體,都會利用網路小組進行政治民調。

這個方法的另一個優點則是,比傳統調查更為快速與便宜,可以勾勒出幾年前還不可行的大眾知識地圖。在本書中即可看到若干例子。

　　這些調查記錄大眾在許多關鍵領域的知與不知，從量子物理學到當代藝術，再到流行文化。調查也顯現事實知識（factual knowledge）和財富、健康、幸福、政治及行為有關。大部分的章節會提供一些調查問題（以方框顯示），如此一來，讀者就能知道自己和其他人的相對水準。

　　本書分成三大部分，各自專注在三個主題（部分有重疊）：

- **達克效應**。網路沒有讓我們變笨，但是可能讓我們不易察覺自己的無知。不完整的知識，造成我們對世界產生扭曲的心理地圖。這些錯誤的理解會影響選擇、行為，以及在私人領域和公共領域的見解。
- **知識溢價**。有能力回答所謂的冷知識問題（trivia questions），與高所得及成功人生的其他指標有關。即使排除正式教育和年齡，這種知識溢價依然存在。在學院中獲取的，除了文憑或社會人脈以外，通曉事物也有現實世界的價值。
- **應對文化盲世界的策略**。我將探討個人充分利用現有媒體以保持消息靈通的各種方法、企業與組織如何適應文化素養有限的社會，以及民主社會如何在選民消息閉塞的情況下做出明智選擇。

年齡測試

- 美國有多少參議員？
- 巴西的首都在哪裡？
- 游擊手的守備位置在哪裡？

　　如果你的答案分別是一百、巴西利亞，以及二壘與三壘之間，就答對了。以統計數據來看，你可能比答不出這些問題的人年紀大一些。

　　雖然上述事實似乎沒有時間性，也無關世代，卻是年輕人比較不可能知道的事。平均來說，答對參議員問題的人會比答錯的人多九歲。至於巴西和游擊手的問題，年齡差距則分別是六歲與七歲。[46]

02 地圖這麼大，你該記住的不是每個國家的首都！

　　蘇珊・薛爾曼（Susan Sherman）是肯塔基州天主教學校的老師兼護士，從肯亞出一趟任務回家後發現，她被這所位於路易維爾（Louisville）的學校拒於門外。那是在二〇一四年年底，伊波拉病毒正肆虐幾內亞、賴比瑞亞及獅子山。薛爾曼任職的學校家長擔心她可能感染伊波拉病毒，並且傳染給他們的孩子。

　　雖然肯亞並未爆發疫情，但學校還是禁止薛爾曼教學長達二十一天，並要求她遞交醫生證明，說明並未感染伊波拉病毒，可是薛爾曼卻選擇遞出辭呈。[47]

　　這個例子證明，地理知識與無知如何影響所有的人。對許多美國人來說，非洲是一個緊密、同質性高的地方，就像拉斯維加斯或聖盧卡斯岬（Cabo San Lucas）。事實上，肯亞與二〇一四年爆發伊波拉病毒的國家距離三千五百英里。這比路易維爾到巴西瑪瑙斯（Manaus）的距離還多了幾百英里。根據薛爾曼任職學校的邏輯，從瑪瑙斯返鄉的旅客也應該檢查行李裡是否有食人魚。

美國人自戀和愚蠢的典型例證就是地圖測試。多少美國人可以在地圖上找到阿富汗？有一個答案是：根據國家地理協會（National Geographic Society）和魯波公共事務與媒體公司（Roper Public Affairs and Media）於二〇〇六年進行的調查，十八歲到二十四歲的人中只有一二％找得到。民調機構詢問這樣的問題長達四年之久，美國教育的狀態皆如預期般令人焦慮而絕望。

我利用網路小組民調的速度與彈性優勢，做了更有企圖心的地圖測試。我不是詢問新聞出現的幾個國家，而是詢問全美五十州、全球一百七十個主權國家，以及各種領地和行政區域。每個參與者被要求從完整的題組中找出十到十五個州或國家，使用的是美國、各洲的輪廓圖，或是有疆界線但未標明的世界地圖。

之後再用調查結果建立統計地圖（cartograms）。[48] 統計地圖是一種變形的地圖，每個區域的大小是根據人口、選舉人票或其他變數依比率繪製。以這個例子來說，州與國家的數字比率是根據**無法**在地圖找出那些區域所在的調查樣本百分比，這就是無知地圖。

幾乎所有成年美國人都能在美國地圖上找到佛羅里達州、德州及加州，如緬因州和華盛頓州等位於「角落」的州也很容易找到。因此，在統計地圖中，這些州縮小到幾乎看不見。阿拉斯加州與夏威夷看不出來，但是可能只變成一小點，因為幾乎所有人都找得到。

膨脹的州則是那些美國人找起來有困難的，最難找的是德拉瓦州：有五八％的民眾找不到位置；超過三分之一的人無法找出內布拉斯加州、密蘇里州或阿拉巴馬州。

美國的無知地圖

各州的區域按照無法在地圖找到該州的美國人百分比縮放。

為什麼會有這麼多的美國人如此不善於找出那些州？是因為形狀相似或拼法相似而讓一些人分不清楚。伊利諾州常常和印第安納州及其他「母音地帶」的州搞混；密蘇里州也與密西西比州混淆難分。

北方平原與洛磯山脈各州的錯誤更是不勝枚舉，難以確定那些幾乎都是長方形的州到底是哪一州。同樣混淆不清的，還有那些不完全一樣的雙胞胎州，例如：新罕布夏州與佛蒙特州，以及阿拉巴馬州和密西西比州。

至於世界地圖，我拿每個領土面積超過三百平方英里的國家做測試。省略的國家大多是島國（格瑞那達、吐瓦魯、馬爾地夫），還有一些歐洲小國（列支敦斯登、摩納哥、梵蒂岡、聖馬利諾），反正這些國家在地圖上也都是小點。

幾乎樣本中的所有人都能找到美國、加拿大、墨西哥及澳洲，這些容易找到位置的國家在統計地圖縮小到只有正常大小

世界的無知地圖

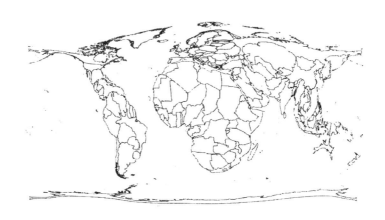

各國的區域按照無法在地圖找到該國的美國人百分比縮放。

的一小部分。美國人在找出俄羅斯、中國、日本及西歐觀光便利的區域，也都有不錯的表現。參與調查者找出義大利的表現，和找出美國的表現不相上下，這肯定具有某種意義，或許是因為我們吃了很多的披薩，在披薩盒上通常會印製靴子形狀的義大利當作商標。

根據美國人的愚笨所繪製的地圖投影中，非洲是最大的陸地。巴爾幹半島和中東占據大部分的歐亞大陸，比較容易辨認的俄羅斯與中國則變小了，容易找到的巴西不再主宰南美大陸。

調查樣本最能找到大國與占據大片領地的位置，這是很合理的。在熟悉的地圖投影中，格陵蘭和南極洲的大小被誇大，或許也提高了它們的識別率（在統計地圖中則縮小了）。

國家	多少美國人可在地圖上找到？
美國	98%
澳洲	98%
義大利	98%
墨西哥	97%
俄羅斯	92%
中國	91%
日本	90%
巴西	88%
印度	84%
英國	82%
法國	80%
北韓	73%
伊朗	53%
以色列	45%
哈薩克	42%
委內瑞拉	40%
奈及利亞	27%
哥斯大黎加	10%
剛果共和國	5%

地表上第九大國家的哈薩克，幾乎是德州的四倍大，但是不到一半的樣本能在地圖上找到。一般來說，美國人對以「stan」結尾的國家幾乎束手無策，許多人還未更新後蘇聯與後南斯拉夫的政治地圖。

哈薩克
（Kazakhstan）

哈薩克是地球上第九大國家。大部分的美國人（58%）無法在地圖找到

烏茲別克
（Uzbekistan）

12%的人以為烏茲別克是吉爾吉斯

吉爾吉斯
（Kyrgyzstan）

只有16%的人能找到吉爾吉斯，18%的人以為吉爾吉斯是烏茲別克

土庫曼
（Turkmenistan）

只有14%的美國人知道土庫曼在哪裡

塔吉克
（Tajikistan）

11%的人將塔吉克與吉爾吉斯搞錯

阿富汗
（Afghanistan）

25%的人以為阿富汗是哈薩克

巴基斯坦
（Pakistan）

57%的美國人可以在地圖上找到巴基斯坦，比圖中的任何國家都來得多

　　不可否認的是，這些國家有的很少能登上美國的新聞。但是，大部分的美國人也找不到新聞中常出現的國家，例如：以色列。勉強有一半的人能找到伊拉克和阿富汗，因為最近美國在那裡打了幾場仗。

　　確實有些國家組合令人混淆不清。剛果共和國〔首都為布拉薩維爾（Brazzaville）〕與東鄰面積大上許多的剛果民主共和國〔前薩伊，首都為金夏沙（Kinshasa）〕截然不同。在我的調查中，較小的剛果是**最少人**能找到的國家，只有五％的樣本答對。[49]

不可靠的地理知識

除了地圖測試之外，還有大量證據證明我們的地理知識是多麼的不可靠。國家地理協會和魯波公共事務與媒體公司在二〇〇六年的調查發現，有一八％的美國年輕人以為亞馬遜河在非洲；[50]二〇％的人以為蘇丹在亞洲，一〇％的人則以為在歐洲；四分之三的人以為英文是全世界最多人說的語言（中文才是，人口是英文為母語的二‧六倍）。國家地理協會氣急敗壞地總結道：「美國人在世界上絕非個例，但是從許多美國年輕人的觀點來看，我們可能就是。」[51]

《哈佛校報》（*Harvard Crimson*）於二〇一三年製作一支影片，記者請學生說出加拿大的首都。[52]答案包括「不知道，可能是溫哥華還是什麼」、「亞伯達？不知道」，以及「是多倫多嗎？」

美國人的無知孕育出一種影片的新類型，如今在脫口秀節目和YouTube已是耳熟能詳。很簡單：拿一台攝影機對準人，詢問一個簡單的問題，將最腦殘的回答串連起來逗人發噱。但是，不能放進回答正確的人，因為那樣就不好笑了。所有觀眾都知道，影片製作人必須採訪數百人才能得到幾個錯誤答案。我以前認為這些片段太自以為高人一等了，是選擇性報導的案例。現在我才明白，那些影片**的確**自以為高人一等，但無知並非是從編輯中創造出來的。

我自己做的調查，是用所有年齡層與各種教育水準的美國人做為樣本，有四七％的人知道加拿大的首都是渥太華，這是有著五個選項的選擇題（比「填空題」更簡單的形式）。「加拿大的首都是哪裡？」也出現在兩份針對大學生知識的嚴謹同

僑審查調查裡。最近的一份調查是在二○一二年，發現只有一‧九％的人答對。[53]

我發現約有九％的美國成年人不知道新墨西哥州在哪一個國家，[54]「墨西哥」是最常見的錯誤答案。新墨西哥州是幾乎所有人會呼吸以來，就是美國的一州；該州的選票自從加入美國後，每次總統大選都會計算在內；《絕命毒師》（*Breaking Bad*）就在那裡拍攝。但是，幾乎十個人之中就有一個沒有留意。

理解地圖，卻不理解疆域

國家地理協會和魯波公共事務與媒體公司在二○○六年調查中有一個亮點，就是千禧世代在抽象的地圖判讀能力測試成績優異。展示給他們看的地圖是一張虛構的無人之地，詢問的問題像是「哪一個城市最有可能當港口？」[55]大部分的人都知道要挑選一個靠水，又有多條公路匯集的城市。我們的教育制度產生一代能理解地圖，卻不理解疆域的人。

所以，地理或許正在步上書寫體的後塵。有那麼糟嗎？

有些令人擔憂的證據證明確實如此。二○一四年，俄羅斯軍隊進入烏克蘭的克里米亞半島。真要說起來，美國人辯論的是應該怎麼辦。凱爾‧德洛普（Kyle Dropp）、約書亞‧柯澤爾（Joshua Kertzer）及湯瑪斯‧柴佐夫（Thomas Zeitzoff）三位政治學家進行一項調查，要美國人從世界地圖上找出烏克蘭的位置。

調查採用有國家邊界，但未標明的世界地圖。參與者被要求在最能代表烏克蘭所在的位置點擊，結果六人之中只有一人點在烏克蘭的國界內。

其他瞎猜的答案幾乎遍及整張地圖，每個有人居住的陸地都有人點選，有一些點擊在格陵蘭，也有幾個點擊在美國本土；有幾個點擊在海洋中，還不是點在島嶼上。這些人不是把烏克蘭想像成失落的亞特蘭提斯，就是分不清世界地圖的哪些地方是海洋、哪些地方是陸地。

結果研究人員發現，參與者的猜測愈遠離烏克蘭的實際位置，就愈有可能支持美國在烏克蘭的軍事干預。

戰情室為什麼要有地圖是有原因的，地理可以協助判斷一項軍事行動對國家安全究竟是不可或缺，還是無關緊要；究竟是合理可行，還是勞民傷財。派軍前往烏克蘭作戰的決定，必須根據嚴謹的詳細情報，例如：烏克蘭到底是在美國境內或國外，以及烏克蘭到底是在陸上或海底。

事實知識與政治見解之間的相關性

事實知識與政治見解之間的相關性不止於此。我做了一份有十六個綜合知識問題的調查，其中兩題與地圖有關（詢問到北卡羅來納州和烏克蘭的位置）。調查還詢問一個意見題：「有傳言說要設置邊界圍欄以防止非法移民。以零到十評分，你會給這個想法幾分？」

答對的事實性問題愈多，**愈不**可能贊成設置邊界圍欄，即使教育程度和年齡維持不變，相關性依然高得驚人。[56]不光是支持邊界圍欄者的教育程度較低，他們也比教育程度及年齡相仿的其他人懂得少。

那些在調查中事實部分表現突出的人，十六題全部答對，對邊界圍欄的支持平均只有二‧二五分，也就是非常低；[57]而

調查中一題都沒有答對的不及格者，對邊界圍欄的支持平均則是七・二二分，贊成設置邊界圍欄。

無法在地圖上找到烏克蘭的人，也更可能願意設置邊界圍欄。[58] 還有一個問題則和支持邊界圍欄有強烈的關聯：

> 科學家相信，早期人類會獵捕恐龍，例如：劍龍和暴龍。這個陳述是對或錯？[59]

說**對**的人想要設置邊界圍欄；說**錯**的人則不想。[60]

邊界圍欄是實務問題，也是意識型態問題。至少有些移民問題的鷹派人物，支持能以最少成本來快速建造震懾移民的神奇圍欄構想。思慮較周密的人則會提出刁鑽的問題，納稅人要花費多少錢？成效有多高？地理知識在評估成本時能有所幫助，而歷史則為判斷成效提供基礎。（中國歷代的邊界圍欄——萬里長城，就是為了攔阻蒙古人，結果成效甚微。）

民主制度並非仰賴每個公民都見多識廣，總是會有選民比其他人見識淺薄。那也無妨，只要無知者的政治想法別與那些見多識廣的人分歧太大。但是，當無知者的政治看法不同，而且數量超過見多識廣的人時，就要擔心了。我們稱為邊界圍欄原則：某些政治理念如果當成達克效應的例子最能充分理解。

國家赤字與國債

對地理的無知，扭曲了我們的心理地圖，有時候也會形成見解。同樣地，在其他方面的無知可能會扭曲我們的世界觀，遇到數量非常龐大的主題通常也是如此。

　　二〇一三年十月的一項網路小組調查——參議員泰德・克魯茲（Ted Cruz）為了聯邦赤字，策劃讓部分聯邦政府關門而進行，《商業內幕》（*Business Insider*）邀請全國五百名受訪者評估美國赤字的規模。問題是選擇題，而推測的答案按照大小依序排列。

　　最普遍的答案有二三％的受訪者選擇，範圍介於十億至一百億美元。二〇一三年的實際赤字為六千四百二十億美元，差不多比最能代表受訪者想法的選項多出一百倍。

　　其他人低估赤字的情況甚至更為嚴重，超過一〇％的受訪者認為在數百萬美元以下。這部分的大眾生活在另一個宇宙，在這個宇宙裡，一個居住在佛羅里達州博卡拉頓（Boca Raton）的退休配鏡師，只要簽一張支票就能抵銷一年的聯邦赤字了。

美國聯邦預算赤字有多少？

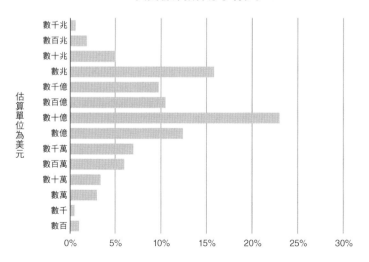

　　調查還詢問前一年的赤字狀況，是更多、更少，還是差不多？消息靈通的民眾知道經濟緩慢復甦、削減支出及稅賦增加，加總起來將赤字從二〇一二年的一兆零九百億美元減少到二〇一三年的六千四百二十億美元。但是，有六八％的人認為二〇一三年的赤字更高。

　　我根據這個調查，以同樣的網路小組公司繼續進行類似的調查。一組新的全國性隨機樣本被問到同樣兩個問題，只不過我將**赤字**換成**債務**。

　　於是，大家的意見一致了：兩者不同！債務是國家欠債（就像信用卡餘額），赤字則是債務在一個財政年度中**增加**多少（就像信用卡餘額在一年之間增加了多少）。

　　在加稅因應支出的喬治・華盛頓（George Washington）治下，美國迅速累積一大筆獨立戰爭債，直到一八三〇年才清償完畢。在那之後約有十年，美國完全沒有負債，但是從一八四〇年起，美國就一直背負債務。在我調查的當下，美國國債超過十七兆美元。以下是有關國債調查的回答，並且與赤字調查的結果重疊。

　　猜測的答案有不少重疊，只不過債務大約比赤字多出二十六倍。相較於赤字的猜測，債務的答案偏向（也就是接近圖表的頂端）比實際來得更高。但是，只有二七％的受訪者選出正確範圍（十兆至一百兆美元），而且並不是最多人選的答案。

　　我的調查樣本中約有三分之二認為，債務在過去一年變多了。就像壞掉的鐘，一天也會準時兩次，這是正確的。

　　真正的情況並不是什麼天大的祕密。一般人對文字的理解勝過數字，對情緒的感受又勝過文字。所有政治人物和記者都

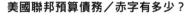

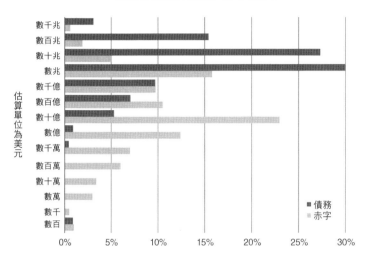

明白這一點。赤字鷹派說服選民相信，赤字／債務／**諸如此類**是對美國生活方式的威脅。他們不必透露太多真正的事實，只需要暗示某些根本不是事實的「事實」就能做到這一點。大部分的美國人不知道數字：他們只知道有一個問題一直在惡化（即使有時候根本就沒有惡化）。

我們或許會質疑，債務／赤字的規模對民眾是否真有那麼重要。但是無論如何，有一個數字可以提供必要的背景，就是美國的人口數，美國的人均債務確實大有關係。要了解這些，就必須掌握人口數。國家地理（National Geographic）有一份調查，請參與者從四個區間選項中挑出目前的美國人口數。[61] 有六九％的人選出的答案錯得離譜，不然就是說不知道。

分配不均的真相

二〇一一年，心理學家丹·艾瑞利（Dan Ariely）和商學教授麥可·諾頓（Michael Norton）進行一次網路小組調查，請五千五百二十二位美國民眾推測美國的財富分配。參與者接到的指示，是將全國依照財富分成五等分（人口總數的五分之一），這樣就有最富裕的二〇％、第二富裕的二〇％，以此類推，直到最貧窮的二〇％，之後再請參與者評估每一等分擁有的財富占全國總財富的百分比。

要注意的是，調查詢問的是財富而非所得。調查詳細說明，詢問的是「淨值……定義為某人所有擁有物的總價值，減去債務」，並舉出例子（「不動產、股票、債券、藝術品、收藏品等等，減去貸款或抵押等物的價值」）。[62]調查還要求參與者描述「理想的」財富分配。

就從實際狀況開始（圖表最頂端的長條）。以實際情況來說，最頂端的二〇％美國人擁有約八四％的財富。五等分的第二等分與第三等分則幾乎瓜分剩下的部分。最貧窮的兩等分在圖表最頂端的長條幾乎看不見，因為分別只占總財富的〇·二％與〇·一％。

記住，我們現在談的是資產。底層的四〇％大多勉強餬口，他們很有可能租屋或是有溺水屋（underwater mortgage，譯注：即指房貸高於房屋價值）；背負助學貸款且幾乎沒有存款。

一般民眾都知道財富的分配一面倒地偏向一邊，但是就像中間的長條所顯示的，他們低估了傾斜的程度。接受調查的人猜測，最頂端的五分之一持有約五八％的總財富，之後的各等分依序遞減，直到最貧窮的一組，約占三％。

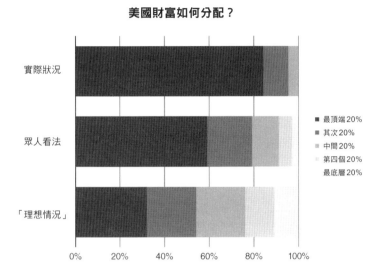

美國財富如何分配？

實際狀況

眾人看法

「理想情況」

■ 最頂端20%
■ 其次20%
■ 中間20%
□ 第四個20%
□ 最底層20%

0%　20%　40%　60%　80%　100%

　　換句話說，一般民眾估計最頂端的五分之一會比最底層的五分之一富裕二十倍。事實上，最頂端的五分之一比最底層的五分之一富裕八百四十倍。

　　再請他們描述理想的財富分配，調查的答案出現另外一種分配不均，但是遠遠沒有其他幾個情況那麼不均（最下方的長條）。在這個眾人選擇的財富分配中，最頂端的五分之一持有全國財富的三二％，最底層的五分之一則擁有一○％，最高與最低兩等分的財富差距縮小到只有三倍。

　　諾頓與艾瑞利這項調查有一個特別容易引發爭議的發現，就是不同政治族群和人口群體做出的估計（無論實際或理想），並沒有太大的差別。沒錯，他們確實發現共和黨選民與男性，比民主黨選民和女性更贊同財富不平均，但是差別並不大。富裕者更能理解最頂端的五分之一擁有多少，而在他們想

像的烏托邦裡，財富不均更甚於窮人的想像。不過，差別還是只有幾個百分點。

參與者甚至一致認為，現狀不怎麼理想。大部分受訪者覺得理想的情況是，最富裕的五分之一擁有少一點，最貧窮的三等分應該多一點，而第二個五分之一（粗略來說，就是中上階級）已經有了最理想的占有率，或是接近最佳狀態，這是根據調查的估計。

超乎想像的財富差距

這些調查結果正好出現在「占領華爾街」（Occupy Wall Street）那一年，被橫跨政治光譜的各路行家高手引為己用。在討論最低薪資、所得稅及社會安全等議題時，不可避免要訴諸想當然耳的九九％沉默多數之意見。但是，除非大眾知道現狀，否則又怎麼會知道想要什麼？

媒體用統計數據，連同「x％的美國人掌控了y％的財富」等說詞淹沒了我們。我們記住不均的**說法**，並且對這一點的情緒反應超越實際數據。諾頓和艾瑞利的調查，其實是請參與者在談論中說出一套和新聞報導大意相符的財富分配。這實在是苛求，因為經濟是有許多運轉零件的複雜機器。

想像航空公司要求乘客草擬「理想的」客機設計圖。草圖無疑會強調有寬敞的座位，以及放置隨身行李的加大空間，他們大概會省略大眾一無所知的機械與導航系統。執行這些構想的航空公司就會發現飛機飛不起來，而寬敞座位的成本可能高到幾乎無人買得起機票。

美國民眾的「理想」財富分配並非瘋狂到不切實際，只是

比運作情況相當不錯的瑞典稍稍平等一些（該國的稅賦高達國內生產毛額的四八％）。不過，美國人並不像瑞典人那樣認為應該為退休儲蓄，而不是仰賴私人或公共年金。

美國一般老年民眾的財富是一般年輕人的十八倍，[63] 因此嬰兒潮世代（本身就占了一等分）比最年輕的五分之一更為富裕。這樣的懸殊差距與一％的人或社會經濟不平等無關，一般勞動人口在終身積蓄週期所產生的財富差距，就可能會比民眾想像的理想情況大上許多。

頭重腳輕的所得分配

由於一般人將**債務**與**赤字**等字眼加以混淆，我不由得好奇大家是否可能也無法區分**財富**和**所得**。為了確認這一點，我根據諾頓與艾瑞利的研究模式進行調查，但詢問的是所得分配，而非財富分配。

美國的所得分配也是頭重腳輕，但是還不及財富分配。最頂端二〇％的所得者占總家戶所得約略超過一半（財富分配的最頂端的五分之一則是占了八四％）。[64] 而在光譜的另一端，底層的四〇％則只有些許所得，雖然淨值幾近於零。

所以在實際情況中，所得與財富分配有很大的差別，但是一般大眾對兩者的推估卻沒有這麼大的差距，這是因為群眾心目中的所得和財富分配都比實際情況更平均。

最引人注意的是，「理想情況」的所得與財富分配幾乎完全相同。兩份調查的樣本都覺得最頂端的五分之一應有約三〇％的所得或財富，而最底層的五分之一則應有一一％。

相關的名詞在記憶中可能會混淆互換。假設你看了一篇有

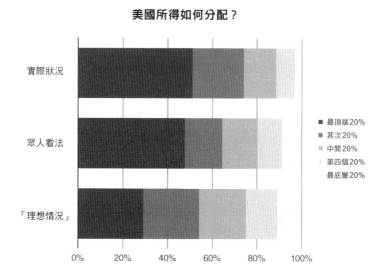

美國所得如何分配？

實際狀況

眾人看法

「理想情況」

- 最頂端 20%
- 其次 20%
- 中間 20%
- 第四個 20%
- 最底層 20%

0%　20%　40%　60%　80%　100%

關所得平等的文章，幾天之後被問及財富分配，那篇所得的文章即使沒有直接相關，也可能會左右你的答案。

　　不過，最大的問題在於，情感和意識型態很難轉換成可以加總的數字。大部分的人並不習慣從人口五等分的角度來思考。一開始的想法都是，最頂端五分之一占有的部分應該是最底層五分之一的「數倍」，之後再填入中間幾等分的比率。加加減減後，讓數字加總是一〇〇％，然後這件事就能拋諸腦後了。

理想的薪資分配

　　另外一項研究則是剔除了五等分的混亂。諾頓與索拉波・加彭森（Sorapop Kiatpongsan）調查四十個工業化國家、五萬五千個受訪者的龐大樣本，讓他們估計各自國內無特長工人的實

際和理想所得，並且詢問大企業執行長的實際與理想所得。[65]

調查的答案讓研究人員得以據此估計，計算執行長對工人的薪資比，並且與實際狀況做比較。以美國為例，該比率目前為三百五十四比一，但是美國人的估計卻只有三十比一，理想的薪資比又更接近，為六‧七比一。

這個模式在全球不斷反覆出現，只是大部分國家的實際比率是美國的九牛一毛。所有國家的民眾都大幅低估本國的所得不均，並且宣稱理想的薪資分配應該更加平等，平均理想比率為四‧六比一。同樣地，政治理念對答案並沒有太大的影響。

這些研究很有力地顯示，保守派和自由派同樣都**表示**，他們認為足以與北歐福利國相提並論的所得分配是理想狀況，諾頓和艾瑞利於是又問道：

> 既然對理想財富分配與實際財富存在分配不均的落差，不同團體的看法一致，為什麼沒有更多的美國人鼓吹加大財富重分配，特別是那些低所得者？[66]

他們得出幾個可能理由：

> 首先，我們的結果說明，美國人似乎嚴重低估目前財富不均的程度，顯示他們可能根本尚未察覺到這種落差。其次，就如同大家對財富不均的實際程度看法有誤，對美國的社會流動機會或許也過度樂觀……第三，儘管樣本中的保守派和自由派都同意目前分配不均的程度遠遠不夠理想，但是大眾對於造成不平等的原因看法不一，可能掩蓋了這一點共識。

不必做調查，我們就能得出結論，大眾的「理想」槍殺死亡人數是零。有人說，解決辦法就是禁止用槍；也有人說，解決辦法就是所有人都隨時攜帶上膛的槍枝。所以，我們該怎麼辦？

槍枝與犯罪有正比關係嗎？

說到槍枝，皮尤研究中心於二〇一五年的一項民調顯示，贊成擁有槍枝的支持度遽增。超過一半的美國民眾表示，保護槍枝擁有者的權利會比進一步控制槍枝購買者更加重要，[67] 這是一種看法。有些調查還問到一個事實：暴力犯罪率近來是上升、下降或持平？

不久前，蓋洛普（Gallup）民調發現，認為犯罪率上升的人比較不支持槍枝管制。具體來說，認為前一年犯罪率上升的人之中，有四五％支持更嚴格的槍枝法令。而認為犯罪率持平或減少的人當中，五二％贊成更嚴格的槍械管制法令。

再提供一些重要背景：從一九九三年到二〇一〇年，美國暴力犯罪率急速下降。持槍殺人率幾乎減半（從每十萬人中有七・〇人下降到三・六人），非致命暴力犯罪比率則驟減至略高於原本的四分之一。很難想出其他重大的社會問題會有如此巨大的改善。

不過，這算是一個鮮為人知的事實。皮尤研究中心於二〇一三年的民調詢問，槍枝犯罪究竟是上升、下降，還是維持與先前二十年相同。五六％的人認為犯罪率上升（錯誤），二六％的人則認為維持相同（同樣錯誤），只有一二％的人知道是下降。[68]

諷刺的是，槍枝問題意見的兩造都認為，己方可以拿出更

好的補救辦法解決根本不存在的犯罪率急遽攀升問題。遵守法紀的槍枝擁有者和槍械管制法令，大概都與持槍殺人案件驟減並沒有太多的關係。專家歸功於人口結構，暴力犯罪是年輕人的遊戲，而嬰兒潮世代在一九九〇年代已經脫離那個行列。

猜中大麥克熱量的群眾，是聰明的嗎？

自由社會的重大挑戰，就是在幾乎所有人都消息錯誤時做出好的選擇，有時候群眾會做得比你預期來得好。

我詢問人們：「一份麥當勞（McDonald's）的大麥克漢堡熱量有幾卡？」

根據麥當勞的網站，正確答案是五百五十卡。調查得到最多的答案，正好是正確答案（選擇題中的選項範圍在四百至七百九十九卡）。四一％受訪者給的答案是正確的，猜測的結果大多集中在這個範圍內；約八〇％受訪者給的答案至少不完全離譜。

這或許說明了群眾的智慧，當大眾企圖估計一個數量時，平均猜測結果通常會準確得驚人。

典型的例子就是比賽猜罐子裡的雷根糖數量。有些人猜測的答案太低，有些人則是太高，還有一些可能會剛剛好（雖然無從得知誰是對的）。猜測的平均值（或者也可以說是中位數或眾數）通常會比絕大多數的猜測更接近正確數值。

群眾的智慧並非不變的定律。曾經有一段時間，所有人都相信地球是平的。所有人都錯了，群眾對弦理論（string theory）的看法，在物理學家的眼裡可能不太具有啟發性。群眾智慧要發揮作用，就必須具有基礎才能做出合理的意見。在

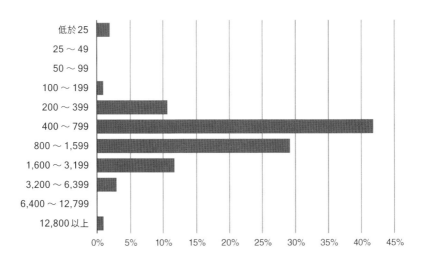

一份麥當勞的大麥克漢堡有幾卡？

猜測雷根糖的比賽中，所有人可以看到罐子有多大、雷根糖有多小。有些人靠計數，有的人則靠算術，還有人憑直覺。如果許多人從很多的角度思考問題，群眾可能就會具有智慧。假若群眾甚至連一個切入思考的事實都沒有（如：中世紀「平面的」地球，或是現在的弦理論），群眾就無法具有智慧。

你會注意到，有關聯邦債務與赤字水準的猜測毫無根據。有一個可能因素是稱為**規模遲鈍**（scope insensitivity）的現象。威廉‧德斯馮格斯（William Desvousges）及其同事設計一項知名實驗，問人願意付出多少金錢解決（完全虛構的）問題。[69]調查聲稱，候鳥陷在工業儲油槽中而溺死，將儲油槽加蓋就能拯救那些鳥，但是代價高昂。問題是：你願意付出多少金錢來解救這些鳥？

　　這個問題詢問三個隨機選出的群體，給予一模一樣的敘述，只是告訴其中一組，有兩千隻鳥的生命受威脅；另外一組聽到的是有兩萬隻鳥等待救援；還有一組則是被告知有二十萬隻鳥命懸一線。

　　三組人平均願意付出的金額分別是八十、七十八及八十八美元，鳥的數量並沒有太大的影響。

　　德斯馮格斯的兩難困境，果然如設計問題者所言，喚起「有一隻筋疲力竭的鳥，羽毛浸泡在黑漆漆的油漬中無法逃脫」的心像。你可能會在意這個畫面，也可能並不在意，在意的人就會覺得一隻鳥的死亡幾乎和數千隻鳥的死亡一樣悲慘。無論合理與否，這是人類的理智和「感情」的運作。

　　「規模遲鈍」的實驗多次複製，運用在從氯化飲用水到盧安達大屠殺等諸多的不同議題，在在證明人是由情感支配，而非數字。規模遲鈍也會影響我們記住的事實。龐大數字的情感衝擊源於數字**大**這一點，多過於實際數量。我們知道國債龐大，只是不知道有多大，這種心理上的不精確，若是在百萬選民的身上就可能會阻礙好的決策，因為民主制度取決於群眾的智慧。

跳出規格之爭的蘋果電腦

　　行銷人員在察覺規模遲鈍方面做得不錯，蘋果（Apple）就證明在這一點上深得其中三昧。科技部落客猛烈抨擊蘋果沒有釋出iPhone與iPad的隨機存取記憶體（random-access-memory, RAM）數字和其他規格，但是這些數字對廣大的消費者並沒有太大意義。

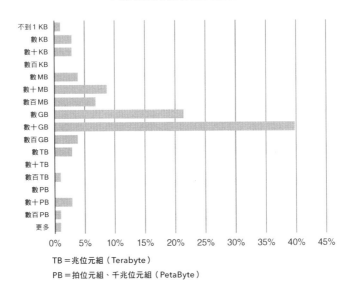

平板電腦的記憶體容量有多少？

TB ＝兆位元組（Terabyte）
PB ＝拍位元組、千兆位元組（PetaByte）

　　我進行一項調查，請受訪者推測「新平板電腦的平均記憶體容量」，同時並未具體指出是哪一種記憶體（結果可以清楚看到，這其實不太重要）。

　　許多消費者還是分不清千位元組（kilobytes, KB）、百萬位元組（megabytes, MB），以及十億位元組（gigabytes, GB）。但是，群眾的智慧似乎依然管用。最常見的答案十至九十九GB，在調查當時也是最合理的答案，有四〇％的人選擇這個答案；但是也有同樣比率的受訪者給的答案錯得離譜，這些消費者不太可能會對規格的討論有印象。

　　蘋果的產品通常不會有什麼東西是**最多**的（除非把最高的價格和利潤計算在內），但卻提出聰明的折衷方案，該公司的行銷將討論重點從數字轉移到無形的事物，例如：容易使用與

高階設計，任由其他的平板電腦製造商去打規格戰。可是，有關規格的討論會從左耳進、右耳出，幾乎有一半的民眾都是如此。以規格為主的推銷手法必須先教育才能說服，而要在一則廣告中放進十億位元組的概論課，並沒有那麼容易。

性少數比我們想的還少

我請一組全國性樣本評估美國人口中的亞裔百分比，問題並沒有明確指出哪些國籍算「亞裔」，或是混血人種又該如何分類。美國人口普查局（US Census Bureau）確實對「亞裔美國人」有嚴格明確的法律定義。根據二〇一二年的人口普查報告，亞裔美國人占美國總人口的五・六％。在我的調查中，大眾的平均估計為一三％，是人口普查數字的兩倍以上。

這些結果符合一個模式：看得出來，美國民眾傾向於高估少數族群的規模，也就是少數族群的人愈少，規模就愈會被誇大。平均而言，美國人認為美國有二五％的人是西班牙裔或拉丁裔（人口普查局的資料是一七％）、二三％是非裔美國人（人口普查的資料為一二・六％），以及一一％是同性戀者。雖然沒有針對同性戀者的普查數據，但被廣為引用的數字是加州大學洛杉磯分校（University of California, Los Angeles; UCLA）法學院於二〇一一年的研究，男、女兩性的同性戀者共計一・七％，大眾錯估達六倍。整體而言，一般民眾認為亞裔和同性戀者是數量不相上下的少數族群，不過事實上亞裔美國人與同性戀美國人的比例約為三比一。

可想而知，有些人會以「男女同性戀者」代表新聞中常見的名詞「同志」（LGBT）。我也針對「同志」人口的估計進行調查

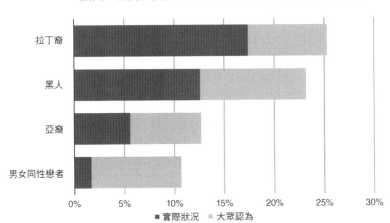

黑人、亞裔與同性戀者，在美國人心中比實際情況更多

拉丁裔

黑人

亞裔

男女同性戀者

0%　　5%　　10%　　15%　　20%　　25%　　30%

■ 實際狀況　■ 大眾認為

〔意思是「女同性戀者（Lesbians）、男同性戀者（Gays）、雙性戀者（Bisexuals）及跨性別者（Transgender）」〕，理論上應該等於或大於男女同性戀者的人口，但是「同志」人口的推測卻與男同性戀者加女同性戀者的數目相當接近。群眾對「同志」的估計是一五％，而男女同性戀者則是一一％。就像**債務**與**赤字**一樣，**同性戀**和**同志**在大眾的心裡基本上是同義詞。

千禧世代高估的情況更甚於其他人。三十歲以下的人認為，亞裔在美國的比率為二一％，同性戀者則為一五％。所以，年紀輕者對亞裔及同性戀者的估算，分別是年長者的兩倍與一・五倍；在估計拉丁裔和黑人人口時，年齡則沒有太大的差別。

這裡至少有三個問題令人不解：為什麼大眾會高估少數族群的數量？為什麼年輕人會高估得更多？為什麼數量少的少數族群被高估的程度甚至更大？

後者的現象有一個極端例子，就在易普索莫里（Ipsos MORI）針對美國人詢問穆斯林占美國人口比率的調查結果。真正的比率是一％，平均估計則為一五％。[70]

仔細想想，在大眾的心裡，拉丁裔、黑人、亞裔、同性戀者與穆斯林大約分別占總人口的二五％、二三％、一三％、一一％及一五％，這些數字加總起來是八七％。即使容許部分重疊，這些明顯是少數的族群還是占了美國人口約三分之二，至少**一般美國人如此推測**。

這並非只是美國式錯覺。易普索莫里的調查詢問十四個工業化國家的民眾，推測各自國內的伊斯蘭少數族群數量。穆斯林在匈牙利的確罕見，約占人口的〇・一％，而匈牙利人估計本國同胞中有七％是穆斯林，大約高出七十倍。

但是，並非大眾的猜測都是高估。易普索莫里找美國人推測美國人口的基督徒比率，平均答案為五六％。[71]事實上，有七八％的美國人是基督徒。美國在這個問題的看法落差最大，但是大部分以基督徒為主的國家也同樣明顯低估國內基督徒的比率。（明顯的例外是德國，當地的平均推測精準無比，有五八％的德國人為基督徒。）相較之下，基督徒在日本與南韓是少數族群，大眾也**高估**基督徒的比率。似乎有一個規則是，大家會低估多數族群的人數，而高估少數族群的人數。

如果這種虛妄的人口統計對現實中的態度和政策沒有影響，可能就會覺得很好笑。將少數族群想得比實際上還多，這種誤解可能會灌輸一種論述，也就是土生土長的異性戀白人基督徒是瀕臨絕種的人類，因此所有「佳節問候」卡都可視為耶誕節之戰。

根據生活經驗的無端猜測

類似的調查顯示，一般人也大幅高估未成年媽媽、移民、老年人及失業者的比率。[72]美國人猜測有驚人的三二％同胞失業，然而在進行調查的當下（二〇一四年）其實只有六％。因此，美國民眾對失業率的高估超過五倍。南韓對本國失業率高估達到八倍。

這類錯誤尤其令人擔憂，因為就像政治人物和記者時時提醒著我們的，選民往往會根據就業數據為執政部門評分，或者應該說是他們對於就業數據的**觀感**。

錯誤很難移除，易普索莫里在詢問部分調查對象時就有此發現。該公司聯絡那些高估移民比率至少兩倍的英國人，告知官方數據是一三％，並且再請他們說明會猜測二六％以上的原因，受訪者能從所有可用的解釋中挑選。大部分的人同意「很多是非法進入國境，所以沒有計算在內」的說法，[73]有一半的人則會說：「我還是認為比率要高出許多。」他們引用「我在我家當地所見」、「電視上看到的訊息」，以及「家人、朋友的經驗」。

雖然太過相信官方移民數據的精確性並不明智，但是以為非專家憑著想起幾次的「經驗」就能推測出準確的數字也未免**太過荒唐**。然而，這卻是多數樣本採用的邏輯。只有三分之一的人承認「我只是用猜的」，而這應該是幾乎所有人的做法。

群眾的智慧不需要所有人都知道正確答案，而民主制度在許多方面必須符合條件，才會有明智的群眾。選民是從卯足全力要讓人理解的選舉陣營中，挑選候選人與政策，還有許多新聞來源和大量時間可以深思熟慮。

但是，如果太多人都有相同的扭曲心理地圖，群眾就沒有那麼明智了。為了在大部分的政策議題做出合理決定，選民必須對人口統計結構略知一二，並且清楚百萬、十億及兆之間的差異。就像記者安德魯·羅馬諾（Andrew Romano）說的：

> 一次又一次的民調顯示，選民根本不知道預算究竟是怎麼一回事。[74]全球民意（World Public Opinion）在二〇一〇年的調查發現，美國人希望藉由削減對外援助以解決赤字，將對外援助由他們心目中的目前水準（預算的二七％），降低到比較精打細算的一三％。實際數字其實低於一％。另一方面，CNN（二〇一一年）在一月二十五日的民調發現，即使七一％的選民想要較小的政府，絕大多數卻反對刪減老人醫療保險（Medicare，占八一％）、社會安全（Social Security，占七八％），以及低收入醫療補助保險（Medicaid，占七〇％），而是更希望刪減浪費──根據蓋洛普於二〇〇九年的調查，這個類別在他們幻想的世界中似乎包含五〇％的支出。不用說，聽這些人的話是不可能讓預算平衡的，但政治人物還是會迎合他們，甚至助長他們的誤解。

羅馬諾的敘述強烈說明，假設我們不需要知道事實，是因為隨時都可查詢得知，就會有一個問題，亦即我們**不會**查詢。大部分人永遠不會去Google查詢諸如烏克蘭的地理位置、美國的穆斯林比率，或是聯邦預算多寡等事實。我們根本不夠關心，因為覺得沒有必要知道，但是我們卻懷抱著會形成態度、選票及政策的誤解四處走動。

扭曲的心理地圖

- 在世界地圖上找出哥倫比亞。
- 美國政府的年度預算是多少？
- 美國六十五歲以上的人口比率是多少？

如果你知道哥倫比亞在哪裡，你的地圖知識就優於大約一半的美國民眾。

至於預算問題，如果能正確說出有幾位數就算是相當不錯了。二〇一五年的預算有十三位數，為三兆九千億美元。調查中只有三六％的人選出正確的大小範圍。這個問題的答案與家戶所得有顯著相關，選出正確範圍比沒有選對的人，每年多賺約兩萬一千美元。[75]

美國超過六十五歲的人口占總人口的一四％。易普索莫里的報告指出，美國民眾猜測是三六％，而這個誤解想必會讓社會安全與老人醫療保險資金的討論出現偏差。在所有調查的國家中，老人的比率全部都被過度誇大，通常相差兩倍以上。

03 死背年代事件，得到的還不如一齣穿越劇

　　你知道「歷史是由勝利者寫的」這句格言嗎？在前美利堅邦聯合眾國（Confederate States of America）就不是如此。德州教育委員會（Texas State Board of Education）要求教科書在處理傑佛遜·戴維斯（Jefferson Davis）的就職演說時，必須與亞伯拉罕·林肯（Abraham Lincoln）的演說一視同仁。德州的教科書也應該盡量減少湯瑪斯·傑佛遜（Thomas Jefferson）在建國過程中的地位。傑佛遜的名字是因為戴維斯而來，這位美國第三任總統與獨立宣言（Declaration of Independence）的主要起草者主張政教分離，而這在德州是敏感問題。

　　這些只不過是德州教育委員會激進派企圖推行的部分規定，[76]該委員會於二〇一〇年擱置一項提議要求，教科書一定要放上巴拉克·歐巴馬（Barack Obama）的中間名胡笙（Hussein）。

　　類似這樣的規定之所以會存在，是因為對歷史涉獵不深的政治人物贏得見識更少選民的選票，從而下指導棋，告訴歷史學家和教育工作者要如何編寫教科書。還有充分的證據顯示，

大眾的歷史知識太粗略，大有上下其手的空間。馬利斯特輿情研究中心（Marist Institute for Public Opinion）在二〇一〇年的民調中詢問：美國是脫離哪一個國家獨立的？[77]有四分之一的受訪者不知道或答錯。

安能堡公共政策中心（Annenberg Public Policy Center）於二〇一一年的一項調查發現，美國人辨認《美國偶像》（American Idol）評審的表現，優於辨認最高法院的法官。[78]同一年，《新聞週刊》（Newsweek）找了一千名美國人做新公民必須通過的入籍測驗。[79]有三八％的人不及格，還有大部分的人說不出第一次世界大戰期間的總統是誰〔伍德羅‧威爾遜（Woodrow Wilson）〕，或不知道蘇珊‧安東尼（Susan Anthony）是女權運動者；約有四〇％的人不知道美國在第二次世界大戰是和幾國打仗（日本、德國、義大利）；三分之一的人說不出通過獨立宣言的日期（一七七六年七月四日）；六％的人無法在日曆上圈出獨立紀念日。

這類調查結果鬆動了輿論民意。二〇一四年亞利桑那州州長道格‧杜希（Doug Ducey）簽署一項法令，要求中學生必須通過公民入籍測驗才能畢業。[80]一個稱為公民教育發起協會（Civics Education Initiative）的機構，希望在五十州都制定類似的法令。

重點來了：相較於了解要怎麼比原有的方式更有效地教育，號召支持出於善意的政令會來得容易許多。公民教育向來是中小學教育的堡壘，教師應該減少在閱讀、數學及電腦技能花費心思，以便用更多的心力教導法案如何變成法律？大量的無知庫存，減少的部分並沒有轉移的部分來得多。

半數主觀歷史，出現在一九四八年之後

　　我做過一項調查，請參與者說出發生在具體時間範圍內的「重要新聞或歷史事件」。時間範圍從西元前三○○○年至今，可能涵蓋單一年份、十年、百年及千年，不同的隨機小組各自拿到不同的時間範圍，以免有人會不知所措。

　　調查在二○一四年五月進行，有一八％的參與者無法說出前一曆年，也就是二○一三年發生的**任何**新聞或歷史事件，另外有一一％的人給了錯誤的答案。

　　受試者在列出二○一二年的事件時，表現得幾乎一樣差，最常見的答案就是總統歐巴馬再次當選總統。四年一次的選舉週期提供記憶框架，而我想有些提到這件事的人，並無法想起其他在二○一二年有報導價值的事件。

　　二○一一年的回憶比率更是驟降到三六％，大部分的人想不起調查進行當年的三年之前任何重要事件，而二○一○年的結果也相去不遠。

　　有相當大比率的回答沒想到新聞也包含體育、氣象、犯罪及名人花絮。有些人提到美國職棒世界大賽（World Series）和超級盃（Super Bowl）的勝利、美國的颶風與洪水、備受矚目的謀殺案，以及名人死訊和醜聞。只要日期正確，這些答案也算對。

　　有兩種情況答案可能是錯的。有幾個說出來的事件從未發生，例如：「理查・尼克森（Richard Nixon）總統被彈劾」（尼克森辭職以逃避彈劾的恥辱）。比較普遍的錯誤答案類型，是將真實事件放在不正確的時間範圍。有人把奧薩瑪・賓拉登（Osama bin Laden）的死亡歸入二○一二年或二○一○年，而

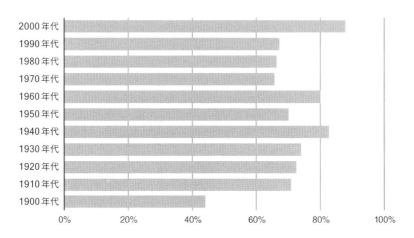

有多少人可以說出至少一件近幾十年的重大事件？

不是二〇一一年。這可以理解，一般的看法是現在有了 Google 就不太需要記住日期，而且對事情的先後順序只要有概念就夠了。但是，在我的調查中有許多人卻不是如此，有些人說克里斯多福·哥倫布（Christopher Columbus）是在一六〇〇年代航行至美洲，而冰河期則是在一〇〇〇年。

在我的樣本中有八八％可以說出一件發生在二〇〇〇年至二〇〇九年這十年間的事件。最常見的答案是二〇〇一年對世貿中心及五角大廈的恐怖攻擊。一九九〇年代、一九八〇年代及一九七〇年代的回憶比率降至約三分之二。

到了迷幻模糊的一九六〇年代，記憶驟然甦醒（八〇％）。到了無聊的一九五〇年代又頹然下降（七〇％），一九四〇年代卻又反彈（八四％）。大部分人多少記得阿道夫·希特勒（Adolf Hitler）、珍珠港、猶太大屠殺或是廣島。

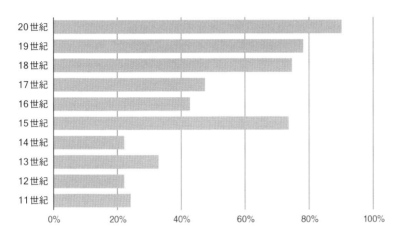

有多少人可以說出至少一件近幾世紀的重大事件？

　　之後的回憶急轉直下，超過一半的受訪者甚至說不出二十世紀第一個十年（一九〇〇年至一九〇九年）的一起重大歷史事件。

　　至於世紀，有七八％的人可以說出十九世紀發生的事（南北戰爭及終止蓄奴制度是最常見的答案）；十八世紀的回憶表現也差不多（美國獨立戰爭、獨立宣言）。但是，大部分的人連一件十七世紀的大事都說不出來。

　　那個世紀裡發生很多事。清教徒在普利茅斯岩（Plymouth Rock）登陸；有英國內戰和賽林（Salem）女巫審判；莎士比亞過世，以及約翰・塞斯巴蒂安・巴哈（Johann Sebastian Bach）誕生；望遠鏡的發明，以及隨著伽利略・伽利萊（Galileo Galilei）、約翰尼斯・克卜勒（Johannes Kepler），以及艾薩克・牛頓（Isaac Newton）等人而開啟現代科學。上述這些，

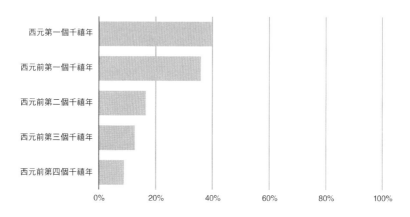

有多少人可以說出至少一件近幾個千禧年的重大事件？

西元第一個千禧年	
西元前第一個千禧年	
西元前第二個千禧年	
西元前第三個千禧年	
西元前第四個千禧年	

0%　　20%　　40%　　60%　　80%　　100%

超過一半的樣本都沒想到。

　　有幾個日期烙印在課堂記憶中，一個就是一四九二年，這足以促使對該世紀的記憶驟然提高。能說出十五世紀事件的人，五人中有四人會提到哥倫布遠航。但是，大部分的人對中世紀後半的幾個世紀卻完全空白。

　　自一〇〇〇年起往前，我只問某個千年之間發生的事，並不指望自願者能理解公認混淆含糊的名詞，例如：「西元第一個千禧年」。所以，調查詢問的是「發生在西元元年到九九九年的一起重大歷史事件。」

　　你可能會認為，了解這個問題的人不太可能**無法**說出發生在西元第一個千禧年的事件（如：耶穌的生死，以及羅馬的衰亡），或是西元前第一個千禧年的事件〔古典希臘時期、克麗奧佩托拉（Cleopatra）〕，可是大部分的人還真的說不出來。

歷史學家推斷，耶穌生於西元前六年或四年，因此耶穌的誕生就落在西元前第一個千禧年。這考倒了一些人，也造成一些錯誤答案，但是還不至於會對結果造成太多的影響。

地球表面大部分可說是西元前一〇〇〇年之前的史前遺跡，所以我們不意外有少數人能說出調查中最早一個千禧年的歷史事件。正確答案主要和埃及（建造金字塔）、舊約〔猶太人出埃及記、大衛王（King David）統治以色列〕，以及巨石陣有關。

有些參與者在每個時間範圍都能列舉出好幾個事件。我校對整理所有記住的事件（包括被歸類到錯誤時間範圍的事件），並且利用這個資料建立一個主觀歷史時間軸。這段有記憶歷史的中點，將時間軸一分為二，是在一九四八年。非常粗略地來說，似乎大家對一九四八年之後的歷史，記得差不多與哈利・杜魯門（Harry Truman）政府往前回溯至文明初始這段時間一樣多。這是另一個扭曲的心理地圖，這個時間軸是以回憶的事件數量加權，按照比率排列。

在個人或集體做決策時，太過重視剛發生過的事，從我們對世界大災難的反應可見一斑：大規模槍殺、戰爭、地震、股市崩盤、恐怖攻擊、經濟衰退及爆發傳染病。在每一次慘劇過後，總有人呼籲下一次要做更好的準備——準備，是指剛發生過的事。我們未能準備好應對可預見的挑戰，以及過去多次發生的災難，並非只有最近的災難。

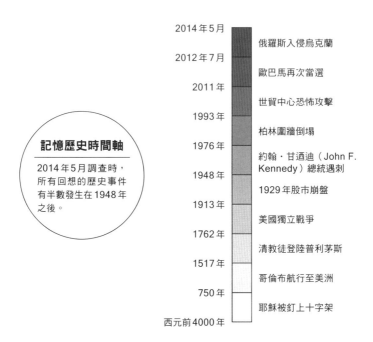

記憶歷史時間軸

2014 年 5 月調查時，所有回想的歷史事件有半數發生在 1948 年之後。

2014 年 5 月	俄羅斯入侵烏克蘭
2012 年 7 月	歐巴馬再次當選
2011 年	世貿中心恐怖攻擊
1993 年	柏林圍牆倒塌
1976 年	約翰・甘迺迪（John F. Kennedy）總統遇刺
1948 年	1929 年股市崩盤
1913 年	美國獨立戰爭
1762 年	清教徒登陸普利茅斯
1517 年	哥倫布航行至美洲
750 年	耶穌被釘上十字架
西元前 4000 年	

被遺忘的總統

　　亨利・羅迪格三世（Henry Roediger III）的職業生涯，大半都在研究美國人如何遺忘了自己的總統，他是偶然間想到這個主題的。在有些心理學實驗中，研究人員如果在重要問題間插入填空作業（filler task），會有不錯的效果。某次實驗的填空作業是，試著讓大學生在五分鐘內寫下所有記得的美國總統。他發現一般普渡大學（Purdue University）和耶魯大學的學生，對當時曾任職的三十六任或三十七任總統只記得十七位。這項一九七六年發表的研究，時間橫跨尼克森與傑拉德・福特（Gerald Ford）政府。

目前任職於聖路易斯華盛頓大學（Washington University）的羅迪格，並未企圖又藉此證明大學生缺乏文化素養，他的興趣在於人類記憶，而且他發現對每個總統的回憶比率有很大的差別。幾乎每個人都說得出華盛頓、林肯，還有最近幾任總統。低於二〇％的少數記得知名度不高的總統，例如：約翰‧泰勒（John Tyler）及切斯特‧亞瑟（Chester Arthur）。

當然，你也可以說是有些總統比較重要、更值得懷念，就和棒球選手一樣。你記得泰‧柯布（Ty Cobb）和貝比‧魯斯（Babe Ruth），還有很多的當代球員，而其他的就忘了。但是，羅迪格做出一張圖表質疑這種看法。他按照時間順序（x軸）排列總統，並且標示出學生的回憶比率（y軸，從〇％到一〇〇％），因而產生一個非常粗略的U型曲線。學生記得最清楚的是最初幾位總統及最近幾位。在這兩極之間拉出一大段陷落的遺忘線條，最大的例外是林肯，回憶比率極高（U型曲線其實應該說類似W型，但底部呈現圓形）。

羅迪格和羅伯特‧克勞德（Robert Crowder）稱為**序位效應**（serial position effect）。在記憶一份清單時，通常是最初幾項和最後幾項記得最清楚；而最不可能記住的是從清單開端算起，稍微超過一半的項目。二〇一五年時，陸斯佛特‧海斯（Rutherford Hayes）、詹姆斯‧加菲爾德（James Garfield），以及亞瑟就在這個記憶盲點裡。

當然，任何清單總有一些較為難忘的項目，原因與清單的序位無關。林肯打贏分裂國家的戰爭，並且統一全國；他廢除蓄奴制度，此舉至今依然令人神往；他（在戲院中）的戲劇性遇刺，是每個學童都學過的故事，因此很容易理解林肯為何會是序位效應的例外。比較令人意外的是，在林肯前後的幾位總

統，被記住的情況也高於平均，林肯月暈效應（halo effect）尤其惠及他的繼任者安德魯・強森（Andrew Johnson）與尤利西斯・格蘭特（Ulysses Grant）。

羅迪格在四十年間不斷重複這項總統實驗，除了近幾任總統陷入沒沒無聞的下陷線條變長之外，得到的結果相去不遠。羅迪格和狄索托（K. A. DeSoto）在二〇一四年的實驗，徵召所有年齡層的參與者，發現年齡大有影響：一般人更有可能說出自己經歷過的幾任總統。X世代參與者，也就是一九六〇年代初期至一九八〇年代初期出生者，不到四分之一能說出杜懷特・艾森豪（Dwight Eisenhower）。不是說他們從未聽過艾森豪，而是他們在努力回想美國總統時並沒有想到他。這告訴我們，未來的世代有多少人能想起艾森豪，或是想**不**起來。

這種逐漸忘記總統的現象似乎在預料之中。羅迪格預測，到了二〇四〇年，不到四分之一的人口能記得林登・詹森（Lyndon Johnson）、尼克森，以及吉米・卡特（Jimmy Carter）。或許有人會猜想，有些總統應該會像林肯一樣是例外，但是通常不會。羅迪格大約在水門案時開始進行實驗。當時在他看來，福特是第一位未經選舉就登上寶座的總統，這種情況在歷史與記憶永遠留下一席之地。這個差別現在卻沒有多大的價值，而福特也一如預期地漸漸湮沒。羅迪格在接受訪問時提到這個現象後，福特總統圖書館和紀念館的發言人與他聯繫，表示這座位於安娜堡（Ann Arbor）的紀念館參訪人數一直在下降，羅迪格可有建議？[81]

回憶高峰：我們只記得最有價值的二十年

貝洛伊特學院（Beloit College）從一九九八年起每年發布「心態列表」（Mindset List），委婉地提醒學院教授，一些過時的文化參照對新生並沒有意義。二〇一六年的新生「從未看過『機票』[82]……勞勃・狄尼洛（Robert De Niro）是貴格・法克（Greg Focker）逆來順受的岳父〔譯注：電影《門當父不對》（*Meet the Parents*）中的角色〕，而不是維多・柯里昂（Vito Corleone）〔譯注：電影《教父》（*The Godfather*）中的角色〕，或吉米・康維（Jimmy Conway）〔譯注：電影《四海好傢伙》（*Good Fellas*）中的角色〕。」

即使教授歷史，在某種程度上也必須顧及年輕人的短暫記憶。歷史學家斟酌著哪一些關係重大，哪一些可以從課程大綱中刪除。不過，懷舊和文化史之間並沒有清楚明確的界線。年輕人應該知道比莉・哈樂黛（Billie Holiday）是誰嗎？格魯喬・馬克斯（Groucho Marx）呢？艾爾・卡彭（Al Capone）呢？

我們對自己人生的記憶，有不成比例的分量來自十歲至三十歲上下的青春期和青年時期，這種傾向稱為**回憶高峰**（reminiscence bump）。這些記憶包括青春期的喜樂哀愁、中學與大學、初戀、第一份工作，以及第一間公寓。相對之下，我們對嬰兒時期毫無記憶，而對幼童時期的記憶也不多。中年人對介於三十歲到最近的這段記憶大缺口發生了什麼事，記得相當少。我們因此對自己的人生有了偏頗的感受，這種感受主要集中在廣告主認為人口統計結構裡最有價值的二十年。

丹麥心理學家強納森・柯佩爾（Jonathan Koppel）與多塞・伯恩森（Dorthe Berntsen）發現，回憶高峰也適用於世界

大事。[83] 一般人比較容易記住發生在自己十歲至三十歲之間的新聞事件。要說那些記得胡士托（Woodstock）的人未曾親臨現場或許並不完全正確，但是我們可以很有把握地說，當事件發生時他們在十歲到三十歲之間。

我的歷史調查參與者是介於二十歲至七十歲的成年人，二十歲正好處於他們的黃金記憶期中間；對七十歲的人來說，那段時間過去四十年到六十年了。可想而知的是，接受調查的群眾對於最遠六十年前的事都有相當不錯的記憶。事實上，「有生之年的記憶」占據一半的主觀時間軸，將其他的記憶壓縮到另一半。

歷史課的目標是提供遼闊的視角，帶我們進入存在於出生之前的大世界，這必然會導致一場對抗記憶現實和注意廣度（attention span）的艱苦戰役。

三十二張歷史人物的臉孔

歷史並非只是名字與日期。莎士比亞、維多利亞女王及艾伯特・愛因斯坦（Albert Einstein）對今日的我們更鮮明一些，因為我們可以想起他們的臉孔，而他們的臉孔就保存在畫像之中，成為集體記憶的一部分。我很好奇有多少歷史人物的臉孔是廣為大眾所知的。幾乎所有人都認得拿破崙・波拿巴（Napoleon Bonaparte）、華盛頓及林肯，但是能夠達到如此盛名的人物有如鳳毛麟角。更多的是大部分人都聽過、卻無法從頭像辨認出來的重要人物。再者，所有人認得的當代藝人和運動員幾乎都比歷史人物來得多。所以，若要估算普遍能辨認的「歷史」臉孔數量，完全取決於如何劃分歷史人物與當代名人。

史蒂芬・斯基納（Steven Skiena）和查爾斯・渥德（Charles Ward）於二○一三年發表的歷史人物名單，前一百大差不多全部都被我拿來進行臉部辨識。斯基納和渥德宣稱，排列歷史人物「就像Google排列網頁，將多組衡量名聲的標準整合成單一的共識值。」[84] 他們的方法大量仰賴維基百科的條目：這些條目有多長、瀏覽的頻率有多高，以及有多少連結導向這些條目。你或許會質疑這種方法的有效性，就我的目的來說，重點是這樣能撒下一張大網。名單的前十名是耶穌、拿破崙、穆罕默德、莎士比亞、林肯、華盛頓、希特勒、亞里斯多德（Aristotle）、亞歷山大大帝（Alexander the Great）及傑佛遜。（全部都是男性，與維基百科大部分的編輯一樣。）

我請參與調查者透過一張緊貼輪廓切下、一百六十像素平方的頭像，來辨認每個人物。我盡量將這項調查設計得簡單，採用我所能找到最具代表性和辨識度的肖像。當然，有些影響深遠的歷史人物並未留下相貌紀錄，但是肖像不見得要真實才能辨認。耶穌的照片純粹是想像，儘管如此，美國人對耶穌「應該」長什麼樣子，還是有相當清楚的概念。最具代表性的基督形象，是二十世紀原本沒沒無聞的宗教插畫家華納・索曼（Warner Sallman）繪製的畫像。他的《基督的尊容》（*Head of Christ*）從一九四一年起，大量複製成印刷品與賀卡。電影和《南方四賤客》（*South Park*）看到的耶穌，基本上都是以索曼的圖畫為雛型。

從索曼的《耶穌的尊容》切割下來的小幅耶穌頭像，我的樣本一○○％都認得。

斯基納與渥德的一百個名人，我大多能找到可用的畫像，除了穆罕默德、大衛王及幾位早期的基督教聖徒以外，因此這

些人並沒有列入測驗。調查採用選擇題，所以正確答案就在選項之中，以便喚起語文記憶。每個問題有五個選項，外加「不知道」。

除了近幾任美國總統以外，有五個歷史人物在美國幾乎是家喻戶曉：耶穌、希特勒、林肯、愛因斯坦及華盛頓。最多人認得的一組人物，主要是國家元首，另外包括三位作家〔莎士比亞、馬克・吐溫（Mark Twain）、愛倫坡〕、兩位科學家（愛因斯坦與牛頓），以及科學家兼政治家的博學之士班傑明・富蘭克林（Benjamin Franklin）。

可辨認性不光是與歷史地位有關，長相與眾不同也有幫助。亨利八世（Henry VIII）長相福態，林肯清癯消瘦，希特勒則有令人毛骨悚然的鬍髭。相較之下，傑佛遜就湮沒在一群戴假髮的美國開國元勳之中。勉強有五〇％的人能從圖片中認出傑佛遜，雖然他的臉孔從一九三八年起就出現在美國的五美分硬幣上。

斯基納與渥德名單上的一百人，只有三十一人是超過五〇％的參與者認得出來〔只是有十多個的誤差線（error bar）跨過這個門檻〕。[85]我相信這低估了算得上家喻戶曉的歷史人物總數，但卻不會低估太多。

在此說明原因。斯基納與渥德的一百人名單是依照順序排列的，一百人的最後十人是：

九一、教宗若望・保祿二世（John Paul II）

九二、勒內・笛卡兒（René Descartes）

九三、尼古拉・特斯拉（Nikola Tesla）

九四、杜魯門

九五、聖女貞德（Joan of Arc）

九六、但丁・阿利吉耶里（Dante Alighieri）

九七、奧托・馮・俾斯麥（Otto von Bismarck）

九八、格羅弗・克利夫蘭（Grover Cleveland）

九九、約翰・加爾文（John Calvin）

一〇〇、約翰・洛克（John Locke）

不用我說也看得出來，這裡唯一大部分的人可以從照片認出的，就是杜魯門（而我的樣本中只有五八％的人做到）。

斯基納與渥德的一百人名單前半部中，有二十三人是超過一半的樣本數都認得；後半部（五〇至一〇〇）則只有八個。如果我們假設這樣的遞減率有代表性，就預料得到假設名單延伸到第三組五十人（一〇一至一五〇），大約有三個人的臉孔能辨認出來，而在那之後的五十人（一五一至二〇〇）可能就只剩一個了。依此做出收斂級數，則所有過半民眾能夠辨認的歷史人物總數量大約是三十五人。

斯基納與渥德的這份名單裡包含近幾任美國總統。如同羅迪格的研究所顯示，他們的名氣可能相當短暫。整體看來，福特的臉與莎士比亞或拿破崙的臉，辨識度差不多，這的確是暫時性的異常現象。

我採用這個公認武斷的定義：歷史人物就是主要成就發生在比調查進行時間早了至少五十年的人。意思就是我們因為時間太近而刪除尼克森、隆納・雷根（Ronald Reagan），以及喬治・布希（George W. Bush）。我可以找另外四張不在斯基納與渥德的名單中，但是大多數人都認得的臉：華德・迪士尼（Walt Disney）、艾森豪、安迪・沃荷（Andy Warhol），以

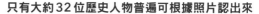

只有大約32位歷史人物普遍可根據照片認出來

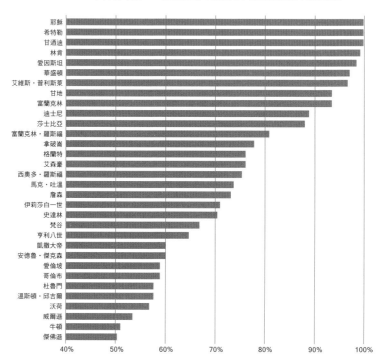

及詹森（勉強剛好在五十年的分割線）。這樣一來，就大約有三十二個人。古代與現代世界史中家喻戶曉的臉孔比美國總統還來得少。

　　不可否認，大眾的視覺化歷史是一張扭曲的地圖。五八％認得的臉孔是美國白人男性。名單上只有一位女性（伊莉莎白一世）和一位非白人（甘地）。沒有人會說歷史是政治正確。

愛因斯坦表示：其實我沒說過那句話……

調查所衡量的歷史知識較狹隘——多少人能認出一張臉、知道一項事實、想到一起事件。事實之間的連結也很重要，說不定更加要緊。本書開頭說了一個故事，一個受過教育的女士知道莎士比亞和《哈姆雷特》，只是不知道兩者之間的關係，這樣的碎片知識舉世皆然。

一項對大學生的調查發現，只有三〇％能說出是誰提出相對論。[86]學生肯定知道愛因斯坦的名字與臉孔。但問題詢問的不是愛因斯坦，而是相對論。

和其他的歷史人物一樣，愛因斯坦的存在就像是一團虛無縹緲的概念、聯想及名言警句，不見得會聯繫到名字或臉孔。偉大的人物與事件不但會逐漸被遺忘，也會逐漸被簡化。愛因斯坦生前就是一個複雜又有多重面向的人物，他是一個失敗者，無法謀得學術工作而在瑞士專利事務所工作；逃脫第三帝國（Third Reich，即納粹德國）的猶太人；美國名人；稱種族主義為「白人的疾病」之民權運動者。[87]漸漸地，愛因斯坦的論述被再三簡化，在歷史的剪輯室裡留下一片模糊。

羅迪格和同事在一次記憶實驗中，找了不同年齡的人列出發生在南北戰爭、第二次世界大戰，以及伊拉克戰爭期間的事件。[88]大家對南北戰爭期間發生什麼事，比伊拉克戰爭期間發生什麼事的看法更為一致。曾經歷戰爭的人，對戰爭會有個人獨特的記憶；純粹從學校與周圍相關文化了解戰爭的人，對戰爭的詮釋則會較為一致。

因此，過往就從複雜的現實轉變成「傻瓜學歷史」。一路上，故事被扭曲竄改。我請參與調查的人說出下列聲明的作者：

　　　　瘋狂的定義，就是重複做同樣的事情卻期待有不同的
結果。

　　這段雋永妙語在網路的引文蒐集網站，普遍認為是愛因斯
坦說的，而且政治人物非常喜歡引用。（錯誤）引用愛因斯坦，
依然是立刻取得嚴肅正當性最廉價的方法。不過，這段關於瘋
狂的引文，不曾見於任何愛因斯坦公開發表的文字或訪談，似
乎是在這位物理學家過世後數十年才出現。與這段引文稍有不
同的版本，出現在一九八三年發行的兩本迥異書籍，戒毒匿名
會（Narcotics Anonymous）的入門讀本（**並未**指出源於愛因斯
坦，愛因斯坦從未進入勒戒所），[89]以及莉塔・梅・布朗（Rita
Mae Brown）的《猝死》（*Sudden Death*），影射女子網球圈的一
本小說（據稱故事角色為虛構，是女性，但非物理學家）。這
是「邱吉爾式轉移」（Churchillian drift）的例子，亦即將不甚
有名的人所說的妙語，張冠李戴到某個比較有名的人（如：邱
吉爾）。[90]這種現象比網路更古老，但是未能確實查證的語錄
網站氾濫，為這種現象推波助瀾。

　　另外一個常見的錯誤，就是將 $E=mc^2$ 和原子彈混為一談。
一九四六年七月一日的《時代》（*Time*）雜誌封面是愛因斯坦，
背景是一朵蕈狀雲，上面寫著 $E=mc^2$。從此以後，美國人就認
定這個代表性的公式是原子彈的核心。$E=mc^2$ 的確是愛因斯坦
的公式，愛因斯坦也確實共同執筆一九三九年那封致小羅斯福
總統的信件，警告德國可能會製造原子彈。但是，原子彈與相
對論無關，沒有愛因斯坦的理論也能製造。原子彈的確是在沒
有愛因斯坦的情況下製造出來的，因為他是不得參與機密的和
平主義者。

　　我請調查樣本指認「原子彈之父」，這個模糊的說法適用於好幾位物理學家，但只要是見多識廣的人，就絕對不會提出愛因斯坦。不過，愛因斯坦卻是最常見的回答（占四二％），擊敗了朱利葉斯·羅伯特·歐本海默（Julius Robert Oppenheimer，占八％）與愛德華·泰勒（Edward Teller，占三％）。

愛因斯坦是什麼人？

幾乎所有人都能從照片認出年紀較大的白髮愛因斯坦，但是只有68%的人能從這張攝於1921年的照片認出他（時年42歲）

物理學家　48%的人能說出愛因斯坦的職業（「科學家」也算對）

德國人　42%的人能說出愛因斯坦出生的國家

$E=mc^2$　66%的人知道是誰想出這個公式

相對論　30%的人知道是誰發明了相對論

智力　98%的人知道「愛因斯坦」已經成為智力的同義詞

原子彈　42%的人表示愛因斯坦製造原子彈（這一點並不正確）

「瘋狂的定義，就是重複做同樣的事情卻期待有不同的結果。」 ⎫
⎬ 42%的人相信這是愛因斯坦說的，只不過這句話未見於任何愛因斯坦發表的著作或訪談
⎭

　　芙烈達・卡蘿（Frida Kahlo）的聲望在二十世紀藝術家中數一數二。更仔細檢驗的話，大眾對卡蘿生平和成就的了解，卻是驚人地零碎過時。幾乎不到一半的美國人知道她是藝術家，或是墨西哥人，很少人能將她和超現實主義、一幅著名的自畫像，或迪亞哥・里維拉（Diego Rivera）聯想在一起。如果對卡蘿的重要事項一無所知，那麼她還剩下什麼？就好像那個耶誕老人真實存在的笑話——只不過他骨瘦如柴，住在邁阿密，而且討厭小孩。

卡蘿是什麼人？

8% 的人能從畫像認出卡蘿

藝術家　　53% 的人知道卡蘿的職業

已過世　　44% 的人不知道卡蘿究竟在世，還是已經過世，4% 的人認為她依然健在

墨西哥人　　48% 的人知道卡蘿的國籍

超現實主義畫家　　18% 的人知道和卡蘿有關的藝術流派

里維拉　　9% 的人能說出和卡蘿結婚的名人

不是喬治亞・歐姬芙
（Georgia O'Keeffe）　　15% 的人將卡蘿誤認為「居住在新墨西哥的女畫家，創作出色彩繽紛的花朵、動物頭骨及沙漠景色的畫作」

不是格蘭特・伍德
（Grant Wood）　　5% 的人以為卡蘿是《美國哥德式》的畫家

教科書戰爭

二〇一四年夏天，美國大學理事會（College Board）宣布先修課程美國歷史學科的新架構。幾天不到，這個原本平凡無奇的事態發展就登上新聞版面。共和黨全國委員會（Republican National Committee）稱該課綱為「激進修正主義派的美國歷史觀點，強調我國歷史的負面，同時刪除或盡可能縮減正面特點。」[91]德州教育廳（Texas Education Agency）研擬起草方案，避用大學理事會的教材，支持德州批准的教材。德州提案背後的肯·默瑟（Ken Mercer）解釋道：「有孩子告訴我，上大學時他們的『美國歷史概論』其實就是『我恨美國概論』。」[92]

到了二〇一四年九月，科羅拉多州的一個地方教育委員會擬定一項政策，限制只教導提倡愛國主義、自由市場制度及尊重權威的學科。[93]二〇一五年，奧克拉荷馬州的一個立法委員會以缺乏前述價值為由，正式禁止大學理事會的美國歷史課綱。[94]

為什麼歷史課綱會觸動敏感神經？史丹利·柯茲（Stanley Kurtz）在《國家評論》（National Review）中抱怨，大學理事會深受想要「早期美國歷史少說一些清教徒、普利茅斯殖民地，以及約翰·溫斯羅普（John Winthrop）的『山巔之城』（City on a Hill）佈道辭，多說一些在本質上屬於剝削性的國際資本主義興起時，種植園經濟（plantation economy）與奴隸買賣角色」的歷史學家所影響。[95]

柯茲〔他的姓氏與約瑟夫·康拉德（Joseph Conrad）的小說《黑暗之心》（Heart of Darkness）中，建立殖民地的反英雄一樣〕發現家長與歷史學家之間的歧見。儘管多數家長樂於讓孩

子學習和他們當年學習的相同歷史，但專業歷史學家通常是修正主義者，認為自己的角色是「修正」目前對該領域的認識。教科書逐步納入新的學識，結果就是一代又一代地出現變化。

柯茲說得沒錯，我們的教育體系未能教導學生認識溫斯羅普。我發現有四四％的受訪者能說出他是麻薩諸塞灣殖民地的清教徒總督，不過這個問題是較寬容的選擇題形式。但是，溫斯羅普的佈道辭真的有重要到必須人人皆知嗎？溫斯羅普成為保守派的英雄，是美國例外論（American exceptionalism）的典型範例，但這是較新且是修正主義者的觀點，源於雷根在兩篇演說中提到此人。

和所有人一樣，溫斯羅普有一大堆的矛盾之處。他蓄奴，又引經據典宣稱「更先進的」人有權利取得美洲原住民的土地。[96]無論你將溫斯羅普視為聖人或罪人，端視你選擇看待的事實而定。簡言之，這就是歷史與教科書的問題。

紐西蘭威靈頓維多利亞大學（Victoria University of Wellington）的心理學家劉豁夫（James H. Liu）規劃的一次三十國歷史知識研究調查，就清楚說明這個問題。這項研究請全球自願者指認那些對世界歷史影響深遠的個人，無論影響好壞。有一個國家的**世界**歷史十大重要人物是：

一、甘地
二、希特勒
三、賓拉登
四、德蕾莎修女
五、巴格特・辛格（Bhagat Singh）
六、希瓦吉・蓬斯爾（Shivaji Bhonsle）

七、愛因斯坦

八、蘇巴斯・鮑斯（Subhas C. Bose）

九、林肯

一〇、布希

你大概猜得出來這份名單是出自哪一個國家。如果你是美國人，大概猜**不**出來第五、六和八個人是誰。

重點不在於印度人誇大自己國家對全球的重要性，因為各國皆是如此。在劉豁夫的調查中，另一個問題是請參與者以百分比評估自己國家在世界歷史的相對重要性，評分在〇到一〇〇％之間。

協助蒐集美國資料的羅迪格告訴我，當他看到估計結果時「尷尬難堪」。[97]美國人估計美國對世界歷史的重要性大約是三〇％！

得知加拿大人對加拿大的重要性評估也在同樣區間，羅迪格才覺得好一些。事實上，三〇％左右是受調查國家的典型答案（大多是劉豁夫有同行的大型工業化國家）。將所有平均估計加總，達到約九〇〇％。理論上，數字不應該超過一〇〇％，而且實際情況應該要低於一〇〇％，因為劉豁夫只調查全球一百九十六個主權國家中約三十國。

選擇編寫教科書的歷史學家明白，他們得說服形形色色、囉唆挑剔的教育委員會。不論如何，美國歷史教科書致力於落實政治中立，也不冒犯個人風格。比較微妙的問題是，歷史學家要做出數千個主觀判定，判斷哪些要納入、哪些要省略、某些事件要賦予多少重要性，以及要做出什麼樣的連結。所有選擇累積的結果，就反映出作者的世界觀。柯茲與他的自由派對

手，在看待歷史課程的文化和政治議程時並未偏執多疑。問題是：什麼樣的觀點才能讓人接受？

寫出一本教科書，以正面（且根據事實）的觀點呈現希特勒是有可能的，因為納粹德國就曾這麼做。[98] 撰寫一本嚴謹周密、完全正確，而且沒有言詞偏激的馬克思主義觀點或自由意志主義觀點的美國史，也是有可能的。大部分人都會同意，這樣的歷史大概不適合當成基礎教科書，在美國的中小學教授歷史。我們對教科書的理性期待，就是要體現一般美國人的政治與文化價值，並且細膩委婉。

但是，這樣的理性期待卻愈來愈受到抨擊。我們生存在沉浸式窄播（immersive narrowcasting）的年代。立場鮮明的全天候電視網即時對新聞做出反應，並且蔓延到社群媒體，鋪天蓋地，無所不包，舊日的黃色新聞（譯注：即指駭人聽聞的報導）也有所不及。習慣了這樣的新聞來源，家長和政治人物也希望歷史教科書窄播。福斯新聞的口號——「公正平衡」，就掌握認識論權利（epistemological entitlement）的新意義。我們覺得有權利要歷史非但按照我們的政治信仰量身打造，還要相信**我們的**歷史是唯一客觀且中立的，而別人的都有偏見。

誰還記得這張臉？

美國人不是那麼善於辨認充斥於歷史課本的歐洲男性，上面兩張臉孔只有約一半的美國民眾認得。

一份給左邊大鬍子的選擇題調查選項是：達爾文、阿佛烈‧丁尼生（Alfred Tennyson）男爵、馬克思、狄更斯，以及亨利‧沃茲沃思‧朗費羅（Henry Wadsworth Longfellow）。

右邊這個男子的選項則是山謬‧強森（Samuel Johnson）、薩德侯爵（Marquis de Sade）、巴哈、彼得大帝（Peter the Great），以及莫里哀（Molière）。

正確答案是達爾文和巴哈。他們的成就當然與長相無關。不過，我們活在一個只會日漸視覺性的社會。教科書、傳記、紀錄片及博物館展覽都有照片。有一半民眾不認得達爾文或巴哈，代表他們對這些人物的接觸並不多。

04 二〇%的人相信錯誤的事，你該怎麼辦？

探索無知世界不用太久，你就會遇到五分之一法則。這個法則號稱約有二〇%的民眾相信⋯⋯就是進行調查的人膽敢提出的任何光怪陸離想法。這五分之一美國人如今在民間傳說的角色，足以和佛州男（Florida Man）匹敵。《赫芬頓郵報》（*Huffington Post*）於二〇一〇年的一篇文章，擷取之前的幾次調查，報導這二〇%孤陋寡聞的人：[99]

- 相信真的有女巫。
- 相信太陽繞著地球轉。
- 相信有外星人綁架。
- 相信歐巴馬是穆斯林。
- 相信彩券是不錯的投資。

我們應該嚴肅看待五分之一法則嗎？詢問愚蠢的問題，就會得到愚蠢的答案。端看執行調查的人如何設計問題，才能得到有意義的答案。

二〇一四年，馬來西亞航空（Malaysia Airlines）三七〇號

二〇一四年，馬來西亞航空（Malaysia Airlines）三七〇號班機神祕消失，在幾乎完全沒有事實根據的情況下，仍引來大篇幅的報導。CNN的一項民調要受訪者判斷班機消失的可能原因：恐怖份子、心存歹念的機師等。調查的最後選項是「外太空的外星人、時空旅人，或是來自另一個空間的生物。」三％的人評定這個解釋「非常有可能」，還有六％的人表示「多少有可能」，這樣一來，就有九％認為這種說法是可信的。

詢問外星人或時空旅人，是拋出一個引導性問題。大部分的人不會上鉤，但是有些人會。我們實在不清楚，認為這些古怪想法有「可能」的人在參加調查前到底有沒有想過這種可能。調查的有些問題會創造出瘋狂的極端份子。

要是調查只詢問：「馬來西亞航空三七〇號班機發生什麼事？」主動說出荒謬答案的人會比較少。其中的教訓就是，將調查的一項回答當成是「眾人所想」可能是錯誤的。他們在說自己相信這個答案之前，可能根本就沒有想過，事後他們可能不相信，也沒有再想過這一回事。用一個有些荒誕的問題，加上一點創意，不難製造出一份「五分之一」的統計數據。

進行調查的人都知道，問題要盡可能中立。但是，究竟該如何遵照這個指示，卻未必都那麼清楚。反誹謗聯盟（Anti-Defamation League, ADL）在二〇一四年的一份民調中找了出奇龐大的全球樣本（一百個國家，五萬三千一百人），[100]讓他們描述對猶太大屠殺的看法，結果產生一個令人難忘、似是而非的五分之一說法：大約每五個美國人中就有一個不同意標準歷史課本對猶太大屠殺的敘述。

調查細節描述更複雜的內容。訪談者先詢問參與者是否聽過猶太大屠殺。回答聽過的人，則請他們描述自己對猶太大屠

04
二〇％的人相信錯誤的事，你該怎麼辦？

殺的看法。三個選項為：

- 猶太大屠殺是一個神話，並未發生過。
- 猶太大屠殺發生過，但是死於其中的猶太人數目被歷史過度誇大了。
- 猶太大屠殺發生過，而且歷史平實地記載死於其中的猶太人數目。

「不知道」並沒有明確提出當成選項，但是主動提出這個答案的人也放入表格之中。以下是部分國家的調查結果：[101]

國家	從未聽說猶太大屠殺	猶太大屠殺是神話	猶太大屠殺被過度誇大了	猶太大屠殺的描述平實公正	不知道
德國	8%	0%	10%	79%	4%
美國	10%	1%	5%	79%	4%
中國	31%	2%	22%	42%	3%
埃及	71%	3%	15%	6%	6%
約旦河西岸與加薩走廊	51%	5%	35%	4%	5%

雖然有人否認猶太大屠殺的存在令人震驚，但在每個地方都是少數，比率從○％（德國，在當地要否認需要特殊的心理訓練）到五％（約旦河西岸與加薩走廊）。

更令人意外的是選擇中間選項的人數，他們聲稱猶太大屠殺確實發生，但是被殺的猶太人數量「過度誇大」。在美國，那是白人至上主義者在電視訪談中，企圖聽起來「通情

達理」的論點。有一〇％的德國人和二二％的中國人則贊同這種看法。

在納粹死亡集中營被殺的人數無法精準確定，所以說死亡人數的估計可能「誇大」並不算是明顯錯誤。對有些人來說，選擇這個選項可能是為了表達文化認同或政治立場，對支持巴勒斯坦建國的人，或不贊同以色列在約旦河西岸屯墾的人，或許具有吸引力。事實上，反誹謗聯盟的民調專家發現，盡量低估（及完全否認）猶太大屠殺，與對猶太人的負面態度呈現一致性。

最令人意想不到的是，表示從未聽過猶太大屠殺的受訪者人數。在美國，只有一〇％的人宣稱一無所知，但是在埃及卻有七一％，印尼則有九〇％。在整個中東，絕大多數的人都說從未聽過這場促成以色列建國的大屠殺，此事依然牽動著中東的政治和軍事局勢。

但是，一無所知也掩飾了一種不受歡迎或有爭議的看法。由於反誹謗聯盟的調查問卷詢問十五題關於對猶太人的態度，之後才提到猶太大屠殺，這就充分顯示民調人員對猶太人特別感興趣，而那些不同情猶太人的受訪者或許覺得表明一無所知，總好過說出民調人員可能不贊同的答案。知識與意見的差別，在調查中不見得都是那麼絕對。

大腦的一〇％神話

調查顯示，否認猶太大屠殺的存在，以及對外星人綁架飛機深信不疑，證明大眾容易受騙。我們被告知，真正需要的是抱持更多懷疑、更多批判性思考，以及更理想的謬論檢驗器。

這些是懷疑論運動的論點。但是，我們和廢話胡扯的關係其實比乍看之下更加複雜。

「如果你在加油之後沒有按下歸零的按鈕，下一個客人加油就會從你的信用卡扣款。」這是在網路上廣為流傳的說法，但並不是真的。當我將這個說法放進一份是非題調查裡，八〇％的人異口同聲說這種說法有誤，只有二％的人說是對的，其餘的人則表示不知道。顯然地，就是那二％的人在臉書上大量貼文。

一般而言，大眾知道有些錯誤，但似乎言之有理的說法，因為一再重複而讓人信以為真，他們未必都會將這一點和哪一天聽到的事情加以連結。我們知道**如何**抱持懷疑態度，但不知道**何時**該懷疑，而且全面懷疑引人出錯的程度，可能也和全面相信一樣。

發生九一一攻擊時，世貿中心的地下樓層貯藏著黃金。這個陳述是對或錯？

對。攻擊事件發生的幾週之後，從世貿中心底下的貴金屬保險箱中取出價值約兩億三千萬美元的金條和銀塊。我以這個說法進行測驗，因為聽起來像都市傳說，果然有七〇％的人說這是錯的，只有九％的人說是真的。大眾似乎覺得九一一本來就是一堆陰謀論，加上祕密貯藏的黃金，又升起一面示警紅旗。調查的答案是由很簡單的直覺式懷疑論驅動，而非針對事實的認識。

你只使用大腦的一〇％左右。這個陳述是對或錯？

錯。這個一直廣為流傳的「統計數據」，逼得神經科學家抓狂。駁斥的說法多如牛毛，[102]但是怎麼也無法讓最需要了解的群眾接觸到。在我的調查中，六六％的樣本聲稱這種說法是

真的。

為什麼這種說法會如此盛行？這一〇％的神話似乎呼應了直覺、有創意且不同流俗的靈性人格。有些人引用這種說法來讚頌冥想、瑜伽，以及其他「開啟心智」做法的優點；對有些人來說，則是令人相信心靈感應、透視能力及死後來生。很少有相信「一〇％」的人會將之解釋為無法超越的極限；它更像是一種幻想許可，夢想人類無論從事何種潛能活動都有無限的可能。

我猜，這種毫無事實根據，又似是而非的說法無法引起懷疑的旗幟，是因為聽起來就像中性的科學聲明，幾乎無異於「空氣的二〇％是氧氣」。事實上，這種一〇％的說法有時候還會被歸因於……還有誰呢？愛因斯坦。

偏執的陰謀論

相信黛安娜王妃（Princess Diana）是被謀殺的人，[103]更可能相信她是假死；相信早在報導所稱的二〇一一年美國突襲行動之前，賓拉登早已身故的人，也更可能相信他仍祕密活著──最新的研究報告大約如是，證實有些人本質上就是更傾向於相信陰謀論。他們通常會相信許多陰謀論，而非只有一種，甚至可能相信邏輯相互矛盾的理論。

偏執多疑大有關係，因為這會左右攸關眾人的議題輿論。心理學家史蒂芬・萊萬多夫斯基（Stephan Lewandowsky）、吉勒斯・吉涅克（Gilles Gignac）及克勞斯・歐布勞爾（Klaus Oberauer）於二〇一四年發表一份涉及數種陰謀論的調查。請受訪者回答對或錯：

- 阿波羅號（Apollo）根本沒有登陸月球，[104] 是在好萊塢的製片廠搭景拍攝的。
- 美國政府放任九一一攻擊事件發生，以便有藉口實現在攻擊事件發生之前，就已經決定的對外與對內目的（如：在阿富汗和伊拉克發動戰爭，以及侵害美國公民自由）。
- 二手菸號稱和健康受損有關，是以偽科學為根據，也是腐敗的醫療研究利益團體企圖以教條取代理性科學。
- 美國政府機構在一九七〇年代刻意創造愛滋病毒，並施加在黑人和男同性戀者身上。

這些受訪者還被問到是否同意以下的說法：

- 兒童接種疫苗導致傷殘及致死的可能性，超過對健康的益處。
- 人類太微不足道了，不足以對全球氣溫產生明顯影響。
- 我相信基因工程改造食物已經對環境造成傷害。

相信完全陰謀論的人，也更有可能同意上述說法（前兩項是錯的，第三項則未經證實）。不同於典型的陰謀論，這些看法影響到日常行為，包括在投票站內外。我應該讓孩子接種疫苗嗎？油電混合車值得多花那筆錢嗎？要買哪一種番茄？五分之一的美國人影響深遠。

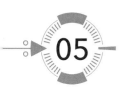

05 選舉就是一場智力測驗

　　「很難想像有哪一個重大政策爭議，事實上真的有關係。」[105]自由派經濟學家保羅・克魯曼（Paul Krugman）在《紐約時報》（*New York Times*）寫道：「那是無法撼動的信仰教條，全面性的。」

　　「目前維持民主黨選民多數的，是低資訊選民及不可能因為資料與原有政治論述相牴觸就被說服的人。」[106]保守派學者傑瑞米・卡爾（Jeremy Carl）在《國家評論》中表示。

　　克魯曼批評：「美國政治圈有一大票人[107]……抱持著與實際經驗完全不一致，而且完全不為實際經驗動搖的信念……一旦捲入這樣的爭辯，你就知道這些人並不是快樂的戰士；他們氣得七竅生煙，特別是對那些號稱萬事通、卻不可一世地指出事實根本無法自圓其說的人懷有怒氣。」

　　「許多自由派的意識型態看法深入骨髓，」[108]卡爾說：「那種心態是必須接受某些『真相』，才能展現一個人的美好道德，而真正令人為難的真相則不予理會……和一個對自己的狂熱瘋狂投入的人，很難有理性辯論。」

　　卡爾和克魯曼都在抱怨同樣的問題。大部分的選民一開始都資訊不足，而他們隨手挑選一些最方便的證據，支持自己先入為主的看法。保守派和自由派永遠津津樂道，廣大的自由派與保守派群眾是多麼愚蠢過人……**因為這是真的。**

對著選票射飛鏢

　　一九九二年，德高望重的加州法官亞伯拉罕・阿彭地・可汗（Abraham Aponte Khan）在選舉中敗給基本上沒沒無聞、又被洛杉磯律師協會（Los Angeles County Bar Association）評為「不堪大任」的挑戰者。挑戰者的名字是派屈克・墨菲（Patrick Murphy），他之所以會勝選，是因為墨菲這個姓氏聽起來沒有可汗那麼「外國風」。徹頭徹尾美國人的墨菲法官，後來因為洗錢與長期曠職的指控而辭職。

　　二〇〇六年，法官德恩卓・詹那維斯（Dzintra Janavs）被律師協會評為「眾望所歸」，卻在選舉中敗給在加州荷摩沙海灘（Hermosa Beach）經營貝果店的琳恩・黛安娜・歐森（Lynn Diane Olson）。[109]

　　「你知道司法選舉最令人害怕的是什麼嗎？」[110]曾任前洛杉磯市長安東尼奧・比利亞拉戈薩（Antonio Villaraigosa）顧問的帕克・史凱頓（Parke Skelton）問道：「八〇％的人還真的會選出一個人。」

　　像史凱頓這樣的顧問，必定是熟知選民無知的專家，他們知道新聞媒體不會報導司法選舉。那些選戰無聊乏味，除了少數律師、檢察官之外，沒有人關心。因此，即便是最見多識廣的選民對法官選舉投票也幾乎一無所知。大部分的司法選舉無

關黨派,所以選民沒有政黨屬性做為選擇的託辭;差不多是讓他們隨機挑選人名。這種狀況造成投票變成高度有效的心理實驗,可以測出隱藏偏見。至於選出勝任的法官,效果卻沒有那麼好。

報業漫長的黃昏,讓許多選民沒有持久可靠的地方新聞來源。有線電視新聞頻道與新聞聚合平台,一面倒地偏好引人注目,又可累積點擊率的全國性選戰。得等到有狂妄庸俗的候選人或醜聞,才能將目光從平常的犯罪嫌疑人身上移開。但是,看看一般的投票,可能有好幾十場選舉,最多才五、六場能得到正常的報導,無論在哪裡都一樣。

我找了全國性的成年人樣本(並非只是「可能選民」),說出十四個民選官職的在職人名,包含全國性、州及地方,還請參與者寫出職務不在名單上的任何官員名稱。

一般美國人只能說出六個民選代表

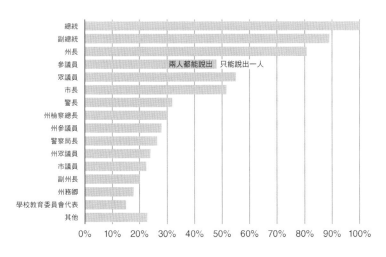

基本上，所有人都能說出總統；八九％的人能說出副總統（比率高於一些調查的結果）；[111] 六二％的人能說出至少一位的本州參議員，略低於一半的人說得出兩位參議員；五五％的人知道自己選區的眾議員。

另一個簡單的問題則是州長。八一％的人知道自己州的首長，其中有將近一半的人表示，居住地為有市長的自治市，或是有市行政官可任命該項官職。

這六個職務就是一般公民的知識極限，甚至不到三分之一的受訪者能說出其他職務的任職者，其中包括所有州議會和市議會的代表，也就是完成多數政府事務的單位。

我還請參與者從「非常保守派」到「非常自由派」五個等級，描述他們的政治偏好。我發現這些答案和知曉民選官員姓名並沒有相關性。[112]

不過，知識與明智決策有相關。不知道市長或州參議員**姓名**的選民，不太可能對此人有太多的認識，例如：這個人推行的議題，以及任何成就與敗績，或是可能導致重新改選的犯罪判定。無法以個人力量與官僚（市政府）抗爭？大部分的人無法用衛星導航系統找到市政府。

政治人物的失言 vs. 無知

賓州大學（University of Pennsylvania）安能堡公共政策中心在二〇一四年的一份調查，[113] 證實一句現在耳熟能詳的老生常談：美國人不了解政府如何運作。這項針對成年人的調查，測驗他們應該在公民課學到的知識：

- 如果最高法院以五比四裁定一項案件，這代表什麼意思？

  二一％的人回答：「判決送回國會重新審議。」錯。

- 美國參議院與眾議院需要多少的多數票，才能推翻總統的否決？

  只有二七％的人回答出正確答案：三分之二。

- 你知道政府有哪三大部門嗎？可以列出來嗎？

  只有三六％的人能列出這三者（行政、立法、司法）。

　　並非只有平凡老百姓對公民課了解不足。二〇一四年，聯邦法官艾倫達・懷特・艾倫（Arenda Wright Allen）駁回維吉尼亞州對同性婚姻的禁令時，寫下她的意見：「我們的憲法宣稱『所有人』生而平等。」[114]其實這是獨立宣言說的。

　　失言是政治圈中最主觀的字眼，對於你喜歡的政治人物「失言」，而對於你不喜歡的政治人物則是「顯露他們的無知」。前德州州長暨總統參選人瑞克・培瑞（Rick Perry）於二〇一五年的一場演說中引用偉大的愛國者：「湯瑪斯・潘恩（Thomas Paine）寫過『愛國者的責任就是保護家園不受政府之害。』」[115]這句話在維吉尼亞州里奇蒙（Richmond）萬豪酒店（Marriott）引起聽眾的如雷掌聲，但卻引來考據黨的噓聲。這段引文並未見於潘恩的作品集，而是出現在激進左翼環境保護主義者愛德華・艾比（Edward Abbey）的著作中。

　　培瑞被網路上語錄蒐集網站和邱吉爾式轉移所矇騙，

另一位一度參與角逐總統大位的米歇爾·巴克曼（Michele Bachmann）則不同。她在二〇一一年對著新罕布夏州納舒厄（Nashua）的支持者說：「就是在這個州，[116]萊辛頓（Lexington）與康科德（Concord）的槍響讓全世界都聽到了。」可是這兩個地方都在麻州。

搞混開國元勛說的話（更別說是他們的**意思**了）是美國特色。國家憲法中心（National Constitution Center）在一九九七年進行的民調發現，八四％的美國人相信「所有人生而平等」這句話列在憲法之中。不過，你大概以為聯邦法官應該懂得多一些，而且認為自由世界的領導人也一樣。一九九六年十月十六日，時任總統的比爾·柯林頓（Bill Clinton）表示：「我上一次查過，[117]憲法說『民有、民治、民享』，那就是獨立宣言要說的。」他將兩份偉大文件混為一談，只是那兩份文件都不包含這段文字。「民有、民治……」出自蓋茲堡演說（Gettysburg Address）。

柯林頓絕對是政治人物，但他和其他政治人物不同的地方是，他受過十分良好的教育，他曾是羅德學者（Rhodes scholar），也是法學院教授。

姑且不說柯林頓知道什麼、自認為知道什麼，或是自稱知道什麼，只要聽聽這場演說的錄音檔，在總統出錯後，支持群眾竟然為了他的張冠李戴而歡呼鼓掌。

品格的迷思

也許我們不想要藍色小精靈的小聰明（Brainy Smurf）當總統。美國人的另一個信條就是，應該以「品格」衡量候選人，

不必太重視教育或對議題的認識。政治人物最不想要的，就是被貼上知識份子的標籤。許多人擅長投射出迥異的形象。

對品格的迷信可能壓倒意識型態。每一次選舉，我們都會聽說中間游離選民表示要根據品格、好感，或單純只是「更適合」這個職務，從兩個意識型態不同的候選人之間做出取捨。

加州大學洛杉磯分校的政治學家林恩・瓦維瑞克（Lynn Vavreck）發現，分裂投票（split-ticket）選民，也就是把選票投給一個以上政黨的候選人，會比那些堅持政黨路線的人見識較少。瓦維瑞克的調查樣本是規模頗大的四萬五千名美國人，請他們說出一些政治人物當時的職務，例如：南茜・裴洛西（Nancy Pelosi）和約翰・羅勃茲（John Roberts），藉此比較調查結果和投票模式。落在政治見識最低的三分之一，有一二％的機率在二○一二年大選時，投票給政黨不同的參議員與總統候選人；而最見多識廣的三分之一，分裂投票的機率只有四％。[118]

孤陋寡聞的選民也更可能在遇到敏感議題，例如：移民、同性婚姻及富人加稅等，表示自己猶豫不決，這項發現符合「模糊中間」（mushy middle）的說法。政治民調專家心知肚明，許多自認為中間派的人其實只是「不知道」而已。

我們希望中間選民能讓有黨派偏見的人面對現實，協助推動民主社會所需的折衷妥協。有些選民抱持強烈但相當理性的政治信念，正好就介於兩黨之間，只是這種選民似乎不是太多。

「我們忍不住會想，像控制參議院如此重要的事[119]能落在每次選舉都慎選候選人投票的選民手中，但是似乎不太可能。」瓦維瑞克寫道：「更有可能的是，分裂投票選民會受到奇特的因素衝擊，例如：帶職參選、最近的競選廣告，以及候

選人獲得的新聞報導篇幅和口氣。」

評論專欄作家討厭的競選活動，是以恐嚇手段與捏造醜聞為主，更重於政策。但是，政治人物之所以會執行這樣的競選活動則是因為有用。低資訊選民最有可能被訴諸最小公分母（lowest common denominator）的政治廣告所說服，而且最有可能左右會被動搖的選舉。

投票所其實形同賭場？

洛杉磯是選民無知與冷漠首屈一指的城市。根據無法理解的傳統，洛杉磯在奇數年的春天會舉行市政選舉。二〇一三年時，該市僅有二三％的登記選民現身，[120] 選出美國第二大城的市長艾瑞克·賈西提（Eric Garcetti）。二〇一四年的一場洛杉磯教育委員會選舉，出席率則只有八％。[121]

洛杉磯的絕望指標之一，就是二〇一四年該市的道德委員會提議設立投票抽獎，每位選民會被自動登錄一張可贏得現金獎項的獎券，獎金可能高達兩萬五千美元。這項稱為投獎（Voteria）的計畫，或許能成功提高出席率，但是除非也能想到辦法教育選民認識市政議題和候選人，否則成效令人懷疑。

經濟學家長期以來認為投票是一種不理性的行為。你的一票動搖了一場選舉，這種機率微乎其微，想必也無法讓人覺得有理由費力去做投票這種小事，更別說是要真正耗費力氣認識候選人與議題了。據說，理性的人應該要理性無知（特別是那些不會在晚宴中討論的次要選戰）。

但大家還是會投票。既然經濟學家不喜歡有矛盾不一致，就稱此為「投票的悖論」（paradox of voting）。一種想像就是

將民主制度想成賭場。他們利用人類的不理性，而且仔細想想，比這更可靠的基礎還真的不多。有足夠的「不理性」選民可以導入群眾的智慧，挑選與大眾觀點一致的候選人，而這樣的人通常沒有那麼糟。

我們仰賴智慧的群眾人數有多大？易普索莫里有一份調查，找全球各地的人評估自己同胞在最近一次選舉投票的比率。[122] 這是美國例外論的真實例子：接受調查的十四個國家全都明顯低估選民的比率，只有美國**例外**。平均而言，美國人猜測有五七％的美國人投票，幾乎完全正確。

很難說美國究竟應該算名列前茅，還是敬陪末座，真正投票的美國人比率（五八％）是十四個調查國家中的第二低，只有波蘭的投票選民更少。

也許美國人不投票，但是至少我們對這件事夠實際，而且美國還有強烈的投票道德。隨著大選日逼近，我們會受到委婉或不委婉的投票命令轟炸。當然，政黨有動機要讓自認為可以按照他們意志投票的人出來投票，但是無黨無派的愛國宣傳也鋪天蓋地。**投票，無論你喜歡誰，或了解多少都不要緊……投票就對了！**

我的調查請人說出他們的民選代表，並且詢問他們在最近（二〇一二年）一次總統大選中是否投票。二〇一二年投票的選民消息更靈通，他們說出州政府與地方政府官員的可能性，幾乎是沒有投票者的兩倍。

所以，硬要說服不投票的人去投票，卻沒有設法教育他們，或許並不明智。在這種壓力下，幾乎可以確定許多心不甘、情不願的選民，挑選候選人會像挑樂透號碼一樣，而那是我們不想要的投票抽獎。

說出你的民選代表

請說出這七個民選官職的目前在職者：本州兩位參議員至少說出一人、本州州長與檢察總長、州參議員、郡警長、市議員或鎮議員，以及教育委員會代表。有些地方政府的職務名稱不同，或是有部分的地區不適用。

一般成年人來說，七個中大約只能說出三個，這個問題是家戶所得的預測因子。七個職務全部答得出來的人，每年會比一個都說不出來的人多賺約四萬三千美元，[123]而且更可能會去投票。

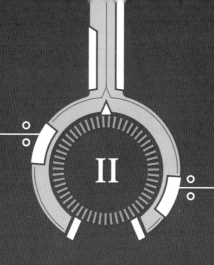

II

知識溢價

06 每樣事實，都可以貼上一個價格標籤

威廉・巴德・波斯特（William "Bud" Post）是一個流浪漢兼騙子，曾因使用空頭支票而獲罪，平時打零工賺些錢，例如：在市集中當廚師或是擔任卡車司機。一九八八年，他的銀行帳戶餘額為二・四六美元。這時候，波斯特做出人生中一次精采的理財壯舉，他典當一枚戒指去買彩券。[124]

其中一張彩券中了頭獎，在賓州贏得一千六百二十萬美元的樂透獎金。緊接著是波斯特的次佳理財舉動，選擇分二十六年提領，而不是一次全拿。

抽出獎項幾週後，波斯特領到第一年四十九萬七千九百五十三・四七美元的支票。他已經花掉一大半，為自己買了一架私人飛機和一張酒類營業執照，又頂下一家餐廳與二手車車廠給兩個兄弟。

第一張支票兌現後的三個月，波斯特負債五十萬美元。

一年之後，波斯特認為應該買下他夢想中的住宅，結果是在賓州油市（Oil City）一棟三十九萬五千美元、屋況欠佳待整修的豪宅。之後的情況變得很複雜，其中一個兄弟買通凶手要

殺波斯特和他的（第六任）妻子，希望繼承他的財產。殺手失手，那個兄弟也被逮捕。波斯特對著自己的妻子開槍，還射擊催收帳款的人（結果被下禁制令，又被判襲擊罪）。

波斯特的前房東，偶爾也充當他的女友，為了分得獎金而對他提起控訴。她幫波斯特買彩券，聲稱波斯特同意無論中多大的獎都會與她分享。波斯特嚴詞否認。法官則對這樣各執一詞的證詞不予理會，命令波斯特將獎金的三分之一分給原告。

波斯特說他沒有錢，房子是一個錢坑，所有東西都抵押到最高限額了。於是，法官凍結波斯特的樂透獎金支付。

波斯特在房屋變成廢墟後，就開始低價出售財產。《華盛頓郵報》（*Washington Post*）報導：

> 遊客到油市參觀他傾頹的豪宅，[125] 注意到窗戶用三夾板遮住，沒有淋浴間，泳池裡滿是破瓦殘礫，一輛無法使用的破舊老車停在雜草叢生的庭院，故障的保全系統每六十秒就會發出六次聲響。
>
> 邋遢的波斯特先生在一棟有著十六個房間的屋子裡四處漫步，他沒戴有上假牙，因為他說戴上假牙就會頭痛。
>
> 「我一文不名的時候開心多了。」他哀嘆抱怨道。

說到一文不名，波斯特最後宣告破產，把夢想之屋以面值的一六％（六萬五千美元）賤賣，還拍賣了樂透彩未來支付的獎金。

如此一來，波斯特還留下兩百六十五萬美元。舉手回答：有人猜出故事後續的發展嗎？

波斯特將這筆依然可觀的資產投入兩棟房子、三輛汽車、

兩輛哈雷（Harley-Davidson）機車、一輛卡車、一輛露營車及一艘帆船，他表示打算用帆船在墨西哥灣從事租船海釣的生意。

波斯特在那艘帆船上，因為早已定罪的襲擊罪名被捕，在監獄短暫服刑。等波斯特出獄時幾乎身無分文，他靠著食物券及每個月四百五十美元的殘障支票過活，直到二〇〇六年死亡。

波斯特的悲劇令人唏噓，我們都堅信愛、健康及快樂可以藉由結合運氣、努力和教育，還有最重要的金錢而實現。波斯特是達克效應的典型範例，對預算、房地產投資或創業幾乎一無所知，所以認為這些都很容易。金錢或許真的買不到快樂，但是無知往往導致不快樂。

在接下來幾章裡，我將探討事實知識（與無知）和個人幸福的關係。

這個關係通常相當明顯。例如，我調查四百四十五個美國人，列出十個涵蓋歷史、地理、公民、科學、文學、藝術及個人理財的一般知識問題。這樣一來，我就能（事實上，是能用統計軟體套裝產品）測試出在我的樣本裡，知識和所得是否有相關性。答案是：確實有，懂得更多綜合事實的人會賺更多的錢。為了進一步地解釋，我需要岔題說一下統計學（保證會盡量簡短）。

統計顯著性的（不）重要性

大家對統計學知道最多的一點就是，民意測驗和調查並非完全準確，這是隨機挑選人，並期望他們能代表一般大眾，所以會有「誤差範圍」。

這個範圍要如何判斷？舉例來說，在我的冷知識測驗中，

有一個問題是讓人說出目前的眾議院議長。當時的正確答案是約翰‧貝納（John Boehner），樣本中有七〇‧六％選擇這個答案。但我們真正關心的是，所有美國民眾能說出正確答案的比率。我們其實不知道這個結果，因為我沒有詢問全美的每一個人，只有從參加網路小組的人之中隨機挑選出合理的四百四十五個參與者。統計學告訴我們，以四百四十五個隨機樣本來說，七〇‧六％的誤差範圍是正負四‧二％，所以真正的母體值可能是在六六‧四％到七四‧八％的範圍內。

我們還對相關性（correlation）感興趣，這是更細微巧妙的概念。我曾提過，在測驗中表現較好的人通常能賺更多的錢。基本上，這是一個有趣的發現，但還是一樣的問題，我們如何肯定這能反映全部的母體？

假設我對十個隨機的自願者進行調查，其中一人正好是一個對冷知識瘋狂好奇的億萬富翁。光是這一點就會讓冷知識與所得形成某種相關性，但這應該是統計的「雜訊」，可能沒有任何意義。

這是統計學家非常擔心的問題，他們以 p（機率）值來表示疑慮。p 值用白話來說，就是一項結果純屬偶然而發生的機會，這是錯誤肯定（false positive）的機率。既然我們更偏好有意義的結果，而非錯誤肯定，那麼 p 值愈小愈好。

根據慣例，p 值不大於〇‧〇五（即五％，或二十分之一）就是有「統計顯著性」（statistically significant）。換句話說，你希望至少要有九五％的把握，確定某個結果並非只是小差錯。當然，所有「統計顯著性」的真正意思是指，數據以相當高的機率支持一項結論。這個五％的門檻沒有什麼神奇，也不保證會是真相，不過卻是在學術期刊發表的常見門檻。有鑑於不發

表就等死的激勵，憤世嫉俗的人就會說，達到 p 等於〇・〇五的門檻就像丟擲一顆有二十面的骰子。一項實驗只要重複得夠多次，應該就有東西可以發表了！〔這種行為又稱為 p 值操縱（p hacking）。〕而〇・〇五的 p 值也廣為民調人員和記者在報導調查結果時採用，只是並非完全通用。

再回到我的冷知識問答。正確答案的數量與回報的家戶所得，相關性 p 值小於〇・〇〇一，意思是錯誤肯定的機率不到千分之一。所以你就知道，p 值低本身並非結果有意義的證據，但如果是小於〇・〇〇一，至少可以說該 p 值完全沒有缺點。（我不會再多說有關 p 值的問題，讀者若有興趣，本書引用的許多調查都將 p 值放在書末的注釋裡。所有提到的相關性都有顯著性，大部分都明顯超過〇・〇五的門檻。）

現在該來說說另一個統計學的重要規則：**相關性不能證明因果關係**。

我最喜歡的例證就是「虛假相關性」（Spurious Correlations）網站，[126] 它分門別類列出令人嘖嘖稱奇又完全沒有意義的統計數據。例如，從一九九九年到二〇〇九年，泳池溺斃的數量與尼可拉斯・凱吉（Nicolas Cage）發行的電影數量有相關性；同一時期，美國小姐優勝者的年齡與遭蒸氣、熱氣及滾燙物體謀殺的數量也有相關性。

類似這種離奇可笑的巧合，在這個資料豐富的時代很容易找到。統計顯著性的測試不見得能夠完全過濾，任何人只要找的時間夠長、花的心力夠多，都能找到相關性。

這就是專注在多少有些意義的相關性會比較明智的原因。事實知識與所得的關係有一個顯而易見的解釋：教育。

懂得許多事實的人，可能在學校的時間較長，受過良好教

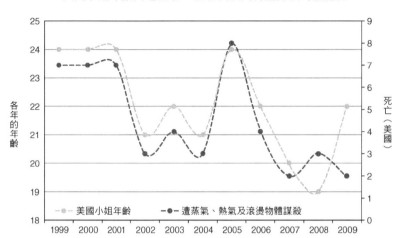

美國小姐年齡與遭蒸氣、熱氣及滾燙物體謀殺的相關性

育的人能賺更多的錢，畢竟那是學術能力測驗訓練課程和助學貸款毫不委婉的推銷論點。長春藤盟校（Ivy League）、史丹佛大學（Standford University）或麻省理工學院（Massachusetts Institute of Technology, MIT）的學位可轉變成現金（歷史上有無數的記載）。[127]因為有許多風光的工作，一個文學士、企管碩士、博士或醫學博士學位形同協會會員證。

　　這就要說到掌握事實，是否為預測所得的唯一有效因子，還是只能透露一個人受過多少正式教育（也就是掌握事實究竟是不是教育的「替代品」）。

　　統計學家通常會希望釐清，超過一個預測因子對特定結果的影響。最廣泛使用的工具就是**線性迴歸**（linear regression）。儘管名稱晦澀難懂，但是概念卻很簡單。假設你懷疑一個人吃的可頌甜甜圈數量與體重有關聯，你能用可頌甜甜圈的消耗量

預測體重嗎？找出答案的方法之一，就是蒐集個人每週消耗可頌甜甜圈數量與體重的數據。之後用方格紙，在上面將數據組的每個人都化為一點（散布圖），每一點的位置就代表一個人的可頌甜甜圈消耗量（x軸）和此人的體重（y軸）。

如果最後發現有相關性，也就是吃很多可頌甜甜圈的人體重較重，圖形就會呈現一團點狀，從左下角向右上角一路攀升。如果情況清晰明確，可以用直尺從這團點狀雲中畫出一條趨勢線，這條線就是線性迴歸，可以用來進行預測。若是你想要知道一個月吃了十四個可頌甜甜圈的人最可能的體重，可以從可頌甜甜圈軸線的十四位置畫出一條線，與斜的趨勢線相交。這時候就能從交叉點對應到體重軸線，看出預測的體重。

理論上，這就是統計軟體如何建立線性迴歸的概念。程式碼不會仔細審視，是由嚴格的數學程序畫出符合數據的線條，但基本概念差不多就是我所描述的這樣。

當你在組合中加入超過一個預測因子，情況就更有趣了。如果將目標對象的性別納入考量，體重預測會更精準，因為男性通常會比女性重。這樣一來，你大概需要做出三度空間的散布圖，這在方格紙上很難處理，但對統計軟體來說並不是問題。

所謂的多變量迴歸（multivariate regression）是大數據（big data）的主要方法。一個性別為x、購買y且住在郵遞區號z的顧客，更有可能買下a、點擊b並投票給c。這些模型的目的之一，就是衡量每個特定因子在預測時的用處。當你有很多因子時，通常會發現有些是多餘的。將郵遞區號納入考量的模型，就不需要再包含居住的州（因為郵遞區號已經透露所在的州別，而且更精準地描述居住的地方），軟體可以辨認出來。

我們知道郵遞區號會比州別提供更多消息的原因。通常因

子之間重疊的部分並沒有那麼清楚，而且缺乏明顯的理由。無論有多少不同的因子能告訴我們相同的事，但是各因子或許也都傳達一些獨特的訊息。倘若如此，納入多種因子就能讓模型獲得預測能力。

由於接受正式教育的年數和所得之間的關係普遍獲得認同，而且我們認為大家都理解，因此加入任何預測所得的模型都會有幫助。我就加在模型裡，取得十題測驗的分數。即使模型加入教育水準，測驗分數依然重要，[128] 做為所得的預測因子有統計顯著性，意思就是事實知識並非只是教育水準的替代品。

另一個相關因素則是年齡。中年人平均會比年輕人賺更多的錢，也有更多年能接觸到事實，這或許會導致知識與所得之間明顯的相關性，但真實情況可能是那些累積工作資歷的人所得較高。

所以，我用年齡、教育**及**測驗分數為因子做迴歸。知識依然是預測所得相當重要的因子。[129] 知識淵博的人會賺更多的錢，即使教育和年齡維持不變。

知識較豐富與知識較貧乏的人，所得的差異相當可觀。為了更具體說明，我假設以一個三十五歲、受過四年大學教育的人為基準。統計模型預測，這樣一個人在我的冷知識測驗裡每題都答錯，平均家戶所得為一年四萬零三百六十美元；而一個年齡與教育程度相同，但是十題全答對的人，所得為九萬四千九百五十九美元。一年相差將近五萬五千美元，也可以說是高達二・三五倍。

我應該要說明的是，沒有人真的得零分，因為那些題目相當容易，但是只有少數人全部答對。全部答對的那些人之中，沒有哪一個人真的**剛好**三十五歲，也**剛好**接受四年的大學教

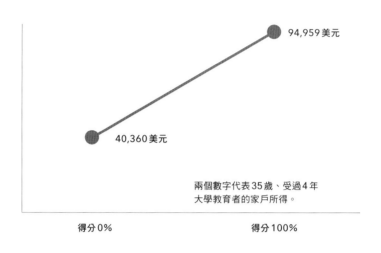

知識溢價：冷知識測驗名列前茅者所得逾兩倍

94,959 美元

40,360 美元

兩個數字代表 35 歲、受過 4 年
大學教育者的家戶所得。

得分 0%　　　　　　　　　得分 100%

育。統計軟體關注所有的資料點，並且衡量所得會如何隨著三個因子而變化，軟體會再以直線方式預測任何一組因子最有可能的所得。

所以，所得差異有很大一部分可歸因於知識，而**非**教育或年齡。這樣的差異更加值得注意，因為這是家戶所得，而回答問題的人可能並非家中的主要收入來源。這就降低了知識與所得的關聯，但是依然夠大且可以察覺。

經常混淆的因與果

我們知道一般事實知識和所得有相關，但是（就我們從美國小姐與「滾燙物體」謀殺的案例中得知），相關性並不等於因果關係，其中有三種可能性：

A. 廣泛了解特定的大量事實能帶來高所得。

B. 正好相反：高所得促使人學習廣泛的知識。

C. 知識和高所得都有相同的成因。

可能性A是假設教育的經濟優勢超過一紙文憑。畢業生理應懂得一些東西；必須擁有工作所需的知識，以及除此之外的大量知識。

傑克和珍就讀同一所學校，在同一年以相同的成績與學位畢業。珍記得一年級時討論的美索不達米亞，而傑克早就忘光了（還有很多學過的東西）。雖然美索不達米亞對珍的職業並不重要，但是她的一般知識淵博令同事印象深刻。她的身邊通常都是一些教育程度類似的人，想必也能聽懂維吉尼亞・吳爾芙（Virginia Woolf）或薛丁格的貓（Schrödinger's cat）之類的笑話。光是珍很聰明的觀感，就可能導致高起薪，以及在成功的階梯上快速晉升。

不僅如此，珍的博學多聞也可能有更大的額外優勢。經理人必須對自己領域之外的東西懂得夠多，才能和同事溝通；行銷人員必須掌握流行文化；而知識的淵博，是只能一直擔任工程師和有機會升上管理職的區別。不知道冥王星是矮行星，就得不到工程師尊敬的禿頭老闆（pointy-haired boss, PHB）標記。

這概略描述知識如何**可能**構成高所得，還有其他並非互不相容的可能性。也許腦袋裡裝滿許多事實的人，是更優秀的創新者，他們因為知識庫藏，而能看到別人忽略但可供借鑑之處，因而擬訂有創意的方法解決問題。

另外一種解釋是，學習並記住許多一般知識的人，或許也學會且記住許多管理金錢的知識。這可能導致他們更善於做預

算、儲蓄及投資，久而久之就造成高淨值與高所得。還有一種解釋是，見多識廣之人的配偶通常也受過良好教育，而且經濟無虞，因此家戶所得高。

這些情況都是可能性A的事例，但是也許我們弄反了，有可能是高所得導致博學多聞（可能性B）。有錢人或許有更多閒暇可以追蹤新聞、閱讀、聽播客（podcasts），還有去上課。另一方面，勉強餬口的人並沒有那麼多金錢和時間花在非必需品上，他們更有可能找第二份工作、不太可能找保母，就更不可能會有時間進修。

第三種可能性C，是指有其他因素導致博學多聞**兼**高所得。我們不難想到第三種因素的人選。先說一個觀察心得，就是財富在某方面來說是世襲的，有錢人家的小孩有家教、就讀名校，他們第一棟公寓的租金和第一棟房子的頭期款，受惠於父母的補貼。父母有人脈能為他們的事業提供支援，還有可能繼承財產。

以這種情況來說，起因大概就是有錢的父母。有個富媽媽與富爸爸（過去）導致富有（現在）。有錢的父母透過家教和學校也造就淵博的知識。這很容易建立知識與所得之間的相關性，即使排除正式教育年數和年齡也依然存在，因為有錢人家的小孩可受惠於家庭重視學習，就讀更好的學校。

另外一個可能性則單純只是記憶所引起，那些人剛好天生記性好，能記住更多的事實。有可能那些記憶對許多職業有幫助，從而解釋高平均所得的原因。

還有其他認知因素可能有關。許多成功人士認為好奇心（「聰明智力」的謙虛自誇？）是成功的因素，其他還要歸功於企圖心、膽識及自律。教育是兒童的第一個事業，天生有

成功動力的人，或許最初的表現就是在學校功課名列前茅，而這牽涉到學習事實。同樣的動力可能導致後來的人生有高薪事業，並且伴隨著終身學習的習慣。

稍後會再回頭談論這個主題。我最合理的揣測是，這些可能性都有道理。事實知識是高所得的因，也是高所得的果，也與高所得有相同的成因。可惜的是，你無從選擇父母的富裕程度，或是否被賦予心智超能力，但是我們都能努力學習。

金錢與快樂的距離

研究所得差異是「評價」知識最粗糙的方式，但還是有些優點。金錢可以量化。受試者被要求說出自己的所得，他們只需記住一個數字，但是如果請受試者以一到十的等級，為自己的健康或快樂評分，就會創造出一個數字。並非所有人都渴望富有，但是沒有人真的想要貧窮不幸。因此，所得可以當成粗略的標準，衡量一個人達成人生目標的程度。大量研究顯示，所得與幸福、健康和長壽相關，至少以中上階級的所得水準而言是如此。普林斯頓大學（Princeton University）的心理學家丹尼爾‧康納曼（Daniel Kahneman）與經濟學家安格斯‧迪頓（Angus Deaton）在二〇一〇年的一篇文章中發現，中產階級果然比窮人快樂。他們還發現，大約在一年七萬五千美元左右有一個反曲點。[130] 隨著所得增加到一年七萬五千美元，快樂也會隨之增加，之後就維持水平，超過了這一點也沒有更快樂。**如果我是有錢人**，我們以為……可是就像波斯特的領悟，**未必如此**。

不過，衡量快樂很微妙（康納曼與迪頓報告中的一點），

我們還沒有智慧手錶或大腦掃描可以透露一個人有多快樂。衡量快樂唯一實際的方法，就是詢問別人覺得有多快樂。民調專家和心理學家這麼做，已經有一段時間了。以一般調查來說，結果大多取決於問題的措辭用語。

我的調查有些包含測試快樂常用的問題：

> 有些人普遍非常快樂，無論在什麼情況下都能享受人生，把握一切。你認為這樣的描述能形容你幾分？

答案以評定量表來表示，這種措辭似乎鼓勵人坦白誠實。回答的答案據了解也與延伸的心理評估，以及其他快樂的證據相符。

我將這個問題納入先前提過的冷知識問答，發現事實知識與快樂**並無**相關性。[131] 雖然有些微的正向趨勢，但是根本尚未達到統計顯著性的程度。我重複得到這個（非）發現好幾次。似乎一般知識和所得有堅定的關聯，但是與快樂毫不相關。還有什麼正面的人生成就和知識有關？什麼樣的知識對金錢會有最大的影響？我將在接下來的章節中檢驗這些問題。

冷知識讓你提升所得

你可能會好奇，什麼樣的問題有預測所得的能力。以下是我提及調查裡的部分例子：

- 愛蜜莉・狄金生（Emily Dickinson）是什麼人——廚師、詩人、設計師、哲學家，還是實境節目明星？
- 哪一個發生在前？美國南北戰爭或是滑鐵盧之役？
- 這一幅畫是哪一位畫家的創作？〔顯示為巴布羅・畢卡索（Pablo Picasso）於一九二八年繪製的《畫家與模特兒》（*Painter and Model*）〕
- 哪一個國家是古巴？（受訪者必須在地圖上指出）

這些問題屬於我們統稱為冷知識的類別，並非因為那些資訊不重要，而是與基本生存或賺錢似乎無關。但是，統計數據卻顯示它和賺錢大有關係。

答案：狄金生是詩人；滑鐵盧之役發生在前。狄金生這一題最容易，有九三％的人答對。約有七〇％至七五％的人知道其他幾題的答案。[132]

07 — 看到相對論，只想到 $E=mc^2$

購物頻道QVC的主持人肖恩・奇林格（Shawn Killinger）與設計師伊薩克・米茲拉西（Isaac Mizrahi）實在是無言以對，他們要如何向在家購物的民眾描述，接下來要推銷的醜陋無比海洋綠女性上衣？

奇　林　格：這就很像是從距離行星月球遠到不行的地方看
　　　　　　地球。[133]

米茲拉西：對！⋯⋯從行星月球。

奇　林　格：月球不是恆星嗎？

米茲拉西：不是，月球是行星，親愛的！

奇　林　格：太陽是恆星，月球真的是行星？

米茲拉西：月球是行星，親愛的。是行星——

奇　林　格：別這樣看我！**太陽是恆星**！太陽不是恆星嗎？

米茲拉西：我不知道太陽是什麼，我們不知道太陽是什
　　　　　　麼⋯⋯月球的話，必須Google，好嗎？月球是
　　　　　　那一種我根本就無法到達的行星！

　　一發表到YouTube上，這段對話立刻爆紅；完全符合我們熟悉的說法，就是大眾對基本科學蠢笨如豬。

　　我們對科學的感覺五味雜陳。家長和政治人物對科學、科技及數學〔科學（science）、科技（technology）、工程（engineering）和數學（math），合稱數理科（STEM）〕教育的看法類似，是邁向成功的道路，也是從外包到中產階級薪資停滯等所有經濟問題的萬靈丹。從威斯康辛州到德州的州長，都誓言要刪減人文教育，讓每個學生都能學習程式編碼。但是，我們對科學的熱情有限，許多成人除了最新的科技裝置以外，不太關心科學發展。提議所有政策決定都要以科學事實和想法為基礎的政治人物，很難推銷給選民。二〇一五年年初，美國國會五百三十五席參議員和眾議員中，只有兩人曾是科學家。[134]

　　國家科學基金會（National Science Foundation, NSF）定期進行調查，[135]追蹤美國、歐洲及亞洲的基礎科學知識。調查中包含十個問題，請受訪者回答對或錯：地球的中心非常熱……所有放射線都是人造的……父親的基因會決定嬰兒是男是女……相當簡單，對吧？以下是部分結果。

	正確回答百分比
地球的中心非常熱。（對）	78%
陸地的位置移動數百萬年，未來也將繼續移動。（對）	77%
所有放射線都是人造的。（錯）	73%
是地球繞著太陽轉，還是太陽繞著地球轉？（地球繞著太陽轉）	71%
父親的基因會決定嬰兒是男是女。（對）	62%

	正確回答 百分比
抗生素能殺死病毒和細菌。（錯）	54%
電子比原子小。（對）	45%
人類是從更早期的動物物種發展而來的。（對）	44%
雷射是靠集中聲波而作用。（錯）	42%
宇宙起源於一場巨大的爆炸。（對）	35%

　　在你判斷這個玻璃杯是半滿還是半空之前，要先考慮是非題測驗靠亂猜的人也可能答對五〇％。五〇％其實就是零，等於完全無知的分數。我要你注意最後四題，**不到**五〇％的美國人答對。

　　這項調查有兩千零一十人參加，代表可能的誤差範圍約為正負兩個百分點。因此，最低的四個數字其實就代表投射到總人口也是低於五〇％。

　　尷尬的是，大部分的美國人以為電子比原子大、雷射是靠集中聲波而作用。所有的行動電話和平面電視都會用到電子，你看過雷射筆，它是用聲音還是光線瞄準？

　　另外有兩個也很低分的問題，就是測試對演化及大爆炸的了解。只有四四％的人同意人類是由較早的動物種類發展而來的主張。只有三五％的人能看出大爆炸的非正式描述是對的。（物理學家會反對，表示「巨大的爆炸」是對宇宙大爆炸這個有誤導性的名稱，做了有誤導性的描述。但是，從其他的結果就看得再清楚不過了，調查樣本中的物理學家並不多。）

視而不見的宇宙奧祕

提到演化和大爆炸，就不容易區分美國人是無知，還是信仰虔誠了。因為有些人將這些科學概念視為對傳統信仰的挑戰，背負文化與政治色彩。

蓋洛普從一九八三年起就一直調查大眾對演化的看法，這麼長的一段時間以來，人類神聖創造的信仰一直備受支持，變化並沒有超過幾個百分點。蓋洛普將題目設計成有三個選項的選擇題，其中一個是「上帝在大約一萬年前左右，以差不多與目前形狀相似的樣子，一舉創造出人類。」[136] 在二〇一四年的調查裡，有四二％的人同意。

另外，有三一％的人選擇民調的中間選項：「人類在數百萬年間，從較低等的生命形式發展至今，但是這個過程由上帝引導。」只有一九％的人選擇完全世俗的立場，認為人類是由演化而來，而且「上帝並未插手這個過程」。

蓋洛普的調查結果與國家科學基金會的結果並無二致，只是展現出措辭用語會有多大的影響。蓋洛普的問題或許為我們開了一扇窗，可以更清楚地一窺一般人想到演化時的想法。有超過一半接受達爾文演化說的人，寧可將之想像為一種神聖意志的媒介。當然也有很大部分的人，在他們看來這個世界還很年輕，而恐龍還沒有登上諾亞方舟。

每次報導這類結果，報紙評論專欄作家就會再次哀悼科學教育的現況，他們習慣草草做出結論，知識在這個國家正在衰退，而美國正落後世界的其他地方。我們完全不清楚這兩個結論是否有根據。

調查通常會發現，年輕人對科學的認識比長輩來得多，這

和其他知識領域常見的模式正好相反，也駁斥現在的小孩什麼都沒有學到的危言聳聽。國家科學基金會的調查也顯示，以全球標準來說，美國人對科學的理解並不差。平均而言，美國人答對國家科學基金會提出五八％的問題。同樣的測驗也用在大量的海外樣本，歐盟（六三％）與南韓（六一％）以些微差距擊敗美國；美國的表現優於日本（五一％），比中國（三七％）和俄羅斯（三三％）更是高出不少。俄羅斯敬陪末座，是非題有絕大部分都答錯。

美國人在演化和大爆炸問題的得分，與俄羅斯不相上下（兩國分別為四四％和三五％）。其他國家在演化問題的表現則都高出許多，歐洲與中國的得分為七〇％，日本為七八％。不過，中國在大爆炸問題的表現甚至比美國來得遜色，只有一七％的人答對。

蓋洛普發現，美國的世俗達爾文主義者比率從二〇〇〇年以來增加一倍。當然，也只能加倍，因為一開始的起點太低了，從一九八二年到二〇〇〇年一直徘徊在一〇％左右，之後一路急升到二〇一四年的一九％，而增幅則是來自於那些選擇神力引導演化的中間選項者。

皮尤研究中心於二〇一三年的報告指出，共和黨人相信演化的比率在短短五年間下降十一個百分點（至四三％）。同一時期，民主黨人相信演化的比率則增加至六七％。皮尤研究中心還發現，美國人在過去十年對**神造論**（creationism）這個字眼愈來愈不熟悉。儘管紅色州（red state，譯注：指共和黨票倉）教科書、神造論博物館，以及嘲諷性的媒體報導都傳達相同的概念，許多相信神造論的人卻不知道這個名詞。

我已經提過，一般人對理解非常大的數字有困難。科學通

常牽涉到天文般大或顯微鏡般小的數字。我詢問一群調查樣本：「地球有多老？」答案是有些明確的數字：根據地質學家的估算為四十五億四千萬年，正負一個百分點。我的問題並不需要精準的答案，只要是十的次方數範圍，例如：「十億到九十九億九千萬年。」這就算是正確選擇，但卻只有二○％的人選擇這一項。

　　別怪神造論博物館，有些人同意烏舍爾大主教（Bishop James Ussher）的結論（根據對欽定版聖經做的研究），即世界創造於西元前四○○四年。相關範圍是一千年至九千九百九十九年，選擇的人不到三％，超出正確答案的比低於正確答案的來得多。許多人一定是挑選大的數字，幾乎是隨意亂猜，並沒有科學或聖經的根據。

地球的歲數是多少？

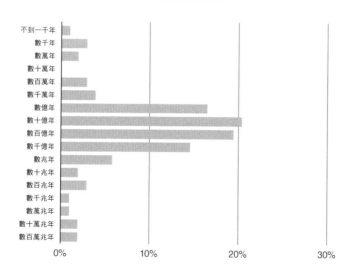

　　詩人可能會想，人類若思考自己在萬物之間的地位，大概會對地球的年齡這種基本問題感到好奇。務實的人可能會反駁，這種事實毫無實用價值。多麼神奇的年代，宇宙的祕密揭露在所有人的面前，但是幾乎所有人卻都視而不見！

科幻小說裡的虛構科學

　　二〇一五年，傑・布蘭斯科姆（Jay Branscomb）在臉書上張貼一張照片，是史蒂芬・史匹柏（Steven Spielberg）坐在一隻已死的三角龍旁邊，這是《侏羅紀公園》（*Jurassic Park*）的宣傳照。布蘭斯科姆加上標題：「業餘獵人與剛獵殺的三角龍開心合照的可恥照片。[137]請分享出去讓全世界都知道，一起唾棄這個卑劣的人。」

　　貼文被分享超過三萬次，累積了數千筆憤怒的留言，憤怒的是史匹柏射殺一隻恐龍。無疑很多人都在接力附和，或是跟著布蘭斯科姆的玩笑起鬨，可是我敢說那股義憤大多出自真心。首先，並非所有人都知道**三角龍**（triceratops）這個名詞，或認得那是出自逼真的電腦特效動畫圖。那些人看到一隻已死的奇特動物，隱約有些熟悉（也許是從自然紀錄片）。我有一項調查發現，有一五％的大眾相信早期人類和恐龍同時存在。[138]那和相信他們**現在**同時存在是不一樣的，但卻有多到驚人的群眾抱持這種錯得離譜的想法。

　　科幻小說創造就算是不理解也熟悉的恐龍、基因複製、黑洞及量子論。有一個舉足輕重的產業創造電視節目、廣播片段、播客、部落格及博物館節目，以有趣而容易理解的方式呈現科學事實。很多大眾可以接觸到科學，但是他們又能記得多少？

大家都滾瓜爛熟的一件事就是行星。我調查的民眾平均可以說出太陽系中普遍認可的八大行星中的六・九個；[139]水星和海王星是最常被遺漏的；有二五％的人說出冥王星這個錯誤答案；只有四％的人列出太陽；還有無論是不是QVC的觀眾，只有二％認為月球是行星。

在問到「天空中第二明亮的恆星」，不到四分之一的人能說出有合理根據的答案。要回答這個問題，首先要知道太陽是恆星。顯然太陽是天空中最明亮的恆星。你還得知道天狼星是夜空中最明亮的光定點，因此天狼星是最理想的答案，但是只有一八％的人選它。

你可能會反駁，大部分的人並沒有把太陽想成恆星（即使共同核心課程說了，一年級學生**應該**知道這點），所以認為夜空中第二明亮的恆星是老人星（Canopus，美國的大部分地區沒有那麼容易看見），但是也只有四％的人選擇這個答案。

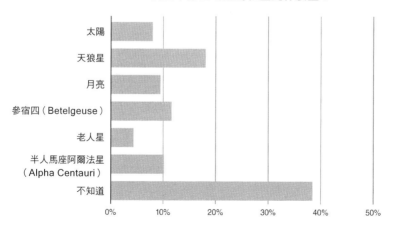

天空中第二明亮的恆星是什麼星？

比較值得注意的是，有多少人選出毫無根據的答案。九％的人相信月球是恆星；八％的人選太陽……代表他們認為天空中有一顆星比太陽更明亮。

「我們是由星星的物質創造的。」卡爾·薩根（Carl Sagan）如是說。[140] 不過，這一點並不代表我們對那些構成身體，以及整個世界的星創原子有多麼深刻的見解。我詢問一個調查樣本，世上有多少種元素。大多數人的答案介於四十種到一百八十種。在調查的當時，一般公認的元素有一百一十八種，但是只有三〇％的人選出相近的答案，和選擇「不知道」答案的比率差不多。

塑膠是我們這個時代的超級材質，它是什麼做的？我用選擇題的方式讓人選出最理想的答案。

A. 氫、碳與惰性氣體
B. 矽、氧、氫與氮
C. 碳、氫、氧與氮
D. 橡膠、乙烯基與纖維素
E. 天然氣與乙醇
F. 氨基酸、磷、水與甲醇

答案C最理想，只有一三％的人選擇。

皮尤研究中心定期進行的科學知識調查中，最難的題目是「地球的大氣層主要是由哪一種氣體組成的？」問題用選擇題呈現，選項有氫、氮、二氧化碳及氧。年復一年，只有二〇％的調查對象選出正確答案（氮），而氧是最多人選的答案。

電梯簡報式的科學素養

二〇一四年俄亥俄州議會考慮一項廢除共同核心標準的法案，法案其中一項條款，是要求科學教育此後要避免「對科學事實做出政治性或宗教性詮釋」，並且「專注在學術與科學知識，而非科學過程。」[141]

必須解釋的是，公立學校課堂就像社區烤肉會或感恩節晚餐，並非挑戰政治或宗教信仰的地方。引人側目的是，禁止教導「科學過程」，學校教導科學卻不教科學過程？哼哼。

州議員安迪・湯普森（Andy Thompson）是法案發起人之一，他釐清這個謎題，表示該法案只是將神造論導入課程的辦法。「在許多地區裡，」[142]他說：「可能會有不同的觀點……而我們希望提供考慮所有觀點的彈性，不光只是信仰問題或地球如何誕生，還有全球暖化及其他有爭議的話題。」

一位記者詢問，這是否代表要教導智慧設計（intelligent design）。「我想，他們若能考慮有宗教信仰者的觀點會比較好，」湯普森回答道：「這是正當合法的。」

換句話說，科學課程的重點是教導有宗教信仰的人相信的東西，而非科學家相信的看法，或是他們為何相信。法案的發起人說服自己，科學事實沒有問題，但是科學**思維**有顛覆性。

了解這一點後，我這麼設計調查的問題：

「觀察一種新藥是否有用的最佳方法是什麼？」

A. 發送免費樣品，讓使用者填寫線上表格。

B. 一半的自願者發給藥品，另一半的人給假的藥丸，看看那一組人的效果會比較好。

C. 分析藥品的製造原料，了解是否包含任何已知可治療或
  預防疾病的成分。

D. 以黑猩猩試藥。如果在黑猩猩的身上有作用，用在人體或
  許也會有用，因為黑猩猩的DNA有九九％和我們一樣。

E. 建立一個假設，並將藥品發給一組自願者進行測試。如
  果大部分自願者用了有效，可能一般大眾也會有效。

選項B是唯一描述到至關重要的控制概念，這是科學方法
的核心，其實也是批判性思考的核心。那是該題最理想的答
案，多達五九％的人選了這個選項。

再和基本科學事實的可憐低分相比，理解科學方法的人多
於理解透過科學方法揭露的基本事實的人，例如：在我們呼吸
的空氣中，占最多的組成氣體名稱。

這可能反映了教育的優先重點，規定教導技巧與批判性思
考，而非事實。科學方法是教學中極為重要的重點（也是俄亥
俄州法案嚴重誤導的原因之一），但是事實也很重要。缺少事
實，學生就只有膚淺的科學概念，學習一大堆不甚了解的行話
術語。

物理學顯然就是這種情況：「哪一項最能描述物理學的
『測不準原理』（uncertainty principle）？」我的調查題目提供
這些答案：

A. 不確定一個電子究竟是帶有正電荷還是負電荷。

B. 次原子粒子的瞬間位置與速度，無法兩者都完全確知。

C. 對某件事知道得愈多，了解得就愈少。

D. 光速基本上是不確定的，取決於觀察者的參考架構。

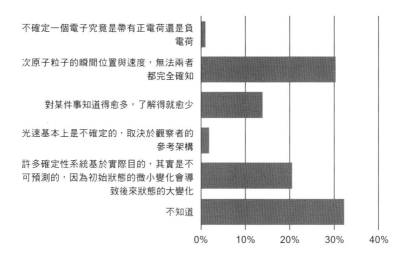

哪一個最能描述測不準原理？

E. 許多確定性系統基於實際目的，其實是不可預測的，因
　為初始狀態的微小變化會導致後來狀態的大變化。

　　「測不準原理」是一個重量級的行話術語，表達或聽起來
像是表達我們對不確定世界的焦慮。但是，只有選項B最貼近
物理學家使用該術語的敘述，有三一％的人選擇這個答案。
　　二一％的人將測不準原理和混沌理論（選項E所描述的）
搞混了。兩者在大眾媒體都引起許多的關注，而且可能被簡化
成同樣的電梯簡報（elevator pitch）：事物無法預測，只是各
自主張的是完全不同類型的不可預測性。
　　有一個問題讓人選出「最能簡短描述愛因斯坦的相對
論」，選項如下：

A. 一切都是相對的，包括空間與時間的概念。

B. 光速並非取決於觀察者的運動，重力是因為空間與時間的「曲率」（curvature）。

C. 光速因為觀察者的運動而變化，時間是空間的第四象限。

D. 光速是相對的；宇宙始於一場大爆炸，此後一直在擴張。

E. 速度和位置是相對的，無法同時完全確知。

F. 能量是一種物質形式（$E=mc^2$），物質可藉由加速到光速而轉換成能量。

　　愛因斯坦將**相對性**（relativity）這個字眼套用到兩個迥然不同的理論：一個是有關物理學在接近光速時的速度（狹義相對論，一九〇五年）；另一個則是重力的本質（廣義相對論，一九一五年）。選項 B 對兩個理論的內容做了簡短而合理的說明，但是只有七％的人選擇這個答案。

　　迄今最多人選的答案是 F，占四七％。我刻意將這個答案寫得毫無意義，就像拙劣科幻小說中的說明。顯然很多人看到 $E=mc^2$ 這個公式，就會猜想圍繞這個公式的文字必定是對的。

　　包括測不準原理和相對論問題，都有可稱為看似有哲理的拙劣模仿選項：「對某件事知道得愈多，了解得就愈少」；「一切都是相對的，包括空間與時間的概念」，兩者都是頗多人選擇的答案，分別有一四％與一八％。

　　許多人忽略了相對論的關鍵，也就是光速是一個常數，**而非**取決於觀看者的運動。就是這個〔邁克生－莫雷（Michelson-Morley）的實驗中〕完全意想不到的發現，激發愛因斯坦想像一個時間和空間相對的世界。選項 C 與 D 這兩個相對論的答案，和這個關鍵前提相互矛盾。

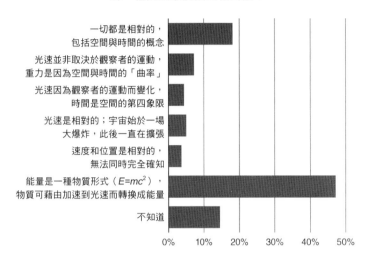

哪一種說法最能描述相對論？

不可否認地，相對論和量子理論都是艱深的主題，也不期待非物理學家能有深刻理解，而他們也真的不懂。一般人對科學之所以會有電梯簡報式的概念，是根據幾個被誤解的行話與公式建立的。

缺乏相關性，不能證明沒有因果關係

有些人說，我們的文化和教育制度引導女性遠離科學行業。我進行一次科學素養調查，詢問與生物學、化學、物理學、天文學及電腦科學相關的八個問題。結果與受訪者的性別有強烈相關，男性的分數較高。調查中，男性平均答對六六％，女性則為五五％。[143]

這些結果很有代表性，但是需要從更大量的研究脈絡來看。一項由喬伊斯·艾林格（Joyce Ehrlinger）與達寧進行的實

驗，為我們勾勒出一個更細緻的情境意象。[144]他們請男性與女性評估自己的科學推理能力。平均而言，女性對自己的評估會低於男性。接著，受試者接受測試科學推理的測驗，之後請他們評估自己的表現。整體來說，女性在科學推理的得分相同，但是她們對自己表現的看法卻低於男性對自己的評估。最後，研究人員請他們參加科學有獎競賽。女性比較不可能參加，而她們的決定與測驗表現並無相關，而是和她們對自己表現的**看法**有關。這項實驗設計得像是一個不太委婉的譬喻，透露出我們教育制度的情況。結果暗示「科學落差」的存在，只是因為我們**相信**它存在。

我的調查發現，科學知識和所得並沒有顯著相關性。[145]肯定有一種文化觀點認為科學教育能導致高薪，那麼為什麼沒有相關呢？科學家和工程師約占美國勞動人口的四‧八％。[146]認為全部都是數理人才的改革者，應該注意這一點。我的調查主要是針對非科學家的九五％多數，測試科學知識的所得「價值」。對他們來說，科學知識或許不那麼有價值，至少沒有金錢價值。

這是一個好時機，可以提起統計學課堂裡教授的另一個法則，一個遠遠不如「相關性不能證明因果關係」知名的法則，也就是該法則的另一面：**缺乏相關性不能證明沒有因果關係**。

一個外星球的統計學家造訪地球，企圖找出導致人類懷孕的原因。外星人可能會發現，性行為和懷孕的相關性非常小（因為生殖力的變幻莫測，加上生育控制）。但是，所有地球人都會堅持性行為導致懷孕，而且是**唯一**導致懷孕的原因。外星人做出其他的結論當然是錯的。

而研究未能顯示出相關性的一個原因，就是樣本數不夠

大。樣本數應該要多大？這是重點，因為誰也不知道。我對科學知識的調查是夠大，足以顯現非常明顯的性別落差。或許更大規模的調查，也能發現與所得的相關性，但是也可能不會。

　　缺乏相關性不能證明起因是錯的，但是應該能啟動進一步的思考和研究。最近幾項設計完善的大型研究顯示，吃蛋與高膽固醇並沒有相關性。這在美國蛋業理事會（American Egg Board）及全美在廉價飯館用餐的人看來是好消息。幾乎不可能會有其他的結論，即使一份可能顯示有相關性的研究也不能。當你所知的只是一份研究找不出A和B之間的相關性時，就大有理由降低對A導致B的預期看法。

圖靈測試（Turing Test）不及格

　　以下是我問的兩個科學問題。我很意外參與調查的自願者覺得第一題非常容易，卻覺得第二題很難。

$$\pi = 3.\_4159...$$

一、π 的第二個數字是什麼（小數點右邊第一個數字）？

二、怎麼樣最能形容圖靈測試？

　　A. 科學學科博士候選人必須通過的傳統口試，起源於一七〇〇年代的劍橋大學（Cambridge University）

B. 藉由比對粒線體DNA序列，判斷兩個個體或物種關係遠近的一種方法

C. 一種統計測試，用來評估新藥，比較藥品與安慰劑的效果

D. 一種實驗，人類對看不見的存在物提出問題，以便判斷對方究竟是電腦或人類

正確答案分別是1與D。

七一％答對 π 的問題。大家也頗能説出 π 的第三位數（七〇％的人知道是四）。這個問題和所得有相關性，[147]知道空白的第二位數的人比不知道的人一年多賺三萬兩千美元（家戶所得）。

當代世界終於趕上艾倫・圖靈（Alan Turing）在一九五〇年充滿想像的思想實驗。這項實驗的各種版本被用在垃圾郵件過濾軟體：那是《呆伯特》（Dilbert）漫畫與科幻小説的老哏，而圖靈測試競賽也證明，不太聰明的機器比任何人想像得更善於愚弄人類。儘管如此，卻只有三〇％的調查樣本知道圖靈測試是什麼。[148]

08 從餐廳菜單到商用文件的文法警察

　　我家附近有一家餐廳，那家餐廳有一個手繪招牌，保證盡力做出最好的古巴食物！（原文用的是at "it's" best，但其實應該是 "its"）。

　　對於遇到「原文有誤」該如何反應，有兩種態度——可稱為文法警察與文法嬉皮。前者抱持的想法是，字典拼法及威廉・史壯克（William Strunk）與艾爾文・懷特（Elwyn White）〔兩人合著《英文寫作風格的要素》（*The Element of Style*）數十年來被視為文法寫作經典指南〕簡潔的建議，在後文法時代依然是重要典範。一面昂貴的招牌會塑造顧客對一家企業的第一印象，所以應該正確。準備食物和文法一樣，有一套嚴格規定的學問。不遵守規定，醬汁會凝結、鮮奶油會變酸、雞肉會染上沙門氏菌。放錯地方的所有格符號（'）也代表不認真對待細節的餐廳老闆。

　　後者的看法則是，文法是群眾外包的幻覺。語言是流動的，而且民間方言永遠勝過精英主義。在顛簸的地鐵上用拇指按出手機簡訊、推文（tweet）及狀態更新，指出拼字與文法的

未來（就像現在）。沒有人會因為標點符號的錯誤而不去一家餐聽。

我有朋友無法忍受招牌有錯，他們在餐桌上痛心疾首地歷數這類文法暴行，並且幻想化身為義務保安隊員，在半夜三更用油漆刷改正錯誤。文法保安隊員的做法存在於現實與虛擬世界中。軟體工程師布萊恩・亨德森（Bryan Henderson）據說為維基百科進行四萬七千次以上的編輯，全都是修改他個人非常無法忍受的地方：用「構成」（comprised of）取代「組成」（composed of）。[149]

錯誤百出的菜單

菜單是文法戰爭的戰場。「開餐廳的人不是作家，」[150]菜單設計顧問葛雷格・拉普（Gregg Rapp）說：「對廚師來說，寫菜單就像在寫期末報告。」菜單出現拼字和用法錯誤，是因為大部分非連鎖餐廳現在都自行印製菜單，並沒有先送一份菜單到雇用人工校對的舊式印刷廠，而是用筆記型電腦拼湊出來的。

「我並不指望廚師像作家，[151]就像他們也不指望我做出鬆餅。」《華盛頓郵報》的珍・布萊克（Jane Black）寫道：「但是，基於有拼字檢查的存在（相當於寫作的冷凍鬆餅麵團），錯誤的數量實在驚人。」

問題是：有多少顧客會注意？二〇一三年訂餐服務GrubHub仔細檢驗使用者的搜尋用語，[152]尋找菜單項目中的拼字錯誤。大部分GrubHub顧客用的是行動應用程式，得吃力地使用虛擬鍵盤。但是，手滑按錯鍵和自動更正都無法說明最常見的拼錯字，義大利菜尤其令美國人束手無策。

　　超過七〇％的人拼錯了fettuccine（義大利寬麵條），大部分是用fettucine和fettucini。線上菜單與食譜，以及飢腸轆轆的人在網路搜尋時，拼錯比正確拼法更常見，這並不是什麼稀奇事。根據Google搜尋趨勢（Google Trends），拼錯的ciabbata是正確拼法ciabatta（拖鞋麵包）的四倍之多；osso bucco比正確的osso buco（燴小牛膝）多出二・五倍。

　　瑪格麗特披薩（Pizza Margherita）據說是以瑪格麗特皇后（Queen Margherita）為名，許多人在拼字時卻拼成一款龍舌蘭雞尾酒的名稱（Margarita）；[153]凱撒（Caesar）沙拉有四〇％的機率拼錯；mesclun（綜合生菜沙拉）變成mescaline的頻率高得嚇人。[154]我們也知道，名廚蓋・費列（Guy Fieri）把mascarpone（馬斯卡邦起司）念成「marscapone」，[155]而且這樣的拼法還出現在他的「美食頻道」（Food Network）節目字幕上。

大多數人無法拼出「fettuccine」

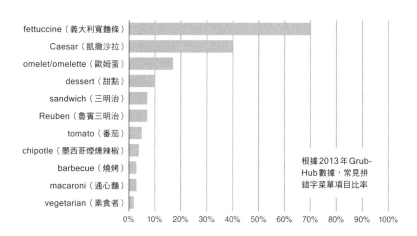

149

　　我曾在兩家雜誌出版社工作，他們不確定拼字和文法到底重不重要，文字編輯與校對會增加經常支出，而減少拼字和用法錯誤能轉換成更多雜誌訂戶、更多廣告嗎？他們很懷疑。

　　身為編輯的一員，我覺得這件事**很**重要。當然，我只是站在出版社的立場假設。我很實際，知道讀者不會抱怨編輯差。我只是有一個模糊的推測，認為拼字和文法會在無形中影響大家對雜誌的觀感。在一個街角之外，你就能分辨出一套廉價西裝或廉價的假髮，而且你還不必懂得裁縫或假髮。我假設讀者能憑直覺感受到編輯的品質，並形成他們對內容的看法。

　　正確的拼字和文法真的會影響消費者的判斷與決定嗎？為了了解這一點，我進行三項調查，測試拼字和文法在商業環境中的價值。一個是拿出一家虛構的三明治店菜單，讓人回答幾個相關問題：食物是否吸引人？願意嘗試這一家餐廳嗎？一餐願意花多少錢？

　　每個參與調查的人並不知道他們是隨機分組，看到的是兩種菜單版本的其中一種。一個版本的拼字和文法嚴謹正確；另外一個（如下頁圖所示），我放進所有能找到的常見拼字錯誤與文法錯誤。

　　我的調查完全沒有詢問拼字問題，想要看看拙劣的拼字是否會影響受訪者對三明治店的基本觀感，或許是無意識的影響。

　　答案是否定的。根據所有標準，拼錯字的菜單評分和正確菜單一樣，[156]都在統計誤差範圍內。大家同樣可能會去嘗試這家三明治店，認為它的菜色健康、價格合理。

　　圖表顯示誤差線。所有的問題都是大幅重疊，一點也沒有證據顯示錯誤造成任何影響。而且我說的錯誤是類似sandwhichs（正確為 sandwiches）、barbaque（正確為 barbecue），以及 vegitarian（正確為 vegetarian）。說到拼字和文法，我們願意對餐廳網開一面。

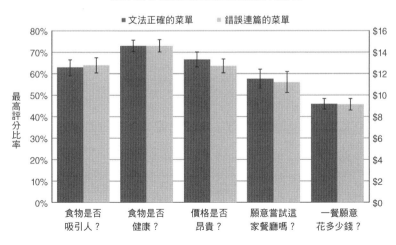

REAL FOOD AT IT'S BEST
LOCALLY SOURCED SALADS

ALTHOUGH WE PAIR OUR DRESSINGS, YOU MAY CHOOSE YOUR OWN VINAGRETTE: HOUSE, LEMON OR OLIVE OIL & BALSAMIC
ORGANIC CEASAR SALAD WITH GRILLED CHICKEN 9
THAI FETTUCINE SALAD WITH LEMONGRASS, BASIL, AND GRAPE TOMATOE 9
MESCALINE GREENS WITH EDAMAME, CRANBERRY & CANDIED WALNUT 10.5
SHITAKE MUSHROOMS WITH GORGONZOLA DOLCE, AVOCADO, BACON & EGG ON SPRING MIX 12

SANDWHICHS

ORGANIC CHIPOLTE CHICKEN WITH LINGONBERRY CHUTNEY ON RAISIN WALLNUT 9
ORGANIC TURKEY BREAST WITH BRIE, PEAR, TOMATOE, HONEY & FIG COMPOTE ON WHEAT 8.75
TURKEY RUEBEN SALAD WITH GRANNY SMITH APPLE & OLIVE TAPENADE ON WHEAT 8
ORGANIC CAGE-FREE DENVER OMLETT ON CIABBATTA 8
PULLED PORK BARBAQUE, GRUYERE, PICKLES & MUSTARD ON FOCCACIA 10
PROSCUITTO & FRESH FIG WITH RICOTTA, HONEY & BALSAMIC REDUCTION ON RAISIN WALLNUT 11.75
VEGITARIAN SANDWHICH: HUMMUS, ROASTED VEGGIES & DRIED TOMATOE W. BASIL PESTO ON 6 GRAIN 9.5

DESERTS, SIDES & MORE

CHOCOLATE MARSCAPONE POUND CAKE 8
CHEESE PLATTER: SELECTION OF FOUR FINE CHEESES WITH DRIED FRUITS, NUTS & BREAD BASKET 15
DAILY HOT OR COLD SOUP CUP 4 .5/ BOWL 6 SMALL BAG OF CHIPS 2.25 MINI VEGAN 5.5
COFFEE 2.5 TEA 2.5 SPARKELING WATER 3.5 SOFT DRINKS 3.5
PRICES SUBJECT TO CHANGE WITHOUT NOTICE BASED ON MARKET FLUCTUATIONS & GAS PRICES... THE GOOD STUFF COSTS MORE! AVAILABILITY ON SEASONAL ITEMS FLUCTUATES BASED ON SEASON

LUNCH.

菜單拼字錯誤對餐廳的觀感沒有影響

■ 文法正確的菜單　　■ 錯誤連篇的菜單

最高評分比率

80%				$16
70%				$14
60%				$12
50%				$10
40%				$8
30%				$6
20%				$4
10%				$2
0%				$0

食物是否吸引人？　食物是否健康？　價格是否昂貴？　願意嘗試這家餐廳嗎？　一餐願意花多少錢？

都是自動更正惹的禍

「我知道，信任是要靠爭取的，[157]無論是身為丈夫、父親，還是國會議員。」這是路易斯安那州國會議員萬斯・麥卡利斯特（Vance McAllister）發布的新聞稿，為了犯下一種罪惡而道歉（通姦），卻又犯了另一種罪惡（該用「your're」卻用了「your」）。

自動更正已經成為這種用法錯誤的代罪羔羊，原本是為了讓我們不必分神顧及小細節的軟體，現在卻替我們犯錯，有時候還是現成的藉口。現在一般美國人的文法知識有多少？為了了解狀況，我寫了一篇短文，塞進所能想到罪大惡極的用法錯誤。這就成為另一次調查的基礎，這一次告訴參與者要找出文法錯誤。每個人看到的並不是我錯誤連篇的範本，而是隨機排列組合的版本，在這個版本裡，有一半的錯誤都換成正確用法，參與者會被詢問特別標記的詞語是否正確。

這項調查包含your和you're、it與it's，以及there和they're的混淆，其他的錯誤還包括：

- 「throws of passion」（應為throes，意思是「激烈掙扎」）
- 「mother load」（應該是mother lode，意思是主礦脈）
- 「a complete 360-degree turn」（整整轉了三百六十度）（通常是指「轉了一百八十度」：三百六十度是完整一圈，等於方向沒有改變）
- 「daring-do」（應該是derring-do，意思是「大膽的行為」）
- 「bemused」當成「被他人不恰當的反應逗樂了」的同

義詞；這個字真正的意思是「困惑不解」

- 「Equity waver theater」（應該是waiver，意思是「豁免權益」）

我發現三分之一的人能接受its代替it's，大家在區分there與they're，以及your與you're的表現較好，只有大約一五％可以接受錯誤版本。

近三分之二的人將（文法警察說）句法結構中應該用whom，卻用who的地方標記為正確。這充分說明whom過時淘汰了，這個字在口語和原生數位媒體裡幾乎從來不曾自然出現。（關於這一點，我站在文法嬉皮這一邊。）

超過一半的人將「throws of passion」標記為正確，差不多一樣多的人也被其他常見的用法錯誤所騙。英語教師應該感到振奮的是，絕大多數的人認得出「taken for granite」（正確為taken for granted）和「doggie-dog world」（正確為doggy dog world）是錯的。

derring-do是可追溯至傑弗里・喬叟（Geoffrey Chaucer）的化石級用語，會和發音相似又熟悉的daring（大膽）搞混可以理解。事實上，daring-do反而比正確版本更有可能被標記為正確（三八％對二六％）。每位參與者只能看到一種版本的文章，而他們顯然沒有把握到底是derring-do正確，還是daring-do正確。

許多人深受缺乏對文法的信心所苦，這是此次調查的主要發現之一。我另外插入一些沒有爭議的正確用法，以取得基準。一個是「網路爆紅故事」（viral story），只有六七％的人標記為正確，也許這反映（也證明了）對刁鑽問題的預期心

有多少人能發現這些用法錯誤？

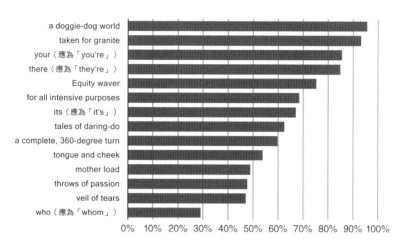

a doggie-dog world	
taken for granite	
your（應為「you're」）	
there（應為「they're」）	
Equity waver	
for all intensive purposes	
its（應為「it's」）	
tales of daring-do	
a complete, 360-degree turn	
tongue and cheek	
mother load	
throws of passion	
veil of tears	
who（應為「whom」）	

0% 10% 20% 30% 40% 50% 60% 70% 80% 90% 100%

理。即使如此，還是讓我們知道文法是一個許多人覺得難以應付的領域。

但是，還不至於難以應付到要重複檢查自己的拼字。當今企業產生的公開與內部通訊比過去更多，使用的媒介也比過去來得多，包括社群媒體資訊流、網站、影片及幻燈片。儘管檢查拼字了，但是拼錯字在商業文件中似乎和以往一樣普遍，而最能獲益於拼字檢查的寫作者往往又是最不可能用的人。許多商業文件的製作方式不是用文字處理器，而是幻燈片、試算表、電子郵件及媒體編輯應用程式，這些軟體主要也不是為了文字應用，因此使用者未必都會開啟或是知道要如何使用軟體中的拼字檢查。

我針對一組全國樣本調查商業文件中常常拼錯的拼法，採取選擇題進行調查，這樣一來，應該沒有憑空拼字那麼困難。但是，只有約一半的樣本能夠挑出一些字的正確拼法，如

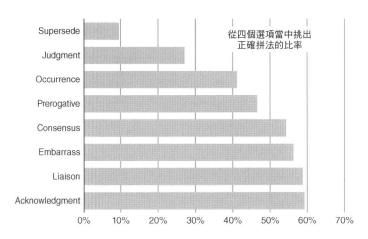

商業文件中常拼錯的字

從四個選項當中挑出
正確拼法的比率

Supersede
Judgment
Occurrence
Prerogative
Consensus
Embarrass
Liaison
Acknowledgment

0%　10%　20%　30%　40%　50%　60%　70%

embarrass（尷尬）、consensus（共識）及prerogative（特權）。

只有二七％的人選擇主要為美式的judgment（判斷）拼法，這並不令人意外，大多數會選擇是judgement，有七二％的人選擇。judgement是合理的拼法，正好在英國也是正確拼法──除了在提到法律判決時，這時候英式拼法會省略「e」。基於某種神祕不可解的理由，有學問的美國人決定用judgment，同時用於「法官的判決」與「得到完善結論的能力」。

知道supersede（取代）為正確拼法的人占少數，只有一〇％，有八三％的人會拼成supercede。

回到我原來的問題：文法、正確用法與拼字還重要嗎？如果你是和比較不講究文法的那一半人口說話或書寫，答案是不重要，也不可能重要。但是，很少傳播者會單獨只對文法底層的人說話。

我發現拼字或文法與年齡、所得，甚至教育並沒有相關性。[158]當然，我的資料只能代表我測試的拼字與用法，主要是大學畢業生常犯錯的地方。很少英文課會抽出時間警告那些經常出錯的組合，例如：「mother lode」與「Equity waiver」。而三十歲以下的人和年紀較大者，差不多同樣善於（其實是拙於）發現舊式的錯誤。雖然所得也未顯示與拼字有顯著相關性，[159]但是趨勢為正，拼字較佳者會賺得更多。

這裡有一個重要例子是：用your代替you're。知道這個用法錯誤的人，比不知道的人每年多賺兩萬三千美元（家戶所得）。[160]這個your與you're的區分關係到日常用字，只有一五％的樣本弄錯。這樣一來，錯誤在八五％的多數看來就相當顯眼了。

一個合理的結論就是，雖然避免明顯錯誤很重要，但是知道用法細節要點也沒有什麼好處。諸如daring-do和supercede等錯誤，與所得就不相關。

如果你在專業報告中正確使用一個字，卻沒有人知道你用得正確，又有什麼意義？顯然大多要取決於你的對象。以一篇博士論文或校對人員的履歷來說，標準就會更高。針對廣大對象的企業或政治訊息應該嚴謹正確，即使只是為了避免文法警察在留言板洗版。但是，我們現在知道餐廳老闆有通行證，我們期待廚師知道如何做肉丸（quenelle），但是不指望對方能拼出文字。

從俚語到顏文字的誤解

二〇一四年，美國聯邦調查局（Federal Bureau of Investigation, FBI）鬧了一個笑話，編纂一份手機簡訊、臉書，以及

Myspace用的兩千八百個首字母縮略字與縮寫詞清單。[161]那是注定要被遺忘的《都會俚語詞典》（*Urban Dictionary*），用的是納稅人的錢。這份清單包含一些幾乎所有人（除了一些美國聯邦調查局探員以外）都在使用，也都知道的縮寫詞。連同其他數千筆聯邦政府人員不知道怎麼挖出來、含糊不清或已經過時的縮寫詞。據說，BTDTGTTSAWIO的意思是「經歷過，做過，拿到T恤，又穿破了」（been there, done that, got the T-shirt, and wore it out）。

　　美國聯邦調查局的努力成果證明了兩點：一是線上縮寫詞與俚語的壽命短暫；二是會用BTDTGTTSAWIO這類縮寫詞的人，並不在乎到底有沒有人理解。也許他們只是希望有人開口詢問。

　　我用每題有四個選項的選擇題形式，調查對一些典型首字母縮略字和縮寫詞、俚語及潮語的理解。LOL（「laughing out loud」，放聲大笑）其實所有人都理解，其他常用的手機簡訊

多少人理解俚語、縮寫詞及潮語？

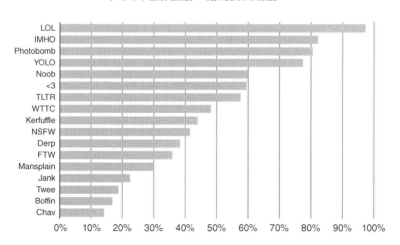

或推特首字母縮略字幾乎都比不上。大約有二〇％的人不認得一些常用首字母縮略字，如YOLO（「you only live once」，你只活一次）和IMHO（「in my humble opinion」，以我個人淺見）。大約四〇％的人不認得<3（心形符號，意指「愛」），或TLTR（「too long to read」，文長警告，在線上貼文反駁的前言）。

如同預期的，有關首字母縮略字或俚語的知識，和年輕人有強烈相關。[162] 不過，理解率還不到舉世皆然，即使三十歲以下的人也是。千禧世代有五分之一無法明確說出似乎無所不在的NSFW（「not safe for work」，工作時不宜）定義，還有不到一半的成年人說得出來。

也許要感謝那些跳脫的記者，過度使用那些透過新聞稿熱鬧造勢、添加到《牛津英語詞典》（*Oxford English Dictionary*）線上版的新詞彙，有幾個詞彙在我的調查中廣為人知，包括photobomb（搶鏡頭亂入，占八〇％）及noob（菜鳥，占六〇％）。可惜的是，真正好用的mansplain（男性說教）只有三〇％的人認得。

其他記者則是偏好來自英國的字眼，例如：kerfuffle（騷亂）和twee（矯揉造作）。我一直覺得用這些字眼就等於打上領結，呼叫求注意。無論如何，大部分的人並不知道那些字是什麼意思。Kerfuffle（「騷動或混亂」）在英式英語中得分最高，有四四％的人知道意思；而Twee（「裝可愛」）、boffin（「科學專家」），以及chav（「穿著設計師時尚服飾的痞子」）知道的人則不到二〇％。精通俚語和所得完全不相關。[163]

我們在行動裝置上使用的非正式書面語言，是否注定要取代印刷用的語言，一直存有爭議。毋庸置疑的是，語言的選擇

本身就傳遞微妙的訊息。你的讀者能聰明地領會，而Google的
自動完成功能也一樣。

GIF檔還是JIF檔？

　　所以重點就是，精通語言並不會影響我們的財務前景？未
必如此，我發現一個重要的例外。

　　我測試在商務會議中可能讀錯音的字，請自願者在四個選
項中挑出最標準及最正確的發音。四分之一不知道segue（不間
斷連續）是兩個音節。有大約超過一半的人能挑出cache（快取
記憶體、貯藏處）、Wednesday（星期三）、hyperbole（誇張
修辭法）、espresso（濃縮咖啡），以及Linux的正確念法；遠
遠超過一半的人不知道niche（利基）的發音。

　　GIF的發音是爭議話題。這個首字母縮略字代表「圖形交
換格式」（Graphics Interchange Format），是一九八〇年代的檔

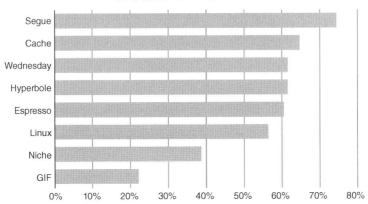

這些字在商務會議中可能念錯了

從四個選項中選出正確發音的比率

案結構，延續至今已經成為動畫短片的同義詞。大部分人念成硬音 g（和念 graphics 時一樣），有識之士說這是錯誤的。建議發音應該是「jif」，與吉福（JIF）花生醬的發音相同。

因為這是發明該格式的史蒂夫・威爾海特（Steve Wilhite）說的。「《牛津英語詞典》是兩種發音都接受，」[164] 威爾海於二〇一三年說：「他們錯了，是軟音『G』，念成『jif』，就是這樣。」

我的樣本中只有二三％的人選擇「jif」是正確的。另外，PNG 檔案的發音為「ping」（音「平」）。

我很意外地發現，正確發音**竟然**和所得有相關，[165] 而且影響甚大：調查中表現最佳與最差者，家戶所得差距達一年五萬五千美元。為什麼發音會有關係，而拼字卻不重要？我的猜測是，正確發音是衡量有無學問的標準，而且比受過教育和所得的關係更密切。重點是你認識的人，而不是你懂得什麼。

語言小測驗

- 你能挑出正確的拼法：acomodate、accomo-date、accommodate，還是acommodate？
- WTTC和GTM是什麼意思？
- 哪一個是mischievous（調皮淘氣）的正確念法：「miss-chive-us」、「miss-chee-vee-us」、「miss-chive-ee-us」或「miss-chuh-vus」？

　　只有三二％的人能正確拼出accommodate（提供、容納）。

　　WTTC和GTM意思分別是，「welcome to the club」（歡迎加入）及「giggling to myself」（獨自傻笑）。如果你都懂，對於時下流行縮寫詞的知識就會比半數的受訪者還高。

　　美國人通常努力將mischievous擠出四個音節：「mis-chee-vee-us」，這個發音增加了一個完全是想像出來的「i」（通常也會莫名其妙地出現在拼字當中）。純粹主義者認為正確的發音應該是「mis-chuh-vus」。在我的調查中，只有二九％的人選這個選項。

09 只有少數人認識的名人，卻領到高額代言費

　　巴西聖保羅召集維安警力，因為等著見網路紅人傑若米・賈爾（Jerome Jarre）的群眾聲勢浩大、群情激動。半個地球之外，有數千人出現在冰島的一家購物商場要見賈爾，讓保全人員深信有恐怖份子要發動攻擊。「要描述賈爾先生現在的日子，[166] 可以回想一九六〇年代的披頭四（Beatles），當時一大堆女性光是見到他們就尖叫不已。」《紐約時報》記者尼克・比爾頓（Nick Bilton）寫道：「這麼說似乎太誇張了，但是我上週和他在聯合廣場散步，他每走幾步就被尖叫的青少年攔下來，懇求和這個身高一百九十公分的法國人一起自拍。有些女孩都快哭了；還有一些人宣稱光是看到他就『無法呼吸』。」

　　賈爾是 Vine 名人，因為可在智慧型手機應用程式觀看的六秒鐘影片而出名。賈爾和披頭四的差別之一，就是所有人都知道披頭四是誰，而賈爾是網路人氣（nanofame）的典型，這種網路紅人（nanofamous）的觀眾熱情洋溢，大多是青少年，而且主要只會吸引單一性別，幾乎二十五歲以上的人都不認識他們。大部分成年人說不出 Vine 是什麼，更別說要列舉 Vine 名人了。

這些網路紅人有經紀人，而且賺得金山銀山。賈爾不久前才推掉一份為「不健康食品」代言的一百萬美元合約。[167] YouTube名人PewDiePie是一個二十多歲的瑞典人，訂閱人數有兩千七百萬，每年廣告收入據說高達四百萬美元。[168]在一份有五個選項的選擇題調查中，只有二三％認出PewDiePie是YouTube系列影片的主持人。

網路人氣是一個連續體的一部分。習慣的力量促使我們將任何有電視節目的人視為「有名」。但是，有五百多個有線電視頻道就會有數千個演員、電視名廚及實境秀明星，在收看他們節目的一％群眾眼中是大名人，對其他人來說卻是無足輕重的人。《權力遊戲》在媒體獲得大量報導，但是只有二％的美國民眾看過一集節目。「《加州靡情》（*Californication*）已經上檔九年，[169]但是我還沒有認識哪一個有看過的人。」一則推文挪揄道。

有線電視明星其實接近現今食物鏈的頂端，往下一階就是經費較少線上媒體的次一級名人，例如：那些出現在Netflix、Amazon Studios及雅虎節目的人。用最純粹的定義來說，網路人氣是零預算，而且專指應用程式。Vine據說有超過兩百位「名人」的追隨者是以一百萬起跳的。[170]未來所有人都能在從未聽過的社群網絡上出名。

美國人搞不懂嘻哈

「嗨，威斯特！」[171]

那是名流藝術經紀商兼文化人傑佛瑞・戴奇（Jeffrey Deitch）在邁阿密的巴塞爾藝術博覽會（Art Basel Miami

Beach）這場億萬富翁收藏品交換會上，和一位名人打招呼。不過，那位名人並非肯伊・威斯特（Kanye West），而是吹牛老爹（Sean "Diddy" Combs）。這一次失言變成全球新聞，而戴奇不得不解釋他怎麼會犯下這麼不上道的錯誤，他堅持自己和吹牛老爹及威斯特都是好友。

威斯特向來不怯於成為聚光燈焦點，但是大部分美國人都並未關心留意。我做了一次調查，讓人從一堆頭像中辨認嘻哈明星。受訪者是從各個年齡層抽樣而來，那些人未必會聽嘻哈音樂，而表現最好的是辨識那些實境節目的演員及白人。七七％的人認得史奴比狗狗（Snoop Dogg）；七二％的人知道阿姆（Eminem）；六〇％的人認得出威斯特，略低於認得嘻哈鬥牛梗（Pitbull）的六二％。[172]

調查採取選擇題形式，而且有不少受訪者在威斯特這一題給了錯誤的答案，而不是挑選「不知道」。四％的人以為他是傑斯（Jay Z），二％的人以為他是克里斯小子（Chris Brown）。對黑人嘻哈藝人而言，這種混淆很典型。我們很難不面對一個結論，就是對一大部分的民眾來說，嘻哈藝人多少都是可以互換的。再說幾個例子：

- 七％的人以為肯卓克・拉瑪（Kendrick Lamar）是速可達硬漢（A$AP Rocky）。
- 四％的人以為速可達硬漢是小韋恩（Lil Wayne）。
- 一％的人以為小韋恩是德瑞克（Drake）。
- 四％的人以為德瑞克是克里斯小子。
- 四％的人以為克里斯小子是拉瑪。

流行音樂知識會成為年齡測試就不令人意外了，這項調查的答案與年齡有強烈相關[173]，或者應該說是與年輕人相關。嘻哈調查是少數幾項知識淵博者平均賺錢較少的案例之一，只是大量數據分析顯示，所得差異幾乎完全是年齡影響的結果。[174]

三十三歲是流行音樂的分水嶺。最近Spotify的資料分析就說明得十分清楚：[175]大部分的人約在三十歲出頭就不再聽新的音樂了。

Spotify觀察自己的音樂串流數據，發現青少年幾乎只聽當代音樂和流行音樂。隨著聽音樂的人年紀漸長，品味也會擴大。他們會花更多的時間聽一些沒有名氣的樂團，以及非熱門歌曲的專輯曲目。隨著時間過去，有些人會開始喜歡爵士樂、世界音樂或古典樂。但是，大約在三十三歲左右，大部分會完全停止聽當代熱門歌曲。這種現象甚至有一個名稱——品味凍結（taste freeze），而男性又比女性更容易受到這種現象影響。另外一個有趣的事實是：當了父母後，你的「音樂關聯性」（music relevance）[176]遭受的衝擊等於老了四歲。之後你會發現，打開電視觀看MTV音樂錄影帶大獎（MTV Video Music Awards），卻不知道那些人到底是誰。

產業觀察家認為，串流加速音樂品味的年齡區隔。電台廣播的威力變小，現在我們都是DJ，會建立播放清單，和喜歡相同事物的同齡朋友分享。

科切拉音樂節（Coachella Valley Music and Arts Festival）可說是搖滾、獨立音樂、嘻哈及電子音樂等，新手與老將最具影響力的亮相場合。二○一五年的科切拉音樂節後不久，我進行一項調查，詢問是否聽過最受歡迎和最多評論的表演。

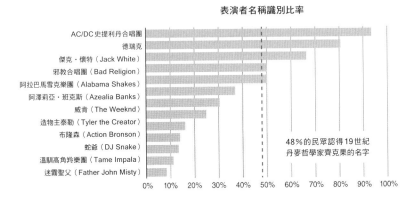

2015年科切拉音樂節多數表演者，對大眾而言不如齊克果有名

表演者名稱識別比率

48％的民眾認得19世紀
丹麥哲學家齊克果的名字

　　二〇一五年科切拉音樂節只有三個表演的知名度明顯高於五〇％。這三個表演者都是獨立音樂人——嬰兒潮老將AC/DC與史提利丹合唱團（Steely Dan），以及極端商業化的德瑞克。更新潮的科切拉表演，知名度還比不上丹麥哲學家索倫‧齊克果（Søren Kierkegaard，有四八％的人都認得這個名字）。多數美國成年人並沒有什麼「音樂關聯性」。

名人代言價格知多少

　　名流的本質轉變，對一直支付驚人代言金額的行銷人員關係重大。嘻哈界的金童玉女（至少對美國企業而言）是傑斯與碧昂絲（Beyoncé）。傑斯為三星（Samsung）Galaxy手機代言，賺了兩千萬美元；而碧昂絲則是在二〇一三年與百事可樂（Pepsi）簽訂五千萬美元的多年合約。即便是這樣的數字，和體育界一比也相形見絀，體育名人時時可見九位數

的協議。雖然受到醜聞與表現漸失水準的打擊，老虎・伍茲（Tiger Woods）和耐吉（Nike）仍然有一份一億美元的合約，而且新的代言工作依舊源源不絕；大衛・貝克漢（David Beckham）是多數美國人都不懂的足球運動領域之明星，和愛迪達（Adidas）有一億五千萬美元的終身約，而這還只是一長串代言合約中的一項，其他包括亞曼尼（Armani）、健怡可樂（Diet Coke）、H&M及三星，粗估貝克漢一年光是代言費就有兩千萬美元進帳。[177]

這些贊助企業賭的是名人依然是一個共通語言，是穿透一堆眼花撩亂廣告的捷徑。但是，數百萬美元的支出，唯有消費者能認得代言的名人才算有意義。

我做了一項調查，依照媒體的報導判斷出最高價代言者，測試他們的臉部辨識率。我請參與者辨認名人，而這一項調查是填空題，拼字不列入計算。

只有四位代言人是超過一半的民眾認得的：伍茲、布萊德・彼特（Brad Pitt）、小賈斯汀（Justin Bieber）及碧昂絲。伍茲的辨識率為九五％，只低於幾位美國總統和電影明星。讓伍茲丟掉數千萬美元代言合約的臭名，可能也提高他在那些非高爾夫球迷之間的辨識率。

代言人的辨識率有巨大落差。只有九％的人認出奧運短跑選手尤塞恩・波特（Usain Bolt），以及二一％的人說得出五角（50 Cent）。另外一提，五角列入頂尖代言人，是因為取得維他命飲料品牌方程式五十（Formula 50）的股權，而後賣給可口可樂（Coca-Cola）。

我還根據報導中的合約，推算讓每一百萬美國人辨識代言名人的成本。舉例來說，T-Mobile據說付出約四千萬美元

請來凱薩琳・麗塔瓊絲（Catherine Zeta-Jones）拍攝廣告。約有三六％的民眾認得麗塔瓊絲，或許另外的六四％的人以為她只是虛構人物，就像前進車險公司（Progressive）的Flo。以T-Mobile給麗塔瓊絲的合約，每一百萬人辨識的成本約為三十五美分。

這樣計算，就出現每百萬人辨識成本從幾美分到幾美元的結果。有些差異可以理解，彼特是最便宜的（每百萬人辨識成本為兩美分），因為他的代言事業僅限於一支大肆炒作的香奈兒五號（Chanel No. 5）廣告，代言費為六百七十萬美元，這和同意每一次走紅毯都戴上香奈兒的帽子不一樣。

若是按照比率分配，波特和貝克漢是最貴的（分別為三・三六美元及二・〇一美元）。兩人都是全球性名人，而且運動員通常是對粉絲行銷運動鞋與運動裝備，而粉絲遠比一般民眾更可能會認得職業運動明星。

有多少人可從照片認出代言名人？

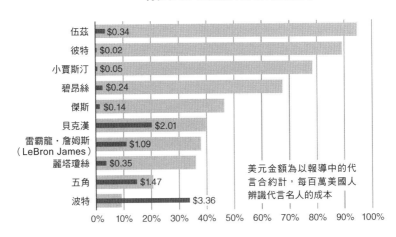

美元金額為以報導中的代言合約計，每百萬美國人辨識代言名人的成本

　　其他差異就沒有那麼容易做出滿意的解釋了。手機和汽水廣告努力吸引所有人，為什麼麗塔瓊絲的代言價值是小賈斯汀的七倍？為什麼碧昂絲的價值幾乎是傑斯的兩倍？我們很難不做出以下的結論：評估名人代言價值並不是精準的科學，而且有些公司給太多錢了。

 **10 — 難道達賴喇嘛不是佛教徒？**

> 長官，我知道維恩斯坦的父母很不高興，但我肯定那
> 個藉口是騙人的。我的意思是說，聽起來太假了：「猶太
> 教贖罪日（Yom Kippur）。」
>
> ──《辛普森家庭》（*The Simpsons*）中的
> 喜金捏校長（Principal Skinner）

　　置身於情境喜劇和同事之間，你大概會以為多數美國人對
猶太文化應該有基本的了解。其實不然，大部分民眾說不出光
明節（Hanukkah）所用的大燭台有幾支蠟燭（九支）、不確定
聖潔日（High Holidays）是在什麼時候（九月與十月），或是
猶太教安息日（Sabbath）是在一週的哪一天開始（週五）。只
有一半的民眾知道蝦子不符合猶太教教規。

　　這種無知並不是雙向的。猶太人與基督徒一樣，可以回答
出關於基督教節日和習俗的簡單問題。事實上，皮尤研究中心
於二〇一〇年的調查指出，猶太人在回答一份有著三十二題的
一般宗教知識問題時，得分超過基督徒。[178]對宗教了解最多的
那一群人，是由無神論者和不可知論者組成。

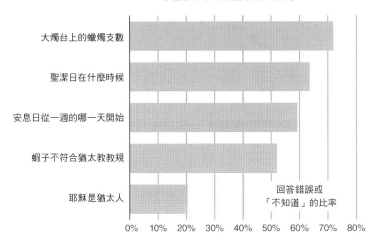

美國人不知道猶太文化的……

皮尤研究中心的調查不僅包含猶太教與基督教共有的傳統，還包含其他世界上的主要宗教。（達賴喇嘛是佛教徒嗎？只有四七％的美國人能正確回答這個問題。）無神論者和猶太人對世界宗教的了解更甚於基督徒，而基督徒通常很少能回答得出有關自己信仰的問題。以下是皮尤研究中心調查的問題之一：

下列何者最能描述天主教教義中聖餐禮所用的餅和酒？[179]
A. 餅和酒其實成了耶穌基督的身體和血。
B. 餅和酒象徵耶穌基督的身體和血。

從一五五一年特利騰大公會議（Council of Trent）開始，不斷有天主教領導階層確認，正確答案是A。整體而言，有四

〇％的人答對這一題，基於答案只有兩種可能，這樣的結果並不是太出奇。似乎有許多人認為答案Ａ古怪而誇張，不太可能會是正確答案。事實上，只有五五％的天主教徒答對，至於西裔天主教徒則有四七％答對。

波士頓大學（Boston University）宗教系的史蒂芬・普羅瑟羅（Stephen Prothero）教授，多年來一直在進行人們宗教知識的民調。他之所以會開始調查，是因為注意到新生所知甚少。例如，普羅瑟羅就發現，只有六三％的波士頓大學學生能說出黃金律（Golden Rule）是什麼。平均而言，他的學生能說出十誡中的四・六項。[180] 波士頓大學有史以來就是衛理公會創辦的學校，教職員加上校友一共有七位諾貝爾獎得主，因此該校學生對宗教的了解或許會比同儕來得多。

然而，根據普羅瑟羅的研究指出：

- 大部分美國人說不出聖經第一卷的名稱（創世紀）。
- 約一半的民眾說不出四福音書的任何一卷。
- 僅有三分之一知道登山寶訓（Sermon on the Mount）是誰說的（耶穌）。
- 一五％的青少年連「世界五大宗教」的其中一個都舉不出來（只有一〇％能五個全部列舉出來）。
- 十分之一的人同意「聖女貞德是諾亞的妻子」說法。

「美國人對宗教極為虔誠，但是對宗教也完全無知。」[181] 普羅瑟羅寫道：「無神論者在美國，或許就和歐洲愛耶穌的政治人物一樣稀有，可是此地的信仰幾乎完全缺乏內涵。」

布希於二〇〇〇年競選總統時，努力對抗別人認為他思慮

並不是特別深刻的觀感。一名記者請他列舉他最喜歡的哲學家，而布希的答案是「耶穌基督」。

蘇珊・桑塔格（Susan Sontag）提供這樣一個語帶挖苦的免責聲明：「布希的意思並非意指，也不會被理解為意指[182]……他的政府真的覺得必須受耶穌詳加闡述的訓誡或社會綱領約束。」但是，布希的答案可能既誠實又有政治機鋒。布希和現在許多的信徒一樣，企圖將他所信仰的領袖塑造為偉大的思想家，藉此淡化昔日宗教世界與現代世俗世界的鴻溝。

桑塔格寫道：美國宗教在於宗教的概念更甚於宗教本身。我們期待領導人是有信仰的人，至於信仰的內涵則遠遠不是那麼重要。然而，與美國人這種態度相提並論的看法，就是認為投票的行為會比認識你選的候選人更為重要。

關於宗教，我們需要知道多少？

皮尤研究中心先前的民調發現，相信「上帝或一種宇宙靈性」的人是壓倒性的多數，[183]約占美國民眾的九二％，這個發現很有代表性。比較不那麼有代表性的是，皮尤研究中心的研究人員詢問民眾有多確定上帝的存在。誠如我們所見，調查的問題若是帶有懷疑，通常就會獲得質疑。以這個例子來說，（所有受訪者，無論是否信教）只有六九％「絕對確定」。剩下的人則是選擇「相當確定」、「不是太確定」、「一點也不確定」及「不知道」等選項，來描述自己的信仰狀況。不可知論（agnosticism）的說法約占民眾的二三％，這個數字遠遠超過一開始就說不知道上帝是否存在的二％，以及表示不相信上帝的六％。不可知論主要是後續追問的問題。

　　你可能會好奇，為何美國小孩的數學測驗分數會那麼差，但他們對宗教的無知卻不是難以理解的祕密。全美的公立學校幾乎沒有教授宗教。矛盾的是，公立學校的學生在歷史課或社會學課程，通常都有機會接觸伊斯蘭教、佛教、印度教，以及已經消失的古地中海信仰，但是大部分的美國公立學校卻避開了教基督教與猶太教，而是留給家裡、主日學、希伯來學校，那些沒有什麼動機討論其他宗教的地方。

　　再來要證明對宗教事物無知就很簡單了，比較難說的是重不重要。讓一個摩門教徒了解印度教重要嗎？天主教徒如果樂得不知道，還是一定要知道自己教會的聖餐變體教義（transubstantiation）嗎？「無論結果是什麼，」[184]二○一○年的皮尤研究中心調查報告指出：「我們不會給民眾一個『Ａ』、『Ｆ』或是任何成績，因為我們沒有客觀方法可以決定大眾應該對宗教有多少了解。」

　　雖然有文獻提供證據，證明信仰虔誠的人會比沒有信仰的人更快樂，但是我並未發現宗教知識與自我評價快樂有任何相關性，而宗教和所得或人際關係地位之間也沒有相關性。[185]

　　不過，學習宗教知識有其他的理由。普羅瑟羅（為皮尤研究中心的調查擔任顧問）提出兩個明確的理由：首先，宗教素養是整體文化素養的根本。許多政治爭議，從墮胎到幹細胞研究都被設定為宗教爭議，世界上有許多衝突也是如此。包括無信仰者在內的所有人，如果沒有一些宗教方面的基礎，對那些新聞將茫然不解。對「亞當與夏娃」、「聖地麥加」、「富有禪意」毫無概念，就很難聽懂總統演說、脫口秀談話，以及瓶裝茶廣告。

　　這些話頗有道理。問題是你**究竟**需要知道多少，才能理解

新聞和有內涵的談話。我懷疑答案是「比宗教素養調查偶爾所顯現的多一些，但不是多太多。」

普羅瑟羅的第二個論點則是，宗教知識能教化我們；這是一種內在的正面影響，導向更好、更人道的決策。不難想像一個慈悲的人對宗教所知甚多（或有深刻的宗教信仰）。我們也很難**不**想起明顯的反例，例如：西班牙宗教法庭裁判法官，以及伊斯蘭國（Islamic State in Iraq and Syria, ISIS）斬首劊子手。

這種「以宗教為教化力量」的論點，讓我想到中學教練說，踢足球會建立「品格」的說法。有什麼證據嗎？品格到底是什麼？教練真正的意思是，他們**聽說**足球能建立品格，也許是從其他教練那裡聽來的。那是他們喜歡一再重複的論調，因為聽起來總好過承認足球真正建立的，是打一場畢業後幾乎沒有人會再打的比賽的能力。

「宗教知識並非良好公民的必要條件，」[186]記者馬克・奧本海默（Mark Oppenheimer）如此寫道：「只是如果想要成為有教養的人，那是必要條件。宗教知識豐富我們的人生，那樣的好處就已經足夠了。」這是看待任何一種事實知識的理想態度。

最後的晚餐之賓客名單

- 說出所有出席最後的晚餐（Last Supper）的人（或是能說幾個是幾個）。
- 釋迦牟尼是哪一國人：中國人、印度人、日本人、韓國人，還是蒙古人？

　　最後的晚餐之賓客名單無法從四福音書中找到答案。文藝復興時代對這件事的描述，如李奧納多・達文西（Leonardo da Vinci）就假設是耶穌加上十二位門徒，因此傳統的名單是耶穌、彼得（Peter）、安德烈（Andrew）、大雅各（James the Greater）、小雅各（James the Lesser）、約翰（John）、馬太（Matthew）、腓力（Philip）、多馬（Thomas）、巴多羅買（Bartholomew）、猶大（Judas）、達太（Jude），以及西門（Simon）。在我的調查裡，表現居中的受訪者只能說出四個名字、將近三分之一的人遺漏主客，還有一七％的人連一個都說不出來。

　　釋迦牟尼是印度人，或者以現代說法是尼泊爾人。如果你答對了，表現已經比六九％的參與者優秀。[187]

11 擊敗尼采的實境秀演員

「所有藝術都是無用的。」[188]奧斯卡・王爾德（Oscar Wilde）如此寫道。為了挑釁維多利亞時期的資產階級，王爾德就想到文化素養這個悖論，對於那些根本不能理解的人，幾乎不可能證明文化素養的價值。當今的行動裝置正在轉變我們學習和記憶傳統人文學科的內容。我調查對哲學、文學、藝術及電影的知識，尋找是否有證據能顯示這類知識用資產階級理解的語彙來說並非那麼無用：高所得。

有一組調查只是詢問「＿＿＿是誰？」空白處是一個文化界的人物，無論高雅低俗，而且有五個可能的職業，例如：「發明家」與「藝術家」，參與者必須從中挑選一個。

圖表呈現的是其中一組的結果：西方哲學家與實境節目明星。亞里斯多德和柏拉圖（Plato）的知名度大概與兩位卡達夏不相上下；二元論代表人物笛卡兒，對參與調查者顯然不如兒童選美參賽者甜心波波（Honey Boo Boo）來得熟悉；聲稱上帝已死的弗里德里希・尼采（Friedrich Nietzsche），敗給問出海灘在哪裡的史努姬・波麗茲（Snooki Polizzi）。認識麗莎・

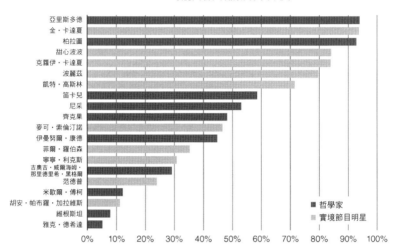

尼采的知名度不如克蘿伊‧卡達夏

可說出各人職業的民眾比率

范德普〔Lisa Vanderpump，《比佛利嬌妻》（*The Real Housewives of Beverly Hills*）〕的人，是知道路德維希‧維根斯坦〔Ludwig Wittgenstein，《邏輯哲學論》（*Tractatus Logico-Philosophicus*）〕的三倍。其他知名哲學家的知名度則落後演出《玩咖日記》（*Jersey Shore*）與《鴨子王朝》（*Duck Dynasty*）的演員。

喊不出名字的經典

教育工作者長久以來一直設法擴大人文學科的經典典籍，他們依然任重道遠。「說出一位一生或大半輩子都住在拉丁美洲的藝術家、小說家、詩人、劇作家、建築師或導演。」我對一群人口結構分配平均的美國民眾提出這個簡單的要求。難題

是只說出**一個**來自拉丁美洲**任一**國家的創意人才，可以是現代人，也可以是過去幾世紀的人。

只有三一％的人說得出來，最常見的正確答案是卡蘿，有一二％的受訪者提起，而加布列·賈西亞·馬奎斯（Gabriel Garćia Màrquez）則占了六％。

我將同樣的問題換成亞洲，有一三％的人能說出正確的答案。

最常見的答案是……賽珍珠（Pearl S. Buck）。我其實不想把這個答案列為正確，但又不得不。這位出生於西維吉尼亞的《大地》（*The Good Earth*）作者，一生的八十一年歲月裡有四十九年在中國度過。賽珍珠在正確答案中幾乎占了三分之一，其他亞洲的創意名人無人能出其右。印度與中東人士則很少有人提及，幾乎所有答案都是和中國或日本的視覺藝術家有關。宮崎駿與手塚治虫（當代動畫製作人）被提到的次數，和黑澤明與葛飾北齋一樣多。

只有一〇％的人能說出一位非洲藝術家、作家或其他文化界的名人。奇努瓦·阿契貝（Chinua Achebe）是最多人提到的，有二％的調查樣本提及。答案很大比率傾向南非白人，以及有一段時間居住在歐洲、美國或澳洲的人。

最後，我又試了加拿大。加拿大雖然不是一個洲，但是與美國的關係獨特，非常親密但在文化上卻不顯眼。美國人在列舉加拿大創意名人時，表現並未比列舉非洲名人來得好，錯誤答案反而比其他區域更多。許多接受調查的人列舉加拿大出身，卻在美國發展事業的藝人，包括麥克·邁爾斯（Mike Myers）、威廉·薛特納（William Shatner），以及隆恩·格林（Lorne Greene）。由於題目問的不是演員，所以這些回答算

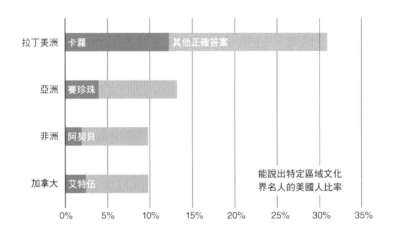

「說出一位住在……的藝術家、小說家、詩人、劇作家、建築師或電影導演」

拉丁美洲　卡蘿　其他正確答案

亞洲　賽珍珠

非洲　阿契貝

加拿大　艾特伍

能說出特定區域文化
界名人的美國人比率

0%　5%　10%　15%　20%　25%　30%　35%

是不正確。最多人提到的加拿大人，是作家瑪格麗特・艾特伍（Margaret Atwood）與艾莉絲・孟若（Alice Munro）。

　　也別以為美國人對自己國家的精緻散文大師就知道比較多，就我判斷，沒有一位在世、有智慧的「嚴肅」小說家、短篇故事作家或詩人，是絕大多數美國民眾叫得出名字的。

　　我的樣本中有四七％知道童妮・摩里森（Toni Morrison）是一位作家，這就已經能讓摩里森成為在世文學界人物的搖滾巨星了。她和喬伊斯・卡洛・奧茲（Joyce Carol Oates）不相上下，其他拿來測試的作家知名度就有所不如了。

　　當然也有些廣為人知的商業小說家〔金、羅琳（J. K. Rowling）及喬治・馬汀（George R. R. Martin）〕，還有一大票作古已久且在學校要學習其作品的偶像〔從莎士比亞到楚門・卡波提（Truman Capote）〕。在我的調查中，寇特・馮內

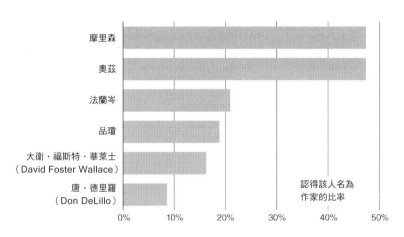

大部分人不認識這些人

果（Kurt Vonnegut）的辨識率有五三％。但是，知名在世或過世不久的文學作家似乎稀少到不存在。

當代小說家在流行文化的盛名高峰，大概就是在《辛普森家庭》扮演自己了，強納森·法蘭岑（Jonathan Franzen）及湯瑪斯·品瓊（Thomas Pynchon）都做過。然而，只有二一％知道或猜到法蘭岑是誰，品瓊則是一九％。

群眾的智慧不適用於當代藝術

馬克·吐溫的《頑童歷險記》（*Adventures of Huckleberry Finn*）曾發生什麼事？我提出這個問題，還列出一長串答案選項，其中有些正確，有些不正確，調查參與者被要求點選所有適用的選項。

大多數人只能舉出兩個事實：哈克逃家，以及不斷使用

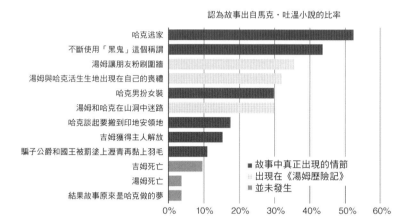

對《頑童歷險記》的了解有多少？

認為故事出自馬克‧吐溫小說的比率

（長條圖各項目由上至下）
- 哈克逃家
- 不斷使用「黑鬼」這個稱謂
- 湯姆讓朋友粉刷圍牆
- 湯姆與哈克活生生地出現在自己的喪禮
- 哈克男扮女裝
- 湯姆和哈克在山洞中迷路
- 哈克談起要搬到印地安領地
- 吉姆獲得主人解放
- 騙子公爵和國王被罰塗上瀝青再黏上羽毛
- 吉姆死亡
- 湯姆死亡
- 結果故事原來是哈克做的夢

圖例：
■ 故事中真正出現的情節
▨ 出現在《湯姆歷險記》
▨ 並未發生

橫軸：0% 10% 20% 30% 40% 50% 60%

「黑鬼」（nigger）這個稱謂。

其他普遍記得的片段就是湯姆（Tom Sawyer）粉刷圍牆，以及湯姆與哈克參加自己的喪禮。這些是出現在《湯姆歷險記》（The Adventures of Tom Sawyer），而不是《頑童歷險記》。

這本被有些人視為美國最偉大的小說，甚至有二八％的人連一件書中發生的小故事都說不出來。

若以參觀藝術博覽會與博物館展覽、拍賣價格衡量，對當代藝術的興趣是前所未有之高，但是這種興趣卻很少滲透到一般大眾之中。有一項調查是列出當代藝術具代表性的作品圖像，請參與者說出創作者的姓名。每一題最常見的選項都是「不知道」。

為了取得基準，我也測試了《蒙娜麗莎》（Mona Lisa）、《星夜》（The Starry Night）及《格爾尼卡》。大部分人可以將這些作品連結到達文西、梵谷與畢卡索。不過，值得玩味的是，將

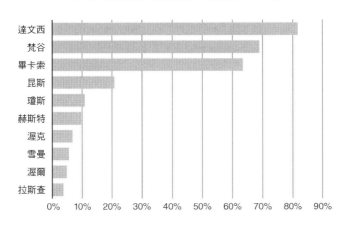

極少人能根據當代藝術家的作品判斷出創作者

近五分之一的人無法說出畫《蒙娜麗莎》的畫家。圖像肯定覺得眼熟，但知道是誰畫的又是另外一回事了。

　　評論家老是哀嘆傑夫・昆斯（Jeff Koons）與達米恩・赫斯特（Damien Hirst）收到的名氣和金錢，聲稱他們受到大眾與超級富豪的歡迎，更甚於有思想的愛好者。事實上，假如辨識度是人氣的先決條件，昆斯和赫斯特並不是那麼受大眾歡迎。只有五分之一能說出昆斯是創作《氣球狗》（*Baloon Dog*）的藝術家，也只有一〇％能將赫斯特的《生者對死者無動於衷》（*The Physical Impossibility of Death in the Mind of Someone Living*）──一隻鯊魚浸泡在福馬林中，與藝術家聯想在一起，將近四分之三的人完全茫然，選了「不知道」。

　　賈斯培・瓊斯（Jasper Johns）的嚴肅性就鮮少有人質疑，但還是只有一一％的人知道他是經典畫作《國旗》（*Flag*）的創作者。辨識率從此之後一路下滑。卡拉・渥克（Kara Walker）

的裝置藝術〔《南方之旅的黑人百態》（*Presenting Negro Scenes Drawn Upon My Passage Through the South...*）〕、辛蒂・雪曼（Cindy Sherman）的《無題電影停格》（*Untitled Film Stills*）系列照裡複製最多的其中一張、克里斯多佛・渥爾（Christopher Wool）的《現代啟示錄》（*Apocalypse Now*，二〇一三年以兩千六百萬美元拍賣價格出售），[189] 以及埃德・拉斯查（Ed Ruscha）的《燃燒的加油站》（*Burning Gas Station*）幾乎沒有人記得。這些在世著名藝術家的辨識率差異，並無統計顯著性。[190]

真正**有**重要意義的是，有些錯誤選項被選中的機率高於正確答案。更多人情願相信《國旗》是沃荷畫的，而不是瓊斯；雪曼的照片（一張自拍像）則以為是安妮・萊柏維茲（Annie Leibovitz）、黛安・阿布絲（Diane Arbus）或安瑟・亞當斯（Ansel Adams）拍攝的；而拉斯查的《燃燒的加油站》則以為是羅伊・李奇登斯坦（Roy Lichtenstein）的。這肯定是視覺版的邱吉爾式轉移，在大眾的心裡，當代藝術就是那寥寥無幾的明星。

另外一個結論則是：群眾的智慧不適用於當代藝術。

發音的重要性

我提過在商業場合中發音的重要性，同樣的問題在文化聚會裡也設下一種等級制度。將安德烈・紀德（André Gide）的姓氏發音念成「基德」（Jide）或「蓋德」（Guide）的人，別人不會太放在心上，無論這個人的意見有多麼精闢都是如此。〔發音應該為「紀德」（Zheed），但是只有約一一％的美國人知道。〕根據一位部落客的說法，紀德是「通關驗證名」

（shibboleth name）的例子[191]——這個名字是「特權階級藉以辨別地位低下者」。

　　確實有許多文化界傑出人才的名字，是絕大多數民眾無法正確發音的，即使英文姓名也可能會有問題。超過四分之三的人不知道約翰・梅納德・凱因斯（John Maynard Keynes）的姓氏發音為「肯斯」（Canes）。

　　有些姓名被念錯實在太普遍了，所以有一個半正式的「美式」發音，以名人的母語來說不算完全正確，但對於受過良好教育的美國人來說，卻是有代表意義的符號。可接受的美式發音包括「理查・**佛格**納」（Richard VOG-ner）、「米歇・傅**寇**」（Michel Foo-COE）、「伊內・蘭德」（Ine Rand）、「馬塞爾・普路斯特」（Marcel Proost）、「瓦恩・米**洛**」（Wahn Me-ROW）、「**尤**翰・沃夫岡・馮・**哥**圖」（YO-han Wolfgang von Ger-tuh）、「威廉・愛德華・伯格哈特・杜**波伊茲**」（William Edward Burghardt Duh-

可能發音錯誤的文化界人物姓名

從四個選項中選出正確發音的比率

BOYZ）、「保羅・克雷」（Paul Clay），以及「里翁哈德・**歐伊**勒」（Leonhard OY-ler）。

熟諳這些發音與所得的相關性，就和正確念出商務會議專有名詞一樣大。[192] 正確發音也與使用 Mac 作業系統相關，[193] 但是與年齡或性別則無關。

爆雷警告

的確，文化素養要「作弊」十分容易。就以電影和電視節目來說，狂看評論與方便下載的電影，都使得爆雷這個概念，以及體驗電影或電視節目的意義更為複雜。

我的調查參與者大部分都知道，《驚魂記》（*Psycho*）中的連環殺手是穿得與已故母親一樣的諾曼・貝茲（Norman Bates）；《決戰猩球》（*Planet of the Apes*）裡的猩球就是地球；黑武士達斯・維達（Darth Vader）是路克・天行者（Luke Skywalker）的父親；布魯斯・威利（Bruce Willis）在《靈異第六感》（*The Sixth Sense*）中的角色，從頭到尾都是已經死亡了。將近四〇％知道彼特在《鬥陣俱樂部》（*Fight Club*）的角色，是愛德華・諾頓（Edward Norton）這個不可靠敘事者的多重人格投射。不到三分之一的人知道《大國民》（*Citizen Kane*）的「玫瑰花蕾」原來是雪橇；《亂世浮生》（*The Crying Game*）的女主角是一個變性人；《刺激驚爆點》（*The Usual Suspects*）中的凱文・史貝西（Kevin Spacey）就是凱薩・索澤（Keyser Soze）；最初的《十三號星期五》（*Friday the 13th*）電影反轉《驚魂記》，揭露揮刀砍人的不是傑森（Jason），而是他的母親。

而證明沒有人知道《記憶拼圖》（*Memento*）在做什麼的證

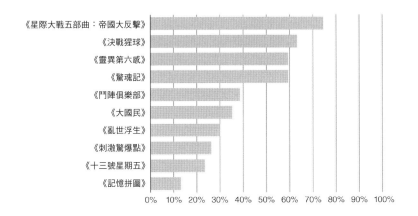

有多少人知道這些電影的劇情？

據就是，只有一三％的人贊同廣為影迷接受的解釋，亦即失憶的藍納（Leonard）已經殺死加害妻子的凶手。

　　這些數據雖然看似偏低，但卻證明我們如何嫻熟於偽裝文化素養。一份根據票房數字的粗略估計顯示，[194] 約有一○％的美國人看過《星際大戰五部曲：帝國大反擊》（*The Empire Strikes Back*）、二％看過《亂世浮生》，以及一‧二％看過《鬥陣俱樂部》。這些是在戲院觀看；錄影帶和電視觀賞會增加比率，但是看了好幾次的影迷又會削減數字。無論如何，在我的調查中正確回答的人，不免有大多數**並未**看過那些電影。爆雷劇透就在那裡，在我們呼吸的文化氣息之中。它們就在收集的汽水杯、電視模仿秀、留言板，以及其他二手、三手，乃至N手的消息來源。

　　能夠從當代媒體的碎屑殘渣中，胡亂拼湊出對高雅文化與低俗文化的理解，說不定是一種頗有價值的技能，反正這是

我們都在學習的技能。小說家卡爾・塔羅・葛林菲爾德（Karl Taro Greenfeld）寫道：

> 每隔幾個星期，[195] 我的妻子會提到她所屬讀書會最近在讀的書，無論是什麼書，也不管我有沒有讀過，我都會提出對作品的意見，完全是根據……到底是什麼呢？通常，那些書我甚至連一篇評論或文章都沒有看過，但我還是大放厥詞地說起雪兒・史翠德（Cheryl Strayed）的磅礴大氣，或是埃德維熱・丹蒂卡（Edwidge Danticat）壓抑內斂的多愁善感。這些數據微粒顯然是從天地之中點滴收集而來——或者更實際一點地說，是來自各種社群媒體的訊息。
>
> 索蘭芝・諾利斯（Solange Knowles）在電梯攻擊傑斯是怎麼一回事？我沒有看 TMZ 上的監視器影片——時間太長了，但是我從瀏覽的討論中，足以知道諾利斯刪光她的 Instagram 上姊姊碧昂絲的所有照片。這一季的《權力遊戲》以及那段在土窖中的非合意性交怎麼樣？我沒有看過這齣戲，但是瞥過 Vulture.com 上的概要回顧，準備好和人辯論這些實在太令人不舒服了……
>
> 明明什麼都不知道卻假裝懂得很多，現在真的再容易不過了。

從而引發的問題就是，偽裝的文化素養是否夠好。深入了解我們的文化認為重要的系列思想、書籍、藝術作品及電影，是否依然重要？

傳統高尚文化現在占據集體注意的分量已經大不如前了，

未必是我們愈來愈弱智，只是有更多的文化表達方式吸引我們注意，而這肯定是調查顯示傳統文化知識水平低落的因素之一。

文化素養是不錯的教育水準預測因子，但是我發現文化知識和所得的相關性低得驚人，這也許是一種「英文主修效應」。文化素養愈高的人，更有可能主修文學和藝術，而主修這些科目的人通常賺的錢並不如教育水準相近的人。

當然，金錢在這裡幾乎不是唯一或最好的衡量標準。體驗偉大的文學、藝術及電影作品，其價值對於能夠欣賞這些事物的心靈來說無須贅言。或許正在改變的是，所有人都必須體驗同一批偉大作品的想法。經典正在瓦解，文化末日的預言尚未實現，教養品味也比以往更多元。而文化教養程度較低的，從雲端抄襲來的膚淺素養已經足以應付這個世界，而且現在也該停止偽裝了。

誰是納博科夫？

你會説弗拉基米爾・納博科夫（Vladimir Nabokov）是運動員、作家、商人，還是哲學家？

只有三〇％認得這位《蘿莉塔》（*Lolita*）與《幽冥的火》（*Pale Fire*）的作者。這是教育水準的有力預測因子，但不是所得的預測因子。[196]

# 12 — 無麩質薯條是一種健康食品？

　　密西西比州的教師拿著巧克力薄荷夾心餅（Peppermint Patties）另有妙用，這種巧克力糖果是視覺輔助工具，從包裝紙拿出來後，在教室裡一手傳過一手，藉此說明（套用一位密西西比州家長的話）「一個女孩子有過性行為後，就不再乾淨或珍貴了。」[197]

　　歡迎來到美國南方的性教育。密西西比州的青少年懷孕比率，是全國最高的幾州之一，家長期望能有某種性教育課程，但是有團體要求這些課程要教導禁慾。這部分絕對不是僅限於密西西比州的現象，舊金山州立大學（San Francisco State University）性別研究系的創辦人吉爾伯特‧賀特（Gilbert Herdt）指出，聯邦政府斥資近十億美元在學校推行禁慾至上的教育課程，[198]即使證據顯示這類課程會減少對性、避孕及性傳染病的認識。

　　問題是，生活中真真切切的事實不足以讓荷爾蒙旺盛的青少年接受禁慾。因此，特別是在南方，學校會選擇性地以睜扯、都市傳說，以及徹底的謊言補充事實。某位家長表示，密

西西比州的課綱可歸結為：「如果有了性行為，你就會得愛滋病，[199] 然後你就會死。」

不久前，一份針對德州學校性教育課程進行的調查發現，「其中兩份課程裡連一個事實也沒有。」[200] 德州學校教的那些似是而非、支持禁慾的說法，有「碰觸他人的生殖器可能導致懷孕」，以及「半數的男同性戀青少年測出為 HIV 陽性。」

身為母親的愛麗絲・德雷格（Alice Dreger），同時也是前西北大學（Northwestern University）醫學人文與生命倫理臨床教授，不久前參加兒子的禁慾至上教育課程，並且在推特現場轉播那種瘋狂。

> 整堂課就是「性是悲慘生活方式的一部分。[201]
>
> 毒品、失業、無法完成學業——性是災難的一部分。」
>
> 她接著說了一個保險套盒子的故事，裡面的每一個保險套都有一個洞。
>
> 「我們將這個骰子丟擲八次。每一次出現你的號碼……就假裝你的保險套沒有發揮作用，而你會拿到一個紙娃娃。」老天！！！
>
> 紙娃娃就這樣發給所有人，他們全都遇到保險套失效，而且整個班級都懷孕了。

顯然許多學校都未能成功教導孩子關於性的問題，以及飲食、運動、健康和醫藥。網路被標榜為重大的等化器；不加判斷地運作，一天二十四小時地發出性與健康的資訊。年輕人從智慧型手機了解這些生活現實，而家長則用 Google 判斷情況是否需要看醫生，這是將記憶和資訊外包到雲端的經典例子，效

果如何？

有一項調查詢問年紀在十八歲到二十五歲的年輕人，關於性健康和避孕的問題。女性了解的資訊比男性來得多，幾乎所有女性（九六％）都能說出「保護不被傳染性病**與**懷孕的避孕方式」是保險套；八七％的男性能答對這個簡單的問題，但是他們更有可能會選擇明顯錯誤的答案，如「口服避孕藥」和「口交」。

男性是冒險家，他們更常想到的是氣球與保鮮膜是保險套「差強人意的替代品」（選擇這個不可靠答案的人，有七一％是男性）。

為了避免懷孕，子宮內避孕器（IUD）必須在女性每一次有性行為時置入。這個陳述是對或錯？一四％的女性及二七％的男性表示這項說法正確。（錯！）

對性相關話題的無知並非新鮮事。回想一九五〇年代，針對性傳染疾病進行流行病學研究的醫生，常常要男性填寫問卷，詢問他們是否割過包皮。亞伯拉罕・李連菲德（Abraham Lilienfeld）與薩克森・葛拉漢（Saxon Graham）這兩位醫生好奇這些問卷回答的正確率多高。為了找出答案，他們讓那些男性填寫問卷之後脫下褲子，讓醫生查證是否割過包皮。結果發現，有三四％已經割過包皮的男性並不知道自己割過，他們說自己沒有割過包皮，但其實已經割過了。[202]

這不是壓抑的金賽（Kinsey）年代留下的遺跡。我請包含兩性的調查樣本評估美國男性割過包皮的比率。這種統計數據並未指望有人能準確知道，但是料想年輕人會觀察或推論出大部分美國男性已經割過包皮（根據一份研究是七九％）。[203]

調查的估計值涵蓋所有範圍，兩性並未顯示重大的知識落

美國男性割過包皮的比率有多少？

估計值（左）與調查樣本選擇的比率（下）

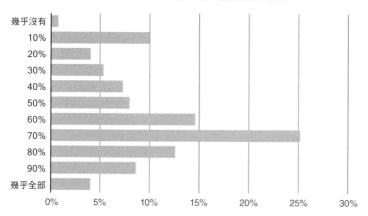

差。有一個合理猜測是，男女都不是很清楚未割包皮的陽具是什麼樣子。

　　但是，對女性人體結構的認識又更粗略模糊了。「我的女學生絕大多數不知道自己的陰蒂有多大、[204]一般陰蒂平均有多大，或是女性彼此有什麼差異。」在賓州州立大學（Pennsylvania State University）教授性別課程的南茜‧圖安娜（Nancy Tuana）說：「相較之下，我大部分的男學生都可以告訴你，他們的陰莖在萎軟和勃起狀態下的長度與直徑大小，只是他們對陰莖勃起平均尺寸的資訊，有時候會膨脹得驚人，我懷疑這是源自色情電影中男性勃起的尺寸。」

　　網路提供色情資訊，比提供事實更有成效，那也是為何對數位領域充當性教育老師最後手段的價值，不要抱持太高期待的原因之一。不過，網路正在扮演這樣的角色。舊金山於二〇〇六年展開一項計畫，[205]讓青少年以不具名方式用簡訊提出

關於性的問題，即可立即獲得醫療保健專業人士的回答，這類計畫從此成為南方各州的主流。

層出不窮的醫療謠言

聽過二十一世紀議程（Agenda 21）嗎？那是最高機密計畫，由洛克斐勒基金會（Rockefeller Foundation）與福特基金會（Ford Foundation）贊助，對抗人口過剩，它們資助孟山都（Monsanto）開發基因改造食物，可以慢慢殺死吃那些食物的人。

上述一段內容完全是假的，但二十一世紀議程在許多陰謀論者之間卻是頗受歡迎的謊言。二〇一四年，艾瑞克·奧立佛（J. Eric Oliver）與湯瑪斯·伍德（Thomas Wood）進行一份調查，並刊登在《美國醫學會內科醫學期刊》（*JAMA Internal Medicine*）上，內容描述二十一世紀議程，並詢問人們是否為真。

有一二％的人相信是真的，而四六％的人無法判斷，將這些人納入相信的一組，則有超過半數的民眾賦予這項說法可信度，亦即美國兩大最有名望的慈善機構正在從事大規模屠殺，從旁協助的是一家贊助迪士尼（Disney）主題樂園五、六種景點設施的企業。

說到迪士尼樂園，拜反對疫苗的家長之賜，這個地球上最快樂的地方在二〇一五年年初成為麻疹的高危險熱區。奧立佛與伍德發現，五分之一的美國人相信疫苗導致自閉症的傳言是真的，只有四四％的人斥為不實。

他們還指出，三七％的人相信美國食品藥物管理局（Food and Drug Administration, FDA）打壓癌症的自然療法。二〇％的人——剛剛好是「五分之一」，相信「衛生保健官員明知行

動電話會致癌卻毫無作為，因為大企業不讓他們採取行動。」

奧立佛與伍德指出，那些認同醫療保健相關陰謀論的人，更有可能使用草藥補給品、有機農產品及另類醫療，而比較不可能每年做健康檢查、使用防曬品與施打流感疫苗。在《美國醫學會內科醫學期刊》中，發現比較令人玩味的措辭之一，就是奧立佛與伍德總結道：即使做了「社經地位、偏執狂及一般社會疏離」[206]等控制對照之後，那些相關性依然不變。

無麩質食品是一場騙局？

用了「無麩質」（gluten-free）的標籤就像是在印鈔票，幾乎任何東西都可以貼上這個標籤，包括原本就完全無麩質的食品。沒有人會覺得驚愕懷疑，因為無麩質生活方式的好處不需要大肆推銷（這類說法可能引來美國食品藥物管理局的調查）。大眾已經了解麩質，或是如此認為。不久前，消費者報導全國研究中心（Consumer Reports National Research Center）調查發現，約有三分之一的美國民眾企圖減少或完全排除麩質，有六三％的人相信無麩質飲食「可改善生理或心理健康」。[207]一份不那麼科學的吉米・金莫（Jimmy Kimmel）調查則發現，[208]許多避吃麩質的人根本就不知道麩質是什麼。

奧茲醫生（Dr. Oz）曾遭批評將擴音器交給醫學和飲食怪胎，但是一呼百諾的他卻與麩質劃清界線，聲稱無麩質食品是多數人並不需要的「騙局」。[209]

奧茲醫生是對的：無麩質是行銷上的一大成功，而非醫學上的成功。醫生就以不到七％有腹腔疾病，或是原本就對麩質過敏的民眾，證明飲食應該排除麩質。

排除麩質並無損害，對吧？說不定還真的會。因為無麩質產品通常會以米粉代替麵粉，因而增加接觸到砷的機會，而砷不但是慢性毒藥，還是一種致癌物質。有些研究指出，無麩質飲食和體重增加及肥胖有關聯。

不管無麩質對健康會有什麼影響，對你的財富無疑是一大危害，因為標榜無麩質的產品價格會多五〇％以上。「感知即事實。」[210]食品行銷顧問理查・喬治（Richard George）說：「如果消費者相信無麩質產品較好，邏輯理性就不再重要。」

標榜無麩質的點心中最受歡迎的是薯條。薯條是用馬鈴薯製成的，而且根本不含麩質，麩質要在小麥和大麥裡才會有，但是沒有「無麩質」的標籤，消費者可能並不知道薯條是……健康食品？

我詢問年齡介於十八歲到二十五歲之間的年輕人，「哪一個最能描述麩質？」答案選項包括：一種蛋白質、一種碳水化合物、一種醣類、一種添加物或一種脂肪。[211]只有三〇％的人選擇正確答案：蛋白質。調查樣本對大部分錯誤的答案頗有信心，只有七％的人選擇「不知道」。

最多人選的答案是碳水化合物（三六％）。我要是問一種碳水化合物（或蛋白質、脂肪）的化學定義，我敢說大部分的人都會覺得很難回答。但是，幾乎所有人都知道蛋白質的名聲不錯，而碳水化合物則被視為絕對會致死。無碳水化合物飲食和低碳水化合物飲食隨處可見，卻沒有人採行無蛋白質飲食，而且可以看到食品的廣告宣稱是「良好的蛋白質來源」。如果麩質對多數人不好──有二三％的人同意這種說法，就有可能是一種碳水化合物，或者說有些人會如此推論。

麩質是我們這個媒體充斥的年代裡，知識與無知的典型。

大家對麩質其實知道得很多，並不是對它的化學成分，而是它充當文化意符的角色。大部分的人知道：

- 無麩質產品在時髦的咖啡店、手工烘焙坊，以及類似有機超市全食（Whole Foods）的地方銷售。
- 無麩質烘焙產品的味道可能不像或不如含麩質的產品。
- 無麩質食品比含麩質產品昂貴。
- 無麩質「高檔」。
- 有無麩質是個文化分水嶺——相信麩質不好的人通常有飲食意識、健康意識，而且關心環境。
- 在某些情況下，要求無麩質產品可讓人知道你是一個關懷在乎的人。

上述全部都是有關當代社會學與麩質政治學的事實。我們毫無困難地吸收那類資訊，比有關低麩質飲食臨床效果的事實更容易接受。

哪一個是**麩質**的真正定義？

「事實就是，就算你不再相信，它也不會消失。」[212]科幻作家菲利普・狄克（Philip K. Dick）說。他的這段名言妙語絕對是屬於現代的，客觀事實獨立存在於人類文化與信仰系統之外，這個概念相當新穎。直到前幾個世紀，我們身邊相信的都是基本現實。風聞傳言總是比什麼都沒有更能指向真相。當舊石器時代的祖先聽到小道消息說某種莓類有毒時，他們就有足夠的理由避開，常民智慧可能會出錯，但是又何必冒險呢？

今天的我們是全球科學文化的傳人，經驗事實可以從各種行動裝置存取，但我們還是很本能地聯繫到知識的社交層面；

見證「社群網絡」的普及盛行。我們知道該問誰、該相信誰、該信任誰。即便是麩質的問題，這一套依然運作得相當好。那些不知道麩質是一種蛋白質的人，還是知道有些人認為麩質不好。在沒有能力或忙到無法整理研究的人看來，這本身就能提供有用的訊息——一種群眾外包的形式。多數人相信的未必就準確，但是群眾的意見通常會比完全無知的人來得好。

結婚讓你更聰明

無論你對健康和飲食問題理解多少，有些證據證明一般知識與良好健康之間有所關聯。我在好幾次的調查中，請參與者以一到十分評估自己的健康。我還詢問他們有多少朋友、對自己性生活的滿意程度、做多少運動，以及他們是單身、已婚、有長期親密關係、離婚或喪偶。沒有什麼證據顯示一般知識和這些有關，**只除了**健康與婚姻狀態以外。

幾項調查中，知識最淵博的人最有可能已婚，[213] 和另一個人共同生活並撫養小孩，本身就是教育學習。因此，婚姻可能提升知識，而單身則可能會限制知識。

健康問題是：「相較於同年齡的其他人，我的健康良好。這有幾分能描述你的狀況？」答對最多冷知識問題的人，也自稱最健康。

在一項調查中，假設一個三十五歲、受過四年大學教育的人，統計模型預測這樣的人如果一題都沒答對，健康評分在十分中只有六・三二分，而同樣條件的人卻十五題全部答對，健康評分則為六・九六分，[214] 兩者相差一〇％。我其實說不出這代表什麼意義，但是這樣的差距有統計顯著性。

　　或許這又為我一開始的問題帶來新觀點，網路是提供健康資訊的有用來源嗎？答案有很大的程度取決於使用者區分資訊好壞的能力。年輕人通常做不到這一點，許多成年人也是。在線上做研究的人不僅需要知道一些醫學名詞，以便輸入搜尋框，還需要有能力評估搜尋結果所列網站的可信度與待議事項。這種方法並沒有簡單的規則說明，使用者必須扮演偵探，尋找諸如拼字和文法的蛛絲馬跡（不實的推銷網站通常會有錯）、事實錯誤，以及說法不實的科學推論、使用邊緣醫學的行話、訴諸神祕思維或恐懼，甚至是網站設計（透露許多有關網站創辦人及其目標受眾的訊息）。知識範圍廣泛可能有關聯，而且可能是知道事實與健康為何有相關性的（眾多）原因之一。

冷知識是你最好的藥物？

- 美國最高法院有幾位法官？
- 「我思故我在」聯想到誰？
- 太陽系最大的物體是什麼——地球、月球、太陽、火星，還是木星？

　　雖然這些問題和健康無關，但卻是健康的預測因子，答對的人比答錯的人更健康。

　　大約五一％的人知道美國最高法院有九位法官；三八％的人能從「我思故我在」聯想到笛卡兒；而有七一％的人知道太陽是太陽系最大的物體。215

13 對運動冷知識懂得愈多，就賺得愈多？

不久前益智競賽節目《危險邊緣》（*Jeopardy!*）中有一個題目是一張布雷克・葛里芬（Blake Griffin，譯注：美國籃球運動員）的照片，三位參賽者並沒有按鈴搶答，他們都被難倒了。雖然運動迷會上社群網絡詢問：[216]怎麼會有人不認識那位快艇隊的大前鋒兼前美國國家籃球協會（National Basketball Association, NBA）年度最佳新秀，但是這個盲點符合該節目忠實觀眾熟知的模式。《危險邊緣》的參賽者對各州首府、古典音樂及字源瞭若指掌，針對體育則懂得沒有那麼多。參賽者通常會拖到最後回合才碰體育類別，而當他們被迫選擇體育時，按鈴都悄無聲息。

他們也不是特例，有相當大部分群眾連簡單的體育問題都回答不出來。超過三分之二的人不知道一支足球隊有幾名球員（十一）、將近五分之一不知道史丹利盃（Stanley Cup）是哪一種運動的獎項（冰上曲棍球），或是「滿貫全壘打」（grand slam）的說法屬於哪一種運動（棒球）。

你可能猜想，體育知識（或缺乏體育知識）大致可依性別

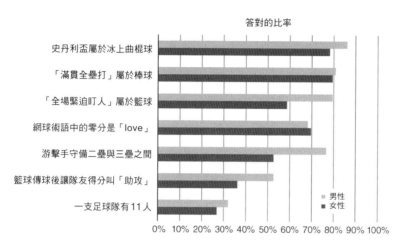

許多人回答不出簡單的體育問題

答對的比率

- 史丹利盃屬於冰上曲棍球
- 「滿貫全壘打」屬於棒球
- 「全場緊迫盯人」屬於籃球
- 網球術語中的零分是「love」
- 游擊手守備二壘與三壘之間
- 籃球傳球後讓隊友得分叫「助攻」
- 一支足球隊有 11 人

男性
女性

0% 10% 20% 30% 40% 50% 60% 70% 80% 90% 100%

區分，不過其實並沒有那麼大的差別。男性是比女性更有可能知道游擊手的守備位置，以及全場緊迫盯人（full-court press）是出現在籃球。但是，在我詢問的多數問題中，性別並沒有重大的差別。

運動的譬喻被視為溝通順暢的特徵，那些要解釋併購、稅法或弦理論的，都建議將內容以美國平民代表性消遣的語言來表達。「偶爾，會有一球直奔本壘而來，讓你敲出一支全壘打，」歐巴馬總統在二〇一四年說（指的是美國外交政策）：「但是你不會每一球都揮棒。」[217]想必有些選民聽到的是：「偶爾，！@＃＄％……」

當然，那些有體育障礙的人可能也懂得類似「萬福瑪利亞傳球」（Hail Mary pass，譯注：意指孤注一擲）、「移動球門柱」（moving the goalposts，譯注：意指朝令夕改），以及「被

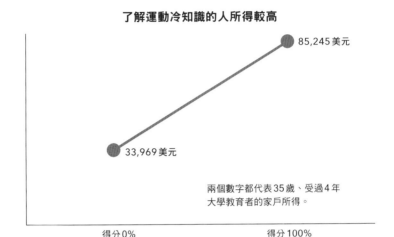

了解運動冷知識的人所得較高

85,245 美元

33,969 美元

兩個數字都代表 35 歲、受過 4 年
大學教育者的家戶所得。

得分 0%　　　　　　　　得分 100%

鈴聲解救」（saved by the bell，譯注：意指在緊要關頭逃過一
劫）等表達方式的重點，即使並不知道這些用語的明確意義。
但是，更密切關注體育活動還有一個潛在理由：我發現體育知
識和所得有相關性，[218] 至少運動冷知識如此。一項線性迴歸模
型預測，在我的體育測驗得分為〇％的人，平均家戶所得為每
年三萬三千九百六十九美元，而得分一〇〇％的則是每年八萬
五千兩百四十五美元。

　　這似乎是我們觀察到的模式至今唯一的例外，在這個模式
之中，一般知識和所得有強相關，但是特定領域的知識，如科
學和拼字，卻無相關或只有弱相關。

　　是什麼原因使得運動如此特別？有可能是我們看到性別落
差的證據，美國女性若從事與男性類似的工作，賺取的所得約
只有男性的八〇％。[219] 如果女性這整個群體對運動所知較少，
就能解釋所得的差距了。

也就是說，對運動一無所知可能會造成高達二〇％的所得損失。但是它不能解釋我們在這裡看到整整一五〇％的差距。而且正如我曾提過的，運動知識並沒有那麼大的性別落差。

我還是將性別納入統計模型之中，結果顯示性別對所得只有輕微的影響，[220] 而且並無顯著性，運動知識的確才是主要的預測因子。

有鑑於這項調查考慮的是家戶所得，而非個人所得，有可能是已婚人士——特別是女性，比單身人士更有可能了解體育活動。有個單一事實的相關性尤其強烈：知道游擊手守備二壘與三壘之間的人更有可能已婚，顯示有些人可能是因為配偶或孩子追看棒球而開始觀看。

許多已婚家庭有兩人負擔家計，因此可以解釋一部分的所得差距，但是一樣並未如同數據顯示得那麼多。

另外一個假設是，運動在我們的文化裡實在太普遍了，所以我的測驗中那些（簡單）問題等於是測試一般知識，而非專業知識。你不會只因為留意茶水間的閒聊，就能學到文法或量子物理學，但卻可以因此了解體育活動。

為了測試這一點，我準備難度較高的第二份運動測驗，從意在刁難死忠運動迷的網路測驗中挑選題目。問題（只）涵蓋棒球、美式足球與籃球，並涉及特定職業球員和規則細節。例如：

- NBA 商標上的球員是誰？〔朱利斯・歐文（Julius Erving）、傑瑞・威斯特（Jerry West）、魔術強森（Magic Johnson）、堤姆・鄧肯（Tim Duncan），還是威斯・安索（Wes Unseld）〕
- 下列哪一位名人堂球星在職業生涯中從未投過球？

〔賽揚（Cy Young）、貝比‧魯斯、唐‧拉森（Don Larsen）、湯尼‧葛恩（Tony Gwynn），還是鯰魚杭特（Catfish Hunter〕〕

- 下列哪一個人的綽號是蛇？〔唐‧畢比（Don Beebe）、傑瑞‧史托瓦（Jerry Stovall）、肯尼‧史特布勒（Kenny Stabler）、普雷斯頓‧丹納德（Preston Dennard），還是瑞克‧米雷爾（Rick Mirer）〕

我推測這些不是非運動迷能在潛移默化中吸收的事實。（正確答案：威斯特、葛恩及史特布勒）

這些難題的答案未能顯示與所得的相關性。[221]而為了確定第一次的結果並非僥倖，我又以不同的隨機樣本重做「簡單的」運動測驗，[222]同樣發現分數與所得之間的相關性。在第二次的測試中，我納入一題關於快樂的問題，結果發現也有強烈相關。以零到十的等級，簡單運動測驗表現最佳者為自己的快樂評分約比表現最差者高了五○％。[223]

簡單測驗並非就只是比較簡單而已：範圍也更為廣泛，詢問的運動項目更多（冰上曲棍球、網球、足球），並且確認知識的廣度才是所得的最佳預測因子，而非知識的深度。

不過，我發現沒有證據顯示運動迷就會比非運動迷更健康，或是每週花費更多的時間運動。顯然許多運動迷對運動的投入，始於沙發，也終於沙發。

史上最偉大的打擊者

這是我用一個簡單體育問題的用意：哪一項是每四年舉辦一次 —— 超級盃、全美大學體育協會（National Collegiate Athletic Association, NCAA）錦標賽、美國高爾夫名人賽（Masters Tournament）、奧運（Olympics），還是美國職棒世界大賽？

大約九％的人不知道答案（奧運）。[224]

就和總統一樣，我們到了最後連最偉大的運動員也會忘記。泰德・威廉斯（Ted Williams）是什麼人 —— 運動員、作家、商人，還是政治人物？五九％的人知道他是運動員〔波士頓紅襪隊（Boston Red Sox）入選棒球名人堂的球員，也是「史上最偉大的打擊者」〕。這些人比不知道威廉斯為何許人者，每年平均多賺兩萬三千美元。[225]但是六十歲以上的人約占答對者半數，也說明了所得差異的大部分原因；三十歲以下的人中只有二三％知道或猜到威廉斯是誰。

14 — 人生，是一連串的棉花糖測試

　　佛羅里達州的八十四歲老婦葛羅莉亞・麥肯吉（Gloria MacKenzie），[226] 在二〇一三年的威力球（Powerball）彩券獨得五億九千萬美元。沒錯，超過五億美元。經濟學家或許會說一次給五億九千萬美元太離譜了，每筆給一千萬美元彩金，分成五十九個獎項還比較合理。但是，經濟學家顯然不怎麼玩彩券，彩券管理委員會設計彩金支付，就是為了吸引購買彩票的人，而他們發現高得驚人的累積獎金可以增加樂透銷售，提高中獎機率則沒有效果。

　　幻想驅動現今的彩券行銷，田納西州彩券總裁瑞貝卡・保羅・哈格羅夫（Rebecca Paul Hargrove）說：「『是什麼原因讓我想玩？』[227]……你付了一美元，之後三天讓你想這個問題。我要和姊夫平分嗎？不要！我不喜歡那個姊夫。但是我願意與鄰居的姪兒平分。」彩券廣告只說中獎的人可以來一趟美妙假期是不夠的，而是展示中獎人買了一架飛機或航空公司、小島或城堡。機會不在推銷廣告之內。

　　我邀請一組全國性的樣本評估一張威力球彩券中獎的機

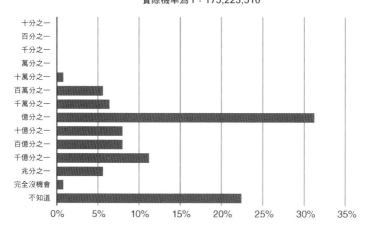

多數人不知道威力球彩券中獎的機率

估計值（左）調查樣本選擇的比率（下）

實際機率為 1：175,223,510

十分之一	
百分之一	
千分之一	
萬分之一	
十萬分之一	
百萬分之一	
千萬分之一	
億分之一	
十億分之一	
百億分之一	
千億分之一	
兆分之一	
完全沒機會	
不知道	

0%　5%　10%　15%　20%　25%　30%　35%

率，威力球相當常見，因為彩券在四十三州銷售（且大量廣告）。調查問題是以十的次方為選項的選擇題。

　　我有些期待能發現一些天真的樂觀心態，除非對機率有一種不切實際的浪漫想法，否則為什麼要玩彩券？實際的威力球中獎機率就印在每張彩券的背面，是一比一億七千五百二十二萬三千五百一十，所以「億分之一」是該調查最理想的答案。但有更多猜測是落在比實際情況更悲觀的一面，回答分布的範圍依舊頗大，最常見的答案介於百萬分之一到兆分之一之間。倒不是大眾認為中樂透的機率比實際來得高，更有可能的是，夢想就是回報，而機率則不是買彩票的人會想太多的事。

　　玩樂透的人在評估機率時，有可能和一般大眾不同。但是，蓋洛普在一九九九年的民調發現，五七％的美國人在先前

十二個月內買過一張彩票。[228]「玩樂透的人」與「所有人」並沒有太大的差別。

金融素養如何影響所得

如果說任何類型的專業知識與所得有相關性，你或許認為個人財務也是，這樣想就沒錯了。我列出六個有關複利、通貨膨脹及稅賦的問題，因為這些和一般勞動者及儲蓄者有關。無論是什麼年齡或教育水準，答對最多問題的人所得最高，存款也最多。[229]

依照測驗分數的不同，三十五歲、受過四年大學教育者的家戶所得，每年差別約有一萬八千美元。雖然差距低於我們在一些運動或一般知識的測驗中看到的，但是依然引人注目。

以金融素養測驗得分預測所得

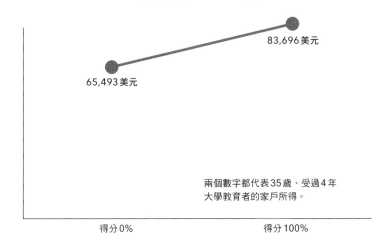

83,696美元

65,493美元

兩個數字都代表35歲、受過4年大學教育者的家戶所得。

得分0%　　　　　　得分100%

金錢若不是實現快樂的工具，那麼金錢是什麼？金融素養也與此有相關。以四等級區分，得分最高者自評比得分最低者快樂二四％。[230]

金融素養會導致財富，還是財富導致金融素養？有錢人大有理由自修類似抵押、稅率，以及四〇一(k)雇主相對提撥等課題——這些題目原本應該相當無聊的。若從這一點來看，你可以說財富導致金融素養。

但是，精通金融並非只有錢人需要。對薪資跟不上物價上漲的勞動者，以及靠固定收入生活的退休族，通貨膨脹都是特別重要的問題，他們每次上市場或加油都得應付這個問題。調查有一個問題問到：

對一個靠固定收入生活的人來說，何者較佳：三％或七％的通貨膨脹率？

A. 三％較好。

B. 七％較好。

C. 通貨膨脹率在這種情況下並不重要。

這大概是最簡單的通貨膨脹問題了。七五％的人選了正確答案A，但願其他二五％的人找了更有見識的人幫他們管錢。

二〇〇七年至二〇〇九年的次級房貸危機，引來左右兩派的交相指責。保守派表示，購屋者取得負擔不起的抵押貸款，就是不負責任；自由派則認為，放款者推銷太寬鬆的抵押貸款是剝削。有時候被忽略的是，許多借款人根本沒有做理想決策所需的基本知識。亞特蘭大聯邦儲備銀行（Federal Reserve Bank of Atlanta）在二〇一〇年的一份研究證實，[231]數字能力

差（以能否回答簡單調查問題衡量）與無法支付現實世界抵押貸款有相關性。簡單金融數學問題中表現最差的借款人，與其他受訪者相較，延遲付款的頻率更高、違約的可能性更高，還更有可能被取消抵押品贖回權。這一點無論所得、族裔和其他人口統計結構因素如何，都沒有差別。

聯邦儲備銀行的問題甚至比我問的更簡單。以下是其中一題：

> 一家商店在減價拍賣時，所有商品以半價賣出。減價之前，一張沙發要價三百美元。減價時要賣多少？[232]

並不意外的是，無法回答這個問題的人在了解氣球式還款（balloon payments，譯注：指最末期大筆還清）與負攤還（negative amortization，譯注：指每期支付款項低於利息，未付清的利息累計至本金）的詳情細節，大概會處於劣勢。從這個觀點來看，「不負責任」和「剝削」之類的道德判斷或許未能切中要點。在缺乏基本的數學能力下，金融責任是空談。

奧莉薇・密契爾（Olivia Mitchell）與安娜瑪利亞・盧莎蒂（Annamaria Lusardi）分別來自華頓商學院（Wharton School）及喬治華盛頓大學（George Washington University）商學院，研究金融素養和財富之間的關係已有一段時間。她們估計全國有三分之一的貧富差距可歸咎於「金融知識落差」。[233]見多識廣的人會比孤陋寡聞的人存更多錢，投資也更聰明。

預測所得與幸福的因子

我的調查中有一題是所得、財富及快樂的重要預測因子。

假設你在一個免稅帳戶裡存入一千美元，該投資每年可賺七％。你的原始投資需要幾年才能翻倍達到兩千美元？

A. 五年以內

B. 五到十五年

C. 十五到四十五年

D. 超過四十五年

乍看之下是數學題，但其實不是。你不必知道要怎麼樣計算出答案，也不需要知道「七二法則」（rule of 72）。[234] 只要看一眼選項就會知道了，只需要粗略的估計。這並不是代數題，比較像是在測試對複利有無直覺的實際理解。有這種知識的人就知道，以實際的報酬率（七％多少算得上是實際），非常粗略地估算，將資金翻倍需要十年，意思就是選項B是正確答案。

「宇宙最強大的力量就是複利。」網路引文收錄網站有時會將這段話歸為愛因斯坦所言；還有的則是歸為比爾・蓋茲（Bill Gates）所說。我不敢確定是誰說的，但是其中的智慧真實可信。人類努力的成就遵循著等差級數：一、二、三、四、五、六……又一天、又一塊錢。負債與投資則不同；它們是根據等比級數：一、二、四、八、十六、三十二……意思就是複利勝過單純的努力，財富流向所有善加利用複利力量的人。

根據經濟學家湯瑪斯・皮凱提（Thomas Piketty）的分析，

複利是所得不平等的根本。富人因為投資而愈富有，一般人的薪資卻跟不上。「複利的力量」也是幾乎所有現實世界中理財建議的基本原理。在我們這個信貸狂熱的社會裡，金錢拮据的人以令人髮指的利率取得發薪日貸款與汽車貸款，刷爆信用卡並為助學貸款苦苦掙扎，又取得太過昂貴的抵押貸款，複利讓窮人一直窮下去。這也是為什麼理財專員會說，盡早開始儲蓄很重要。一個勞動者如果從二十一歲開始儲蓄，也有機會靠投資賺得比一輩子薪資加總還多的金錢。複利是所有巨富的真正基礎，成功企業家並沒有比其他人工作得更久、更努力一萬倍，而是他們找到方法讓事業以指數成長，只要幾年的時間。

我的樣本裡有五九％的人答對複利這一題，比能在地圖上找到委內瑞拉的人還多，大約與能認出威斯特照片的人一樣多。但是，答對和答錯的人有顯著差異，答對的這一群人回報的個人年度所得多出三萬兩千美元，存款高出約兩倍，而且自評更快樂一五％。[235]

學習，就是一場棉花糖實驗

有些研究暗示，財務保障——不只是收入與支出，才是金錢和快樂有相關性的原因。高所得本身不能給予安全保障。也有百萬富翁揮霍得到的財富，又擔心會散盡家財（還記得波斯特吧！）。有些節儉的學校老師和警察有存款做為緩衝，讓他們在不確定的世界裡有一點安全保障。金融行為可能也反映出可列入快樂的人格習慣，能控制支出並努力儲蓄的人，也更可能擁有做出明智決策所需的自律。

你大概聽過心理學家沃爾特・米歇爾（Walter Mischel）著

名的「棉花糖實驗」。米歇爾找來四到六歲的兒童，給他們一個殘忍的選擇：每個孩子拿到**一個**棉花糖，可以馬上吃掉，或是等十五分鐘後再吃，就能得到**第二個**棉花糖做為獎勵。在煎熬的十五分鐘裡，第一個棉花糖就放在他們視線所及，而且觸手可得的範圍內。

有些小孩立刻就把棉花糖塞進嘴巴，其他的小孩則陷入哈姆雷特式的躊躇猶豫中，沮喪地拉扯辮子、雙腳亂踢，還有一些小孩扮演著「奧迪修斯（Odysseus）與棉花糖」，搗住眼睛轉身逃避糖果的危險誘惑。

米歇爾用碼表來記錄，小孩屈服於誘惑的時間平均為六分鐘。

舉行多次原始棉花糖實驗的地方，是米歇爾的女兒就讀的學校。隨著時間經過，他們注意到立刻吃掉棉花糖的小孩和等待的小孩之間有差別：等待的小孩後來的人生往往更成功，他們的成績更好，也就讀更好的學校；他們似乎更快樂，比較不坎坷。

另外一群在十五分鐘內早早吃掉棉花糖的人，通常學校課業與人際關係表現欠佳，也有較多酒精和毒品方面的問題。

米歇爾和同事開始針對原始棉花糖實驗的班級進行追蹤研究。他們發現小孩延遲吃棉花糖的時間（以分秒計），和後來人生成就的量化標準，如學術能力測驗分數，有顯著的相關性。早早吃掉棉花糖的那一組兒童，成年之後肥胖、邊緣性人格疾患、吸食快克古柯鹼，以及離婚的比率較高。[236]

人生是一連串的棉花糖實驗。節食的人現在延遲吃糖的滿足快感，並非為了幾分鐘後微不足道的兩份甜點獎勵，而是為了更苗條、更健康，也更有吸引力的長期願景；節儉度日的人

跳過今天毫無價值的購買衝動，可以省下來購買新車或供孩子讀書；有健康意識的人忍受不計其數的剝奪和惱人的事（慢跑、牙線剔牙及沙拉；使用保險套，並堅持上健身房；定期健康檢查，並記得吃藥），好讓未來的歲月裡能夠更健康。

沒有人說，你應該永遠延遲滿足。因此，就衍生出一大堆民間智慧：**你只能活一次；一鳥在手勝過二鳥在林；今天給我一個漢堡，我很樂意在星期二還你錢**。重點是要取得平衡，我們不清楚為何有些人更善於控制衝動和長期規劃。但是，企圖掌握這些技能的人更有可能學習、記憶，並且認真看待某些相關事實。大略了解金錢複利成長有多快，就是其中一項事實，就如同物理學的光速，也是金融領域的基礎之一。不只是已經富有的人讓事業成長的要素，也是激勵人減少負債，並及早儲蓄的資訊。

學習並無明顯切身相關的事實，是一種棉花糖實驗。等待不確定又常常延遲很久的回報，需要有一點自律。能做好這一點的人，或許更有可能在理財方面也是優秀的長期規劃人才。

理財教育，其實沒有讓投資更聰明？

個人理財的要素，是相當重要的一種實用智慧。這個領域並非知識貧乏的人可以查詢到「正確答案」的領域。雖然網路上有大量個人理財的真知灼見，但卻淹沒在一片胡扯吹噓之中。而信用卡利息支出太多的人，在上 Google 查詢破產律師之前，未必知道這樣會有問題。

學校至少還**試著**教導學生性教育，卻未必都會花費心思教導孩子金錢觀念。但是比起以前的世代，現代的個人被寄望靠

自己做出複雜的理財決策。「一個沒有受過教育的人抱著信用卡、一筆助學貸款，並取得抵押貸款，對他們和社會來說，幾乎就像一個未受過訓練的人開車一樣危險。」[237] 理財教育中心（Center for Financial Literacy）的主任約翰‧培勒提爾（John Pelletier）寫道。

次級房貸危機激起學校教導個人理財的呼聲。同樣地，這一場危機讓政府賠光了錢，而國會議員又不願意資助新的方案。一份二〇一三年的報告發現，[238] 只有七個州要求中學生接受個人理財課程，並且進行測驗。雖然有些學校設定自己的理財教育，但是當教師被迫依據標準測驗來教學，該科目往往會成為這個分數至上年代的犧牲品。

大學也沒有比較好，有份報告尖刻地評論道：「大學的理財教育通常包含離職面談……提醒學生要償還在二〇一一年平均為兩萬六千六百美元的（聯邦助學）貸款。」[239]

好吧！學校必須傳授理財教育，對吧？有些重要研究已經對這個想法潑了冷水。[240]

商學教授路易斯‧曼德爾（Lewis Mandell）與琳達‧施密特‧克萊恩（Linda Schmid Klein）追蹤中西部曾選修完整學期、頗受好評的個人理財課程的中學生。之後間隔一到四年再做測試，[241] 發現這些學生回答理財問題的表現，並沒有比未上過該課程的同學來得好。

從頭一路看到這裡的讀者都不會覺得震驚，所有的學生也都上過地理、歷史及英語課，而你也看到結果如何了。

曼德爾和克萊恩讓成年後的那批中學生評估自己的理財行為。他們被詢問是否曾經跳票、是否準時支付信用卡款項，並且以五級分評定自己的節儉程度。這些人不管有無上過理財課

程，回報的結果在統計上並沒有區別。

分別來自哈佛商學院與維吉尼亞大學的肖恩・寇爾（Shawn Cole）和高瑞・卡帝尼・夏斯特利（Gauri Kartini Shastry），進行一項聰明巧妙的研究，深入探勘三十年的人口普查資料。在這段時間內，美國有好幾州規定進行理財教育課程，讓兩人得以順理成章地進行一場數百萬人參與的金融知識實驗。人口普查「長表問卷」（long form）每年寄送給隨機挑選的家庭，詢問投資所得，藉此充當存款及成功投資決策的指標。研究人員很好奇，執行理財教育課程的州與未執行的州相比，投資所得是否增加。

他們發現兩者之間並沒有相關性。高中理財課程沒有促使投資更聰明。[242]寇爾和夏斯特利還不至於說我們應該放棄在中學教授個人理財，但一個很清楚的訊息就是：別期待奇蹟。

對青少年來說，討論信用卡、抵押貸款及四〇一(k)似乎很遙遠，更別說還乏味到令人厭煩了，或許期望成人學習能有正面效果的機會還大一些。有信用問題的人、申請破產的人，或是申請反向抵押貸款（reverse mortgage）的人，通常會被要求進行諮商，認為這樣可以促成更理想的決策。但是，除了這些特例以外，已經犯下嚴重錯誤的人通常機會有限，很少有成年人能接受個人理財教育。最需要這些教育的人或許是最不可能找到教育機會的人，無論是在網路或是其他地方都是如此。

在一個自由社會中，即便是像我們這樣看重金錢的社會，教導所有成年人個人理財的可能性也不大，這需要每個人主動學習，但也是可望獲得回報的成人教育類別。

你唯一可能中的大獎

你贏得一萬美元的樂透彩金，決定拿這筆錢進行投資。[243]下列選項哪一個是最安全的投資方法？

A. 把所有錢投入一檔股票。
B. 把所有錢投入兩檔股票。
C. 把所有錢投入一檔投資美國五百大企業股票的指數型共同基金。

當你投資退休帳戶時，如個人退休帳戶（Individual Retirement Account, IRA）或四○一(k)，所繳納的費用要課稅：

A. 可在投資之前課徵，或是退休領取時課徵，但是不會徵收兩次。
B. 在投資之前及退休領取時皆需課徵。
C. 一年一次，最遲在四月十五日。
D. 年屆六十五歲時。

一般上班族唯一大有機會中的「大獎」，就是股市——明確地說，是個人退休帳戶和四○一(k)可能操作的延遲納稅股票投資。讓儲蓄免除課稅，並在股

市中擴張數十年，其實就是財務安全保障的必要條件。但是，股市充滿風險，而降低風險的主要方法就是分散。第一個問題有七三％的人給出最佳答案C。這個問題和儲蓄有強烈相關性。答錯的人據報家庭儲蓄平均為五萬美元；答對者則平均為三十五萬一千美元，相差高達七倍之多。

第二個問題是沒有太大重要性、吹毛求疵的稅務會計問題。不過有趣的是，這是快樂的預測因子。六一％的人選擇A，這在現行美國稅法來說是正確答案。在自己開戶之前，沒有人太留意個人退休帳戶或四〇一(k)，而這似乎又說明有存款與幸福相關的例子。答對的人每年多賺兩萬美元（個人所得），[244] 而且以四級分的標準，他們自評更快樂一三％。

15 — 表層學習的價值

　　現在該深呼吸一口氣，往後退一步。對於知識的實用價值，我們有了哪些了解？所得與金融素養的關聯清楚明白，我的調查顯示出這一點。但是，我分享的其他結果，有些可能顯得武斷而令人不解。我發現所得和一般知識測驗的表現有強烈相關性。所得與專業知識領域也有相關性，其中包含體育和正確發音。我在本書第一部分提到的兩個主題，也是所得的預測因子：地圖測試，以及能夠說出民選代表。但是，科學、歷史、名人及拼字的結果卻模稜兩可。我發現根本沒有證據顯示，所得與文法、俚語、性或宗教等知識有關聯。

　　我們習慣想像有一個非正式的知識等級，在這個等級中，死記硬背地圖或體育小常識大概排在接近底層。我們被告知，歷史和文學知識是良好教育的標誌，通常也是好工作的標記；科學、科技及數學等主修則能賺大錢。我們的社會在很多時候獎勵的是專家，而非通才。

　　不過，儘管幾乎所有測試的知識領域**確實**都和正式教育年數有相關性，而最可能挑起爭議的發現是，一般事實知識在預

測所得時，影響超越教育程度。

有許多的角度可以解釋這一點。一是在調查中的表現反映了教育的品質。史丹佛大學的學位，和不那麼有名的學校相同學位有所差別。我們知道名校畢業生通常會賺更多的錢，如果他們又懂得更多，即使受教育的年數相同，也能解釋知識和所得的相關性。要注意的是，名校畢業生享有的較高所得，或許可以歸功於該校在市場上的聲望、學生在校期間建立的人脈，或是一開始家裡就有錢、有人脈，方便取得史丹佛大學的入學資格。比知名度較低的學校畢業生懂得更多的事實，或許並沒有太大的關係。

另外的可能性則是，相關性反映學生的特質。有些學生埋頭苦讀，有些卻不費吹灰之力。調查結果可以反映參與者對學習的投入程度，包括在校內與校外。如果是這樣的話，調查結果肯定是指努力記住所學將會獲得回報。

面對學習的終身態度，可能是重要因素。事實上，資料深入分析後呈現的一個問題就是：高所得的人所知道的，有哪些是教育程度相同，但所得低的人不知道的？答案可能是：不在課程內的素材。個人理財和體育小常識在學校並未加以強調。學校教育也不能幫一個久離校園的人列舉出現任的民選代表，或是找出最近才出現的國家所在。

地圖測試關於時事的部分，和學校地理教科書差不多。基本上所有人都能找到德州、俄羅斯及澳洲。調查分數的差別主要在於新的國家，以及地理課未多強調的無名小國。新聞廣播、訊息圖表、歷史書籍、應用程式及航空公司廣告都有地圖，地圖測試是衡量關心留意的標準——以及如同詩人約翰・西爾第（John Ciardi）說的：「我們專心致志地做什麼，就會

變成什麼。」[245]

關心留意，或許是描述驅動所得相關性的理想解釋。最可靠的衡量方法，就是既不會太難，也不會太容易的綜合性一般知識問題。一般知識得分低的人，可能不太關心外在世界，而得分高的人可能從同樣的世界吸收很多，構成廣泛（即使淺層）的背景知識。

例如，一組拼字問題或許不太能提供什麼訊息。知道如何拼出「prerogative」，和知道如何拼出「consensus」及「supersede」有強烈相關。[246]基本上，這些都是同一組人，知道該怎麼樣拼出常被拼錯的字。但是，當然也有許多不會拼的聰明人，而且有些人甚至相當博學多聞。因此，一組重點集中的問題——集中於拼字或任何其他範圍狹隘的主題，充當所得的預測因子，就比較不可能達到統計顯著性。

簡單問題似乎是比困難問題更好的預測因子。我製作一張散布圖，顯示一般知識與專業知識的測驗表現。每一個黑點代表一次調查，橫軸顯示的是調查的困難程度，以正確回答問題的平均比率而定；縱軸顯示的則是得分最高者相對於得分最低者的所得優勢。依照慣例，我們觀察三十五歲、受過四年大學教育且所有題目都答對的人，與三十五歲、受過四年大學教育但所有題目答錯的人，預測兩者的所得差距。

例如，地圖測試的題目包括相當容易辨認的國家，如俄羅斯、日本及土耳其，平均成績為七六％（右上方的點）。這項測驗的表現是不錯的所得預測因子，[247]得高分者據報每年家戶所得比得分低者多約七萬一千美元。

圖表的下方中間靠左，是取材自電視節目《危險邊緣》中頗有難度的十題題組做調查。（我將問題改寫，以免看似能

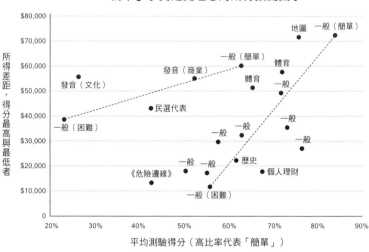

「簡單」事實是更理想的所得預測因子

由答案反推問題。）《危險邊緣》的問題較難，平均成績只有四三％的人答對——所得差距也較少：一年一萬三千美元。

難度和所得差距的關聯肯定有雜訊，但是點狀雲大致從左下方延伸到右上方，意味著問題愈簡單，與所得的關聯就愈強。

為了測試這個想法，我送出幾份有連結的調查。隨機群組裡的所有人要回答一組「簡單」問題和一組「困難」問題，主題類型完全相同。這種方法排除了大部分的變數，所得、教育及其他人口統計結構等分配，在樣本中依然維持不變，唯一的變數是問題的難易度。

圖表中的虛線將同一組參與者的調查加以連結，兩條線都向上傾斜。對這兩個隨機群組來說，比較簡單的題組和所得差異的關係大於比較困難的題組。（困難題組的調查結果在中間

下方以空心點表示，因為沒有統計顯著性。[248]兩份簡單的調查及另一份困難的調查，則非常顯著。）[249]

在益智競賽節目中，回答困難的測驗題比簡單的問題更值錢。真實人生似乎不同，知道眾所周知的事有實際優勢，但是超出這個範圍，報酬就會遞減。

另一個思考角度是，**不知道**廣為人知的事實不利所得。一個不知道史波尼克衛星（Sputnik）或歐內斯特・海明威（Ernest Hemingway）的大學生（這是一般知識調查「簡單」題組的其中兩題），未能從所受的教育獲得太多，也缺乏大多數同輩畢業生具有的文化素養水準。

但是，知道與工作無關、又鮮為人知的事實，也沒有太多的獎勵。我並不是在質疑專精**某件事**的價值。各行各業都必須如此，但那不是我的調查企圖衡量或能夠衡量的。重點反而是在最廣義的通才教育價值，以及最重要的關心留意之價值。

棋藝大師的直覺

知識和所得的關聯，引來對成因的質疑。有沒有可能是知識加強心智能力？這個問題被拿來與棋賽一起進行研究。

知名導演史丹利・庫柏力克（Stanley Kubrick）有好幾年都在紐約市的公園賭棋。他一天花費高達十二小時在下棋，一週賺取約二十美元。庫柏力克後來解釋：

> 下棋是一種類比。[250]那是一次走一步的一連串步驟，協調平衡資源來解決問題，就下棋而言是時間，而在電影是時間和金錢……你坐在棋盤後面，突然間心跳

不已，你的手顫抖著拿起棋子移動。但下棋教你的是，你必須穩如泰山，思考這究竟是不是妙招，以及是不是還有更好的一步。

西洋棋出現在庫柏力克的好幾部電影之中。《二○○一太空漫遊》（2001: A Space Odyssey）中一個太空人和殺人電腦HAL的棋賽，是取材自一九一○年奧圖・羅許（Otto Roesch）和威利・施拉格（Willi Schlag）在漢堡的對決。太空人認輸，HAL譏諷道：「謝謝你這一盤非常愉快的棋局。」

西洋棋在人工智慧史扮演重要的角色，從電腦世代初露曙光起，就被當成人類專長的模型。下棋是一門規則簡單的困難遊戲，規則很容易編碼，而專業知識則不然，知道規則並不能讓人（更別說演算法）成為下棋高手。知道西洋棋歷史、西洋棋小知識，或是記住幾個知名的棋局對弈，也不能讓人成為高手。有什麼是棋藝高手知道，而棋藝欠佳的人並不知道的？棋力高下是一個人與生俱來的天分，還是可以透過長期練習而獲得的技巧？這些問題從棋賽出現起就吸引下棋的人，以及心理學家和電腦科學家。

荷蘭棋藝大師阿德里安・德葛魯特（Adriaan de Groot），曾代表荷蘭參加國際西洋棋奧林匹亞比賽（Chess Olympiads）。本身也是心理學家的他請西洋棋專家和新手記錄自己的思考流程，結果意外發現兩者並沒有太多明顯的差異。你可能認為，高手棋士會比初學者看得更長遠，或是評估更多可能的棋路，但是並沒有。高手的直覺更敏銳，花費更多時間分析可行的走法，少花時間分析差勁的棋路，而初學者正好相反。偉大棋士的心智具有更有效率的編碼，而不是更快速的處理器。

　　德葛魯特最為人知的是一項特別實驗。他讓棋手觀看根據實際比賽布局的棋盤五秒鐘，在短暫的觀看時間後，要求棋手按照記憶將棋局復盤。

　　高手棋士的復盤好得令人不敢置信，他們以將近一〇〇％的準確度重複每一子的準確位置；而棋力差的棋士則是束手無策，通常準確率還不到二〇％。

　　接著，德葛魯特為這個實驗做了一個重大的變化。他隨機讓棋手觀看棋局——棋子的布局隨意擺放，是棋賽實戰中並未出現或不太可能出現的。這一次高手的表現並未比新手好，所有人費盡九牛二虎之力才勉強記下五、六子的位置。

　　優秀的棋手只是比較善於記住**實際**的棋盤布局，靠著辨認從前見過的棋譜——開局讓棋、犧牲及策略。人工智慧先驅赫伯特・賽門（Herbert Simon）重複德葛魯特的實驗，主張優秀的棋士能將棋局分類成「意元集組」（chunk），[251] 有助於記憶。

　　這種策略不限於下棋，剛入門的賞鳥人只會看到一團模糊的顏色和羽毛，無法將看到的鳥加以分類；他不知道哪一些特色可供判斷，哪一些又是無關緊要的。新手辛辛苦苦記住關於鳥類的一切——不可能的任務，以便查閱野外指南；專家則立刻就能辨認出一隻未長成的雌叢鴉，也只需要記住這個分類。概略來看，這樣的分析適用於任何需要深思熟慮與想像的事——經營事業或跑馬拉松、設計應用程式或籌劃一場婚禮、理解一個受驚嚇的小孩或一場TED演說。藉由辨認熟悉的模式，我們就能理解複雜的整體。

　　沒有人說，記住棋局的能力是高手棋士唯一的特點。這種能力是必須的，但是並不充分。就像庫柏力克說的，下棋是一種機會成本的遊戲。總結出一招棋路是好招並不夠。高手必須

不停追問：還有更好的一步嗎？批判性思考是最重要的，但是記憶奠定基礎：一個必須時時回頭觀看棋盤才能想起棋子**此刻**所在的棋士，在衡量選項時將會有嚴重的障礙。

我們自然會問，透過長久練習而取得分類與記誦棋盤的能力，是否能構成知識、技巧或天賦？或許最好的答案是，問題問錯了。**知識、技巧**及**天分**是我們編造的標籤，用來描述沒有深刻理解的心智過程，它們或許和認知實況（cognitive ground truth）並沒有太大的關係。

下棋往往會被誇大為邏輯的象徵，因此是適合深思（Deep Thought）、HAL，以及其他無靈魂實體的領域。但是，如果當成人類玩的遊戲，西洋棋也是一種直覺和無意識的鍛鍊。高明的棋士學會辨認棋局進行中棋盤布局的能力。邏輯與此完全無關：更像是在人群中辨認出一張熟悉的臉。沒有人天生知道西洋棋的內在技巧。棋藝大師獲得直覺的方法，是靠著學習許多的「事實」，並且知曉這些事實如何放入全局。學習事實是我們建立直覺的一種方法，而這些又是所謂技巧與天分的基礎。

靈光乍現的立可白

一九五〇年代初期，貝蒂・奈史密斯・葛蘭姆（Bette Nesmith Graham）是一個離婚的單親媽媽，在德州信託銀行（Texas Bank and Trust）擔任祕書。銀行才剛在辦公室安裝IBM電動打字機Selectric。這些打字機有一個大缺點；它用的碳膜色帶打出來的字清楚分明，無法消除，只要有一個錯誤就代表整張紙得重打一次。

長官是男性，對此並不在意。女性勞工廉價，以至於葛蘭

姆為了貼補微薄的收入，只好幫銀行的窗戶繪製一些耶誕節的裝飾。這個工作讓她想起曾經學過的東西：畫家在出錯時會選擇覆蓋，而不是擦拭消除。

就這樣讓葛蘭姆靈光乍現，赫然發現可以塗抹打字錯誤的地方，而不用擦拭消除。她用攪拌器混合白色蛋彩顏料，而後裝進小瓶子裡。每當打錯字時，就用一個刷子塗抹在紙上，等待幾秒鐘讓它變乾，再打字覆蓋。這個發明以「立可白」（Liquid Paper）的名稱銷售，[252] 成為類比時代末期最暢銷的辦公室用品之一。一九七九年，葛蘭姆以四千七百五十萬美元將公司出售給吉列（Gillette）。

「想像比知識更重要。」[253] 愛因斯坦在一九三一年寫下這段話。但是，如果說知識鞏固想像也沒錯。我們稱為想像的，通常需要將兩個事實加以連結。例如，看到畫家的解決辦法和打字員的問題有關。愛因斯坦對於一門沒有實用價值的數學頗感興趣，就是波恩哈德·黎曼（Bernhard Riemann）的非歐幾何（non-Euclidean geometry）。物理學家不會研究黎曼，因為他的研究成果和物理學無關。愛因斯坦最偉大的靈光乍現，就是赫然發現黎曼的幾何學可以當成新重力理論的基礎，在這個理論中物質會扭曲空間與時間。

類似這樣的例子裡，知識和想像緊密相連。有一代物理學家努力研究新的重力理論，還有一小群數學家知道黎曼的成果，而愛因斯坦就落在這兩個圈子的交集，可能再也沒有其他人了。

這種現象還有許多的例子。[254] 達爾文和阿爾弗雷德·羅素·華萊士（Alfred Russel Wallace）都對物種起源感興趣，兩個人都看了一本關於貧窮起源主題的書籍，也就是湯瑪斯·

馬爾薩斯（Thomas Malthus）的《人口論》（*An Essay on the Principle of Population*），他們也做出同樣的連結，想到相似的天擇理論。

古典音樂家阿倫・柯普蘭（Aaron Copland）懂得美國民俗音樂，也知曉荀貝格（Schoenberg）的十二音列；畢卡索是最早一批受古典訓練，又研究非洲雕像的歐洲藝術家；馬克・祖克柏（Mark Zuckerberg）懂得程式編碼，也知道有多少哈佛學生使用印刷版的學生通訊錄「相片名錄」（face book）。

我們的人生和事業都會遭遇問題，無論輕重大小，「不相關的」知識可能是類比、靈感及解決辦法的來源。

學習改變了大腦結構

學習所改變的不只是思考習慣，還有大腦的結構。根據推測，倫敦計程車司機所學的分散不連貫事實，比其他產業的從業者來得多。這個職業因此引起神經科學家的注意。他們指出，後側海馬回，[255]也就是大腦主管創造新長期記憶的地方，在為司機知識大全的考試用功期間會變大，而且會一直比非倫敦計程車司機的人更大。

《自然神經科學》（*Nature Neuroscience*）於二〇一五年的一份報告發現，父母受過良好教育且生活富裕的小孩，皮質區會比父母教育程度差、也較不富裕的孩子來得大。皮質層的差異，在大腦中和語言、閱讀及決策有關的區域尤其明顯。這項研究並未直接說明原因，但是理由卻不難發現。「金錢可以買到更好的教育、在距離高速公路更遠的區域買到住屋。」[256]首席研究人員伊麗莎白・索威爾（Elizabeth Sowell）說：「金錢

也可以買到吉他課、可以買到課後輔導。」學吉他的行為可以導致更發達的心智和其他優勢，即使這些人並不打算成為職業吉他手。

對於廣博的事實知識與所得之間的關聯，有一個可能的解釋是，學習能改善認知能力，而這幾乎對做什麼事都有幫助，包括事業。學習導致大腦功能更優異，進而促成所得更高。

沒有人會說共乘應用程式和賽格威（Segway）電動平衡車導致走路被淘汰。人類身體要運作，運動鍛鍊有其必要，至於是否也需要從A地到B地則不相干。我們的大腦需要學習的過程，才能以最高效能運作，這一點並不會因為事實可以在其他的地方查詢而改變。

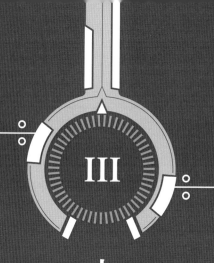

III

文化盲社會的致勝策略

16 標籤、保單與其他設計出來的無知

　　我們生活在一個達克效應的世界裡，大眾沒有意識到自己的無知是不可改變的事實，這是設計師、行銷人員及傳播者需要納入考量的事實。就說漢堡吧！你看到了：一疊三條圓潤的長條（「肉餅」），就像麥當勞漢堡大學（Hamburger U）的大麥克組裝圖解。這個漢堡是一個圖示，用來叫出功能選單或導覽列。發明漢堡符號是為了因應早期智慧型手機狹窄擁擠的螢幕，後來卻變得十分普遍，還轉移到桌上型電腦螢幕，這是全球標準。此外，漢堡符號對許多人來說是一個「神祕的肉」（mystery meat），[257] 網頁設計師艾瑞克・莫布利（Eric Mobley）如是說。新手使用者說不定還不認得這個漢堡是一個圖示符號。隱約的古典對稱性，代表裝飾性的項目符號。

　　漢堡屬於一個不斷演變、充斥於現實世界與虛擬世界的視覺語言。這種語言的根源，在於二十世紀設計學院的烏托邦思想。乾淨現代的圖形，將在未來以視覺為導向的多重文化世界中取代文字。

　　這股風潮的例證就是，美國平面設計協會（American Institute of Graphic Arts, AIGA）和美國運輸部，於一九七四年公布一套設計用於機場與火車站的圖示符號，其中包括熟悉的禁止吸菸符號，以及用渾圓頭型代表的男女廁象徵符號。只要能理解以部分代表全體的提喻法概念（衣架是指衣帽間；馬丁尼杯則是指酒吧），許多美國平面設計協會的圖示是清晰易懂的模範。

　　在美國平面設計協會努力的同時，全錄帕羅奧圖研究中心（Xerox PARC）的工程師，也在研發第一個使用圖示，而非鍵盤輸入指令的電腦介面。全錄的設計師受人體工學研究影響，認為使用者對圖片的理解優於文字，這個概念在一九八〇年代隨著蘋果麥金塔電腦而商業化。

　　在現今小螢幕當道的世界，精細圖示的空間更少了，應用程式設計者更偏好簡單、有時隱密的象形圖，這種原理是假設使用者會在實驗中了解圖示的運作。

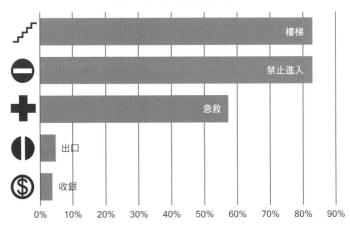

有多少人認得這些機場圖示？

我在一項調查中重現幾種標準圖示，看看有多少人會認得。我猜想漢堡圖示會難倒一些人，果然如此，但是我沒料到有一些機場圖示的辨識率會那麼差。

只有五％的人能正確指認美國平面設計協會的「出口」符號，不到四％的人認得圓圈中有美元記號是「收銀」的符號。這個圖示在選擇題的其他選項有「自動櫃員機」、「銀行」、「外幣兌換」及「昂貴」，最多人猜的是「外幣兌換」（有三五％的人選）。

我的樣本也不認得網頁設計人員以為舉世皆知的圖示，四分之一的受訪者不知道 Wi-Fi（無線網路）符號，而漢堡符號也難倒將近一半的人。（一如往例，樣本中的所有人都是電腦和網路使用者。就這一點來說，他們理應比整體美國民眾更有數位理解力。）

代表「搜尋」的放大鏡符號得分也很差（五二％的辨識

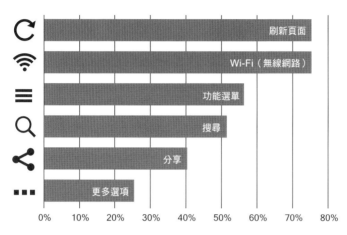

有多少人認得這些行動裝置圖示？

率）。這個符號取自文學典故，源於亞瑟・柯南・道爾（Arthur Conan Doyle）的夏洛克・福爾摩斯（Sherlock Holmes）。儘管不斷有電影和電視節目播出，但許多智慧型手機使用者可能對這個角色還是不熟悉。另一個問題則是，放大鏡符號也用在繪圖軟體，代表「拉近」與「拉遠」。這種模稜兩可在這裡是一個重大的影響要素，因為「放大」是第二多人選的選項（占三六％）。

　　最少人認得的圖示是省略號——三個點代表「點選此處以取得更多選項」，幾乎不到四分之一的人能選出正確意思。事實上，省略號與漢堡符號通常可以互換，至少漢堡符號看起來像是選項清單列表，而省略號象徵符號則是讓人想到標點符號——對數位原住民（digital natives）未必就是最適合的。

　　圖示符號是工具，幫助使用者完成他們想做的事情。如果一般人不能理解，不及格的是設計者，而非使用者。設計人員

必須知道使用者有哪些不懂（即便使用者本身並未意識到），並且將這些納入設計的考量。應用程式設計者的補救辦法比創造現實世界招牌告示的人多。應用程式可以知道使用者究竟是新手，還是高階使用者，也可以知道使用者的年齡。我的調查果一如預期顯示，年輕人遠比老年人更可能認出那些圖示。[258] 應用程式可以為圖示標注文字，提供給可能有需要的使用者，在使用者有經驗之後再取消標注。

我們看懂標示了嗎？

食品與製藥公司也應該留意大眾的無知。《內科醫學年鑑》（*Annals of Internal Medicine*）在二〇〇六年有一項研究，[259] 請成年患者描述他們如何根據標籤使用五種常見的處方藥。嚴重錯誤俯拾皆是，而且通常是各種不同的達克效應。誤解標籤的人以為自己完全理解，而錯誤大多可歸為兩點：搞砸了簡單的數學，以及混淆簡單的計量單位。

再要求解釋「口服一茶匙，每日三次」的說明，許多人會用「湯匙」取代

營養標示	
每分量	1/2 杯
每包裝份數	4

每份含量	
卡路里　250	脂肪熱量　120

	每日參考值百分比（％）
總脂肪含量 13g	20%
飽和脂肪 9g	40%
膽固醇 28mg	12%
鈉 55mg	2%
總碳水化合物 30g	12%
膳食纖維 2g	
糖 23g	
蛋白質 4g	8%

* 每日參考值百分比（Percentage Dily Values, DV）是以飲食熱量 2,000 卡路里為根據。每日參考值因個人熱量需求不同可增減。

成分：奶油、脫脂牛奶、糖漿、水、蛋黃、紅糖、乳脂、花生油、糖、奶油、鹽、卡拉膠、香草精。

「茶匙」，這種混淆占了全部錯誤超過一半以上。

甚至那些能夠逐字背誦「口服兩錠，每日兩次」標籤說明的人，也有三分之一還是未能正確算出每日應該攝取的錠數（四錠）。

標籤沒有提供的資訊

我進行調查，測試大眾對標籤的理解，包括冰淇淋的營養成分標示（見前一頁）。大多數知道「g」代表「公克」，「Sat Fat」代表「飽和脂肪」——不好的那一種。但是，許多人卻無法實際應用營養標示上的資訊。當問題需要用到數學或邏輯推理時，得分就會下滑。

營養標示最重要的數字是每包裝份量。班傑利（Ben & Jerry's）冰淇淋是一品脫裝，哈根達斯（Häagen-Dazs）本來也是，但是在二〇〇九年縮減為十四盎司。對於許多人來說，這其實等於單次分量裝。標籤說一份是半杯，而包裝內有四份。

美國正在研究未來的食品標籤法規，要求標示更切實的分量大小。說比做容易，因為有一股誘惑讓人想要囫圇吞下一盒，無論那一盒有多大。哈根達斯的容器縮小，可能幫了許多顧客大忙。

調查中關於冰淇淋營養標示的一個問題是：「如果你吃了一整盒，那是多少卡路里？」一六％的人給了錯誤的答案，而錯誤答案中大多錯得離譜。另一個問題則是：「假設你正在進行低碳飲食，一份點心只能有十五公克的碳水化合物，那麼你能吃多少這個冰淇淋？」有三分之一的受訪者答錯。「假設你對盤尼西林、乳膠手套、花生及蜂螫過敏，吃這個冰淇淋安全

嗎？」答案是「不安全」，因為標籤列出花生油是成分之一，有一一％的人答錯。

我詢問受訪者包含常見警語「避免飲酒」的藥品標籤。這個簡潔的指示意思是「服用該藥品時，不可飲用任何含酒精飲料」，但是有一一％的人覺得「避免飲酒」容許彈性空間，他們錯誤地解釋為「喝個一、兩杯沒關係，只要不開車或操作機械」、「服用該藥品時，不可飲酒過量」，或是坦承自己不知道這項指示是什麼意思。

一連串的副作用則是另一個疑惑混淆的雷區。我們都看過處方藥的廣告——海灘上的快樂夫妻，與孩子及小狗同樂，不過旁白卻低沉地碎念著駭人的可能性，而使用說明書也有類似的揭露聲明。

現在的使用說明書是一種法律文件，而不是醫學文件。[260] 以保護消費者之名，美國法律要求製藥公司公布測試新藥時出現的任何「暫時性相關症狀」；也就是使用藥品期間或之後不久，任何人會發生的任何事。副作用必須詳列清楚，即使服用安慰劑，而非藥品的控制組，提出的報告也一樣多或是更多。

法令如此規定，是犧牲了相關性、因果關係及常識，這其中有一套基本理念。法律其實承認，測試新藥是拿很多的錢冒險，醫生和製藥公司有金錢誘因要淡化副作用，而披露所有可能的副作用是邁向透明化的一步。

但是，透明化本身也有副作用。唯有在一般人能夠利用聲明做出更好的決定時，揭露聲明才有價值。可惜在遇到後果可怕，但風險又小又難以衡量時，人們就會優柔寡斷。總會有人不服用對自己有幫助的抗憂鬱劑，因為自殺也在副作用之列。要做出任何有理有據的決定，需要懂得機率。自殺的機率是十

分之一⋯⋯還是億分之一？因為服用安慰劑那一組的自殺率較高，所以用藥真的比不用藥的機率低嗎？標籤並沒有提供這些資訊。

使用說明書也為反疫苗運動推波助瀾，反對疫苗者呼籲家長要研究麻疹、腮腺炎及德國麻疹混合疫苗（measles, mumps, and rubella; MMR）的說明書，上面列出的可能副作用確實有自閉症，但是並非因為運動鬥士宣稱的原因。建議接種疫苗的年齡，正好是最有可能診斷出自閉症的年齡，這使得自閉症成為沒有因果關係的「暫時性相關症狀」。沒有列在標籤上的事實是，麻疹一年依然造成約十四萬五千人死亡，[261] 幾乎全部都是未接種疫苗的開發中國家兒童。

這個世界需要更清楚的說明

「如果五部機器製造五個小裝置需要五分鐘，一百部機器製造一百個小裝置需要多少時間？」[262]

這一題腦筋急轉彎出現在認知反射測驗（Cognitive Reflection Test），由當時的麻省理工學院行銷學教授夏恩・佛德瑞克（Shane Frederick）於二〇〇五年發表。佛德瑞克發現，包括知名大學學生在內，大部分的人都答錯。正常來說，這並不是什麼難題，這個問題及佛德瑞克測驗的其他問題，難就難在會令人冒出衝動的答案。這個問題的用字前後幾乎完全相似，就是要確保腦海會冒出「一百分鐘」。許多人就順從最初的衝動⋯⋯而在這個情況下是錯的。正確答案是五分鐘。一部機器製造一個小裝置要五分鐘，更多機器就意味著更多的小裝置，但還是五分鐘製造一個。

許多藥物標籤的說明也像這樣令人疑惑混淆。和一個人說「一天兩次兩錠」，然後問「你一天應該吃多少錠？」衝動下的答案是「兩錠」，這是在調查中常見的錯誤答案。

佛德瑞克的研究並沒有帶給我們多少希望，無法指望更好的教育能夠解決。麻省理工學院的學生接受優秀的教育，包括兩學期的微積分[263]……但是他們之中有許多人在這個小裝置算術題的表現極差。唯一實際可行的補救辦法，就是避免造成認知困難的藥物說明，只要遵循幾個簡單的指導方針就能實現這一點：

- 即便是簡單算術也降到最低。只要可行的話，一劑應該做成一錠。
- 避免模稜兩可。在英國，「避免飲酒」的表達方式會改成「服用該藥物時，請勿飲用酒精。」[264]這樣就沒有找藉口的空間了。

充斥行話的保單文件

《保健經濟學期刊》（*Journal of Health Economics*）上有一個研究發現，保險保單中的行話有很多都超出大眾的理解程度。我並不是說保單文件上徹頭徹尾的法律術語（這個沒有人懂！），而是普通的重要詞彙，例如：**自付額**（deductible）。

以喬治・羅文斯坦（George Loewenstein）為首的研究人員，調查對**自付額**、**部分負擔**（copayment）、**共同保險**（co-insurance），以及**最高自費額**（maximum out-of-pocket limit）等名詞的認識。理解率介於**自付額**的七八％到**共同保險**的三四％之間。[265]

　　這四個名詞組合起來就像運作順暢的魯比‧高堡（Rube Goldberg）機器。除非四個名詞全都了解，否則你不會知道去看一次醫生，或是動一次手術要付多少錢。另外一組調查問題更強化這一點，拿簡化版保險保單的用語，請參與者計算一些常見手術的自費支出。只有四〇％的人能正確判斷進一次急診室的費用，即使醫院收費和保單條款就放在他們面前。

　　消費者頂多就是了解，醫療保險行話是一堆含糊其詞的字眼，讓保險業者可以用來迴避理賠。但是，半帶嘲諷的心態無助於個人健康的決策，你必須知道要花多少錢才能判斷使用急救醫療中心（urgent-care center），而不用急診；或是找簽約醫生，而不找別人大力推薦的非簽約醫生，這些相當重要。

　　達克效應也在這裡浮現。有九三％的人表示，他們知道**最高自費額**的意思，但是只有五五％的人正確回答出相關問題（其中必定包含一些僥倖猜中的）。

　　線上保險公司 eHealth 在二〇〇八年的報告指出，一般大眾更認不出醫療保健的首字母縮略字。只有三六％的人說得出HMO是什麼，而辨識率更低的還有PPO（占二〇％）與HSA（占一一％）。該公司的研究還發現，只有一半的民眾知道自己的每月保費是多少。

　　類似自付額和部分負擔等觀念並不像夸克與輕子——難以理解，卻是宇宙的基礎，只是保險公司捏造出來的胡言亂語。行話有兩個目的：一個是提供必要的誘因引導保險體系，讓保戶承擔部分支出，可以嚇阻不必要的看診和手術，這些會使得所有人的保費升高。

　　行話的另外一個理由是，阻止消費者四處比價，沒有一家公司會樂意在價格或服務做競爭。健康醫療保障範圍複雜又

環環相扣的表達方式，讓一般消費者很難計算費用，或是判斷一張保單是否會比另外一張來得好，那是成立平價醫療法案（Affordable Care Act）保險交易的動機之一。但是，艱澀的用字依舊存在，而且幣值單位含糊不清，消費者更傾向於繼續在原來的保險公司投保。

行為經濟學家表示，購買保險的人最常見的錯誤就是挑選的自付額太低。保險客戶不喜歡自付額，因為這是在保險項目生效之前必須自掏腰包的金額，但是他們將這種不喜歡放大到不理性的極端。研究顯示，有些人願意額外付出**超過**兩百五十美元的保費，只為了將保險自付額減少兩百五十美元，[266]這就像是在用超過一個全新設備所需的費用，購買延長保固。

大可不必如此，保險業者可以放棄含糊其詞的用字，並且以適當的高保費同意一〇〇％理賠護創膠布與阿斯匹靈之外的所有醫療支出。這不見得是不可行的，現在就有奢華版的個人規劃可以做到。

羅文斯坦的團隊提出一個巧妙但簡單的替代方案，根據部分負擔設計保單。部分負擔是消費者每一次特定類型看診、手術或開立處方藥時支付的固定費用，不管自付額多少。調查中，一〇〇％都**聲稱**他們知道部分負擔是什麼，而且真是萬幸，有多達七二％的人確實知道。

根據現行制度，部分負擔通常不多，因為消費者也要支付共同保險（申報項目費用的一定比率），萬一不符合自付額，可能就要支付全部費用。若是只有部分負擔的制度，部分負擔就會比目前一般情況來得高，但是消費者會**明確**知道各項的費用。例如，進一次急診室的部分負擔可能是三百美元，而一般門診可能是五十美元。這樣一來，就能做出明智決定，究竟要

不要看急診。

　　有些保險公司已經在研究徹底簡化的保單；事實上，羅文斯坦的研究即是由保險業者哈門那（Humana）贊助。這些公司似乎終於明白：配合消費者不完整的知識量身打造產品，要比進行大規模教育活動來得容易（反正無知刻度表的指針也不太可能動得了）。

廚房裡的災難，可能來自一支量匙

　　要找一個達克效應的好例子，不妨看看烹飪與家務管理等實用知識。所有人對這些知道得都不多，而真正資訊錯誤的人通常不知道自己的資訊錯得有多麼離譜。我詢問一組調查樣本，一顆蛋煮到熟透要多少時間？[267] 超過三分之二的人未能說出一個差不多的答案（九到十三分鐘）。

　　當然，答案要看你是將蛋放進冷水，還是已經沸騰的水裡。無論是哪一種，沸騰的高溫要將一顆蛋的蛋黃徹底煮熟，需要約十一分鐘；把蛋放在冷水裡，並加計水煮沸的時間，可能就要花費二十分鐘。但是，三分之一的樣本認為不用六分鐘的時間，就可以煮熟一顆蛋。

　　另外一個問題則是詢問：一片一英寸厚的牛排烤到兩面五分熟需要多少時間？五分鐘應該是合理的答案。絕大多數的人同樣給了不合理的答案。牛排和蛋一樣，低於合理答案的猜測比超出合理範圍的猜測來得多，或許是大量使用微波爐的經驗所形成的預期？

　　列舉麵包的成分。[268] 這一題有十一個選項，裡面有麵粉、水及酵母 —— 沒有酵母要做出像麵包的東西是艱鉅的任務。

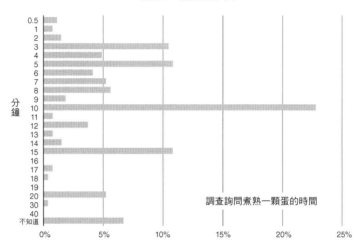

煮熟一顆蛋要多久？

分鐘

調查詢問煮熟一顆蛋的時間

八％的人認為不用麵粉就可以做出麵包；同樣比率的人忽略了酵母，還有二六％的人遺漏了水。

所有人都聽過，只能在有Ｒ的月分吃生蠔，還是沒有Ｒ的月分？將近一半的人說不知道，只有三○％的人選了正確答案，是**有**Ｒ的月分。經驗法則略過了從五月到八月這四個天氣炎熱的月分，貝類動物在這一段期間內可能累積了赤潮帶來的毒素。

吃生蠔的是經濟寬裕的人，知道這項法則和不知道的人，所得差距為兩萬四千美元。[269]

我們聽說美國廚師從來不用公制，因為他們無法分辨公克與毫升。結果你知道嗎？他們也無法分辨茶匙和湯匙。

我詢問一組全國性樣本，一湯匙有幾茶匙。將近一半（四九％）的人說出正確答案——三。[270]

問到一液量盎司（fluid ounce）有幾湯匙，只有二四％的

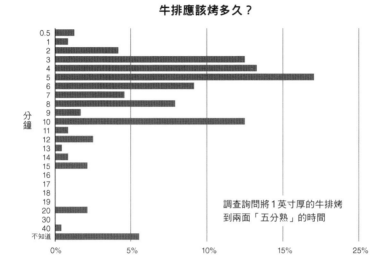

牛排應該烤多久？

調查詢問將 1 英寸厚的牛排烤到兩面「五分熟」的時間

人答對（兩湯匙＝一盎司），而回答的答案從一到十六都有。知識和性別、年齡、教育或所得沒有相關性。

　　我們都知道「差勁的」廚師信誓旦旦地說，他們都是逐字逐句按照食譜。我很好奇有多少烹飪失敗，可以追溯到量匙的混淆不清。

無知有時出於人為

　　二乘四是多大？我詢問一組調查樣本，這個常見的木材尺寸是正好二英寸乘以四英寸、小於二英寸乘以四英寸，還是大於二英寸乘以四英寸。心靈手巧的人都知道是比字面上的尺寸更薄、更窄，是一・五英寸乘以三・五英寸。

　　四三％的樣本把這個問題當成「誰埋在格蘭特將軍墓（Grant's Tomb）裡？」（譯注：格蘭特為美國軍事家、政治家

及總統，他的石棺放置在地面之上，而非埋在地下）之類的例子，他們說二乘四就是二英寸乘以四英寸，只有三八％的人說「小於」，而一四％的人則說「大於」。

在室內燈光修繕工具的相關問題，樣本的表現較佳。[271] 拿出螺絲釘的圖片，九一％的人說得出需要哪一種螺絲起子（十字頭），而六八％的人可以認出圖片中的活動扳手。

我詢問兩個有關汽車的問題。一個是如何啟動手排車。手動變速車正瀕臨滅絕，約占美國銷售汽車的五％。[272] 因此，令人驚奇的是，竟然有六一％的人答對這一題，選了「踩下離合器踏板，同時轉動啟動裝置」。

再來的這個汽車問題，我認為比較容易：「汽車的機油應該多久更換？」這是選擇題，提供的選項從「每五百英里」到「每二十萬英里」。迄今最多人選的答案是「每三千英里」，有三八％的人選。[273]

機油應該每三千英里更換是**過去**的經驗法則，每台電腦需要兩個軟式磁碟機也是以前的經驗法則。過去三十年，機油和汽車都有進步，大幅增加服務間隔時間。大部分汽車製造商建議更換機油的間隔，是七千五百英里或一萬英里[274]（或是參照儀表板上，根據使用情況計算建議間隔時間的監控系

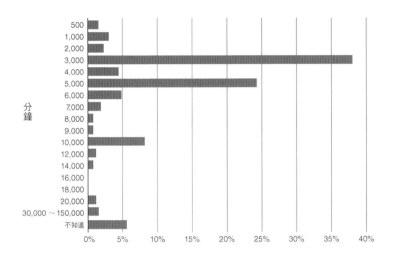

汽車的機油應該多久更換？

統）。最受歡迎的機油之一——美孚一號（Mobil 1 Extended Performance）則是保證一萬五千英里。

　　如果調查結果透露出任何行為的蛛絲馬跡，就是消費者更換機油的速度是必要情況的兩、三倍。不但白白浪費數十億美元，更是白費幾噸的機油，為水路航道與野生生物造成不必要的負擔。

　　無知不是恰巧發生的，有時候出於人為。三千英里的信條是可供人牟利的騙局，這在業界是公開的祕密。看看捷飛絡（Jiffy Lube）和華孚蘭（Valvoline）的所有通路。現在想像有一個世界，所有人都知道車輛每行駛一萬英里要更換機油，而不是三千英里，那些更換機油的地方有三分之二會消失。

　　產業刊物《全國機油與潤滑油消息》（National Oil and Lube News）充斥著各種建議，說服顧客盡早且頻繁地更換機油。

「許多人……知道什麼時候該換機油，但卻不太留意。使用車窗紙即可善加利用這一點，顧客就會在短短數個月後回頭找你了。」換句話說，就算是那些知道每一萬英里才要更換機油的少數人，也有可能不記得上一次更換是什麼時候，他們也是遵照車窗紙或電子郵件提醒。

這份刊物不久前提供車窗紙的建議訊息：

> 嘶……這是你的引擎在說話。麻煩幫我換機油。[275]
> 不要等燈亮了，現在就換。
> 現在換機油，總比以後換新車便宜。
> 你的太太打電話來……別忘了今天要換機油。
> 尿布和政治人物應該時時更換……理由相同。

前汽車服務顧問大衛・蘭吉斯（David Langness）稱三千英里法則是「商人用來讓你定期到服務中心的行銷手法。[276]除非你週末要去飆車，否則並不需要。」

了解更換機油的真相並不難，汽車的使用手冊即已載明。不然，Google「應該多久更換一次機油？」就會發現許多不錯的資訊，甚至維基百科有一個條目就是「三千英里迷思」（3,000 Mile Myth），當然還會有許多的宣傳廣告就是了。重點是，除非你已經知道自己不知曉答案，否則不會提出問題。在我的調查中，不到六％的人選擇「不知道」，比起煮蛋與烤牛排問題坦承無知的人數只是九牛一毛。

考倒一五％人的居家智慧

　　這不是笑話：你知道要怎麼樣轉緊燈泡嗎？我的
樣本中有一五％的人不知道。問題問的是從哪一個方
向轉動燈泡，能將燈泡旋入空的燈座（正確答案是順
時鐘方向）。

17 破解長輩文、假新聞與網路謠言

　　聽過新聞諧仿網站《洋蔥》（*The Onion*）吧！《洋蔥》付錢找來才華洋溢的寫手，製造往往令人拍案叫絕的假新聞。你可能沒聽過《醋栗日報》（*The Daily Currant*）、《全球聯合新聞》（*Global Associated News*）、《大眾媒體》（*Mediamass*）或《國家報導》（*National Report*），它們全部都是在模仿《洋蔥》，在業界以惡搞模仿網站聞名，業務規劃自然不同。這些網站的內容大多是由讀者產生，也不搞笑，而是樂於一本正經地惡作劇，因此不斷冒出虛假卻不容易讓人看出是諷刺的「新聞」。惡搞網站的文章經常被轉貼到臉書上。不時就會有一篇引起幾千筆轉載，並不是因為讀者認為有趣，而是他們以為是**真的**。

　　「演員亞當・山德勒（Adam Sandler）據傳今日稍早在一場滑雪意外後不久身亡。」[277]《全球聯合新聞》最近的一篇新聞這麼說。《洋蔥》會巧妙地反轉新聞寫作的陳腔濫調，但《全球聯合新聞》卻只是藉由新聞文體當成分享謊言的偽裝。「山德勒在意外當時頭戴安全帽，他的死亡看不出和藥品與酒精有關。」報導如此總結道。山德勒誤傳死訊被轉推

四千七百六十六次，並在臉書累積七萬七千個「讚」，或許這才是預期中的笑點。

《全球聯合新聞》特別擅長捏造名人死訊。與該網站同樣殘忍嗜血的還有《大眾媒體》，以反駁真正的名流訃聞，並宣稱訃聞為騙局而聞名。

這些網站玩弄新聞工作準則，讓人幾乎不可能迅速判斷一個稍有名氣的人到底是不是過世了。當一篇報導說外星人降落在白宮草坪，卻沒有其他人報導時，你就知道這是假的。當有一個消息來源說一九九〇年代一齣情境喜劇的明星過世時，這個說法卻很容易讓人相信，即使還沒有更大、更值得信任的消息來源這麼說。

網路「似乎讓人更難，而不是更容易判斷真相。」[278]石溪大學（Stony Brook University）新聞素養中心前主任迪恩·米勒（Dean Miller）表示。乍聽之下或許有些危言聳聽。我們一直都知道不能盡信書，但米勒考慮到閱聽人的習慣。網路讓人很容易查證看似可疑的報導，但是除非你心存懷疑，否則不會去查證。這需要一點點懷疑態度、背景知識及調查研究的能力，最缺乏這些特質的人卻認為自己善於分辨報導是否虛構，他們是那種會貼上假新聞連結，讓其他人跟著轉貼的人。達克效應因此瘋狂散布。

媒體擘畫的美好願景，始終著重在數位聚合業者將改善新聞的品質與相關性。我們將不再受限於地方報紙或電視台的狹隘蒙蔽，可以從全國甚至全球擷取報導。但有一個缺點則是，線上報導其實少了來龍去脈，而有時候來龍去脈十分重要。在我們遇到有人一本正經地開玩笑，卻不知道自己原來是被取笑的對象時，來龍去脈就顯得很重要了。

真正新奇的是新奇事物本身

我們會朝著哪一個方向發展？實驗顯示，網路可能會讓我們變得健忘、過度自信，而且漫不經心。有些未來主義者和思想領袖把研究編入末日預言故事。我訪談過的心理學家又更謹慎一些。研究遺忘總統的羅迪格，常常被要求評論數位裝置如何改變人類的記憶與思維。他直言不諱地回答：一、沒有人能夠確實知道，以及二、未來「可能並沒有多大的不同」。[279]

Google效應實驗無法證明的是，我們長期下來是如何適應新科技（或是那些新科技將如何適應**我們**），人類心智有巨大的能力可以調整配合新標準。

對羅迪格來說，真正新奇的是新奇事物本身。他注意到，現在多了那麼多**新**資訊要處理，導致認知出現前所未有的負擔。[280]不過只是幾代，我們就從一個三大電視頻道的世界，來到一個有著五百個頻道的世界，又從日報到了每秒更新的多元社群網絡訊息。這不光是記憶或遺忘的事了，而是我們在應付根本多到無法處理的資訊。

新聞採訪業一路跟著我們共同演變。「我在巴黎時任職於路透社（Reuters），當時（一九七九年）索妮亞・德洛內（Sonia Delaunay）正好過世，」[281]記者卡斯加特回憶道。「我從未聽過她，那時正值半夜，我針對她寫了兩段文字。到了早上，我的同事知道得比較多，可以寫一篇正式的訃聞跟進。重點是，當時沒有人指望我應該知道德洛內是誰，但是現在如果在二十分鐘內沒有搜出**數百筆**關於德洛內的事實，就是非常不適任。」

現今的新聞受惠於線上搜尋研究的速度與便利，卻未必能造就更有見識的閱聽人。

福斯新聞效應

費爾利迪金森大學（Fairleigh Dickinson University）於二〇一二年的一份調查引發軒然大波，因為報告指出福斯新聞的觀眾對時事的了解還不如根本不看新聞的人。民調專家調查的並非什麼神祕事件，而是基本事實，例如：「目前哪一黨在眾議院的席次最多？」福斯新聞未能將這項資訊傳遞給許多觀眾。

費爾利迪金森大學的研究發現並非偶然，我為本書進行的調查中有些也添加一個問題，請參與者指出他們固定關注的新聞和消息來源。選項清單超過三十項，遍及新舊媒體，而且每位參與者隨機列出的順序不同。而令人吃驚的一致性是，將福斯新聞列為資訊來源的人在事實知識的得分低於未列入福斯新聞的人，這個差距並不小。

在我的多數調查中，福斯新聞的觀眾**確實**得分勉強超過根本不看新聞的人（雖然差距始終沒有統計顯著性）。不過，在所有調查裡，福斯新聞的觀眾見識明顯不如積分最高新聞來源的閱聽人。

這裡有一個詳細分析的典型例子，包含一組涵蓋時事、地理、科學、宗教及個人理財的十二題題組。[282]

圖表列出了誤差線（因為受眾規模不同而差異甚大）。福斯新聞的觀眾平均答對五七％，優於不看新聞的群眾，但是在所有真正新聞來源中得分最低。

消息最靈通的新聞閱聽人得分超過六五％，包括關注美國公共電視網（Public Broadcasting Service, PBS）、《紐約時報》、《華爾街日報》、美國全國公共廣播電台（National Public Radio, NPR），以及諷刺性有線電視新聞節目，如《每日秀》。

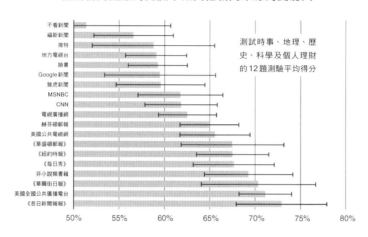

福斯新聞觀眾的見識不如其他新聞來源的閱聽人

測試時事、地理、歷史、科學及個人理財的12題測驗平均得分

這些結果也印證費爾利迪金森大學調查的發現。《昔日新聞報報》（*Last Week Tonight with John Oliver*）在我的樣本中得分最高（不過還是一樣，第一名的成績並未明顯比隨後幾名高出太多）。

　　由於我的方法簡單粗暴，這些結果就特別令人意外。我沒有詢問一個主要的新聞來源，也沒有人被要求說出自己就是福斯新聞的觀眾。你如果以為福斯新聞的觀眾生活在一個媒體泡沫中，那就錯了，一般的福斯新聞觀眾宣稱從五·五個新聞來源獲取消息，比所有調查參與者的平均（四·五個消息來源）還高。福斯新聞觀眾特別有可能說，他們獲得消息的來源還有三大電視網（占四四％）、臉書（占四〇％）及CNN（占三一％）。將近五分之一的福斯觀眾表示，他們也看自由派的新聞頻道MSNBC。

　　因此，關注福斯新聞如果有任何效應也會被稀釋。有些人既看福斯新聞又聽美國全國公共廣播電台，就會被算入兩個平

均數中。儘管如此，一般福斯新聞觀眾與一般美國全國公共廣播電台聽眾相比還是有相當大的知識落差，彷彿看福斯新聞是一種厄運，會削減幾乎是任何領域一般難度問題的應答能力。

我發現福斯新聞觀眾比較不可能知道美國最高法院的法官人數，或是達賴喇嘛所屬的宗教，也比較不可能說出加拿大的首都，或是解釋測不準原理、在地圖上找出南卡羅來納州和南極、知道自己本州的參議員姓名或聯邦預算的規模、知道冥王星是矮行星，或是知道猶太教出現在基督教之前，以及「一盞燈是從陸上來，而兩盞燈則是從海上來」指的是李維爾的午夜疾馳。

有一個福斯新聞觀眾表現尚可的問題是複利率。（「在七％的報酬率下，多少時間可以讓你的投資倍增？」）六〇％的福斯觀眾答對，得分是在眾人的中段，優於許多網路新聞來源的受眾。

如果我們需要提醒自己，新聞與資訊來源很重要，這一點就是了。我在本章試圖說明新聞閱聽人之間的知識落差，從而探討透露出保持消息靈通的意義。

選擇性報導與主觀意見

首先要說的就是，福斯新聞效應是一種不含因果關係的相關性。

就說媒體大亨魯柏特・梅鐸（Rupert Murdoch）手下的另一個新聞媒體《紐約郵報》（*New York Post*）。試想有一個研究指出，《紐約郵報》讀者不如《紐約時報》的讀者見多識廣，會有人覺得意外嗎？

　　熟悉這兩家報紙的人並不會感到意外。《紐約郵報》是小報版的報紙，方便在大眾運輸工具上閱讀。它的標題聳動，而且體育版比《紐約時報》貧乏的體育版高出一大截。廣告主非常清楚，一般《紐約郵報》讀者並沒有《紐約時報》讀者的教育水準來得高，也沒有那麼富裕。從內容判斷，一般《紐約郵報》讀者愛看地方社會新聞、市井人情、名人八卦及體育賽事，較不關心《紐約時報》大量報導的全國性新聞和國際新聞、政策分析及藝術訊息。

　　我的重點是，新聞來源之間的知識差距，不可避免會反映出受眾人口結構的差異。福斯新聞觀眾的教育程度可能不如其他新聞來源的受眾，而這會拉低知識成績。（有博士會看福斯新聞嗎？當然會看，但他們並非認為福斯是給受超高教育的保守主義者看的精英電視網，之所以看福斯新聞是想要持續關注一個會影響輿論的頻道。）

　　福斯新聞的觀眾在時事（他們一定能從關注的新聞來源中知曉或是未能知曉），以及可能在學校學過，但沒有時間性的事實方面成績較低。福斯新聞沒有理由提到 π 的第二位數，或是提及veil of tears的文法不正確（譯注：應為vale of tears，意指苦難塵世），不過福斯新聞的觀眾也比較不可能知道這些。

　　讀者可能忍不住會因此推論，自由派新聞來源的觀眾最博學多聞。有一個反例是《華爾街日報》，該報的社論版非常保守，但是它表現得和其他新聞來源一樣好。我的調查樣本中關注「卓奇報告」（Drudge Report）部落格的人，在知識方面得分高，而拉希‧林博（Rush Limbaugh）的廣播聽眾至少也在平均水準。我並沒有將這些新聞來源納入圖表中，因為太少受訪者列舉，產生不了太多的統計信賴度。

對一些批評者來說，福斯新聞是證實偏見的電視網，告訴觀眾已知的事情，讓他們覺得心安。福斯新聞的創立，是為了自覺受主流媒體忽視與邊緣化的保守派觀眾。但是，如果福斯新聞的節目真的特別訴求保守派，那些人只想要確認自己的信仰，寧可不聽任何質疑這些信念的言論，就會限制播出的報導範圍，因而說明福斯新聞效應的原因。

另一個常見的分析就是福斯新聞在說謊，這有一點像是在說《國家詢問報》（National Enquirer）說謊。《國家詢問報》和福斯對新聞的定義都有別於主流媒體，但幾乎所有被它們當成新聞報導的，都是以事實為根據。[283]

無論你對記者有什麼看法，他們並不喜歡說謊，而且大多不會說謊。不過，選擇性報導就是另外一回事了。現在的新聞業大概是最適者生存。福斯新聞已經開拓出自己的利基市場，集中瞄準能夠引起觀眾共鳴的新聞分類，其中包括駭人聽聞的故事，如小人物成為大政府或沿岸精英份子的犧牲品、言行舉止乖張古怪的自由派人士，以及有些政治人物提到的陰謀論，證明有理由拿來當成新聞報導（「對或錯就由你自己判斷」）。通常暗紅帶血的生肉會比牛排更滋滋作響。但是如此一來，就沒有剩下多少時間留給比較不情緒化、以事實為根據的報導了。

對福斯新聞的另一種批評是，將意見及娛樂和新聞融為一體，因此沒有資訊來源應有的可信度。一般人說起福斯新聞，往往想到的不是新聞業務，而是黃金時段的政論節目——尖銳的新聞娛樂化，源於保守派的電台聽眾熱線節目。對於這一點，最明顯的挑戰就是《每日秀》及其他新聞諷刺節目，這些節目是一〇〇％的娛樂和九八％的派系色彩，至少與福斯的任何節目一樣清楚明白。不過，包括費爾利迪金森大學研究和我

自己的研究，都發現《每日秀》觀眾的消息格外靈通，而且我發現其他有線電視諷刺性節目的觀眾也有類似的結果。

基本上，我提到所有對福斯新聞模式的批評，也都適用於這些節目。它們訴諸自由派，並且強力加深進步哲學的印象；寫手必須專注在可以搞笑逗樂閱聽人的新聞類別，而這通常意味著報導要優先考慮保守派所說或所做的瘋狂事；女性或少數族群被傳統共和黨支持者的偏執惡意對待；以及企業的貪婪。這些加起來會呈現出一種扭曲的世界觀，和福斯新聞差不多。然而，諷刺性節目的觀眾是最見多識廣的一群，而福斯新聞的觀眾則是見識最淺薄的。

總而言之，證據顯示福斯新聞效應：

- 並非福斯新聞觀眾切斷其他新聞與意見來源的結果（因為他們並未切斷）。
- 並非電視頻道的保守立場所造成（可比較《華爾街日報》）。
- 並非將新聞、意見及娛樂融為一體的結果（可比較《每日秀》）。

謎題仍在——為什麼福斯新聞的觀眾那麼耳目閉塞？

美國全國公共廣播電台吸引博學聽眾

美國全國公共廣播電台的聽眾也是媒體閱聽人中最博學多聞的一群。美國全國公共廣播電台的新聞報導就是以國際新聞比一般美國媒體多而稱著，和福斯新聞的張牙舞爪一比，它中

間偏自由的傾向就顯得含蓄多了。美國全國公共廣播電台有一個政論節目《左、右與中間》（*Left, Right, & Center*），三個角度都給予相等的時間，並不會讓人覺得荒謬可笑。

美國全國公共廣播電台有兩個重要的特點可能極為明顯，而無須特別提及，就是它屬於**公共**的，而且是**廣播電台**。

由於美國全國公共廣播電台是非營利機構，收聽率就不如商業廣播網那麼重要，沒有壓力要吸引所有可能的聽眾，就賦予它自由做一些……許多人覺得無聊的事。美國全國公共廣播電台報導政治新聞沒有過度簡化的花招；報導經濟、體育、科學、科技及高雅文化；名流新聞比其他媒體來得少。美國全國公共廣播電台不會過度刺激，或是給聽眾想要的東西。

這並不是說美國全國公共廣播電台忽視聽眾，而是它的募款模式鼓勵聽眾和捐款人把目光放得長遠。一年兩次的籌款募捐會請聽眾思考，過去六個月的美國全國公共廣播電台節目對他們有多大的價值。美國全國公共廣播電台的資金大多來自高瞻遠矚的慈善基金會，這與商業模式形成對比，對商業電台來說，每個區隔和每個節目的聽眾規模都要精準掌握，以便訂出廣告價格。

美國全國公共廣播電台和福斯新聞創立的目標，都是為了那些有選擇自由，但覺得現有媒體不能滿足自己的人，只是兩者執行選擇的機制不同而已。福斯新聞的觀眾用的是遙控器，如果有一則報導不能觸動本能，還有其他數百個選項，只要按一下按鈕就行了；而廣播電台不同，許多聽眾是在一邊開車，並沒有心思或意願逐一轉台。美國全國公共廣播電台的嚴肅新聞在許多市場區隔中幾乎是獨占的地位。

廣播電台是媒體中最不能客製化的。不能快轉，沒有

TiVo，沒有聚合演算法。電台聽眾是相當受控制的一群人，無論節目製作人決定什麼就只能照單全收。而且以美國全國公共廣播電台來說，節目製作人會就當天的新聞訂出合理平衡的概述。花一個小時收聽，就能了解許多原本未必打算了解的內容。

　　你可能會說，美國全國公共廣播電台就像溫泉會館的食物，送到面前是什麼就吃什麼，而且對你有益；而收看有線電視新聞的體驗，比較像是吃到飽的自助餐，你可以選擇怎麼樣把餐盤裝滿。餐廳提供許多紅肉，因為那是大部分人會選的，餐檯上的花椰菜可能並不多，因為很少人挑選，尤其是在有肋排和冰淇淋的時候。結果是溫泉會館的餐點比較健康，而美國全國公共廣播電台的聽眾最後會吸收到比福斯新聞觀眾更多的事實。

過濾你的新聞來源

　　「不要看新聞。」[284]企業家伯特・古利克（Bert Gulick）勸告道：「如果有什麼你需要知道的，會有人打電話告訴你。」這些話成為口號，受到勵志演說家的支持，以及幾乎所有成功或渴望成功的人贊同。在新的數位工具與新賦權文化的加持下，我們吸收資訊就像鯨魚吸收浮游生物一般，我們期待知識能找上我們，最後出現在我們的過濾器裡。

　　科技權威長期以來一直標榜數位媒體客製化的可能性。社群網和新聞聚合平台讓我們可以按照目前的想法，依據工作與閒暇時的興趣訂製資訊流。漸漸地，我們的資訊來源會去除不相關、無趣乏味的部分。

　　我的研究結果顯示，對於渴望掌握消息的人，新聞客製化

不應該太過度。這裡有一張圖表顯示另一個一般知識測驗的結果，共有十五題，結果大致符合長條圖呈現的概況。但是，這一次我按照新聞媒體的類型分組，以顯示媒體的重要性。電視新聞節目與新聞頻道的觀眾列在最左邊。接下來大致依照知識遞增順序，則是網路新聞聚合平台、部落格及社群網絡；廣播電台新聞；報紙與書籍；最後是《每日秀》型態的諷刺性電視新聞節目。後者的得分遠高於其他電視新聞來源，所以我單獨列出。

我提過很意外的是，幾乎所有人都列出多個新聞來源，但卻有著巨大的知識落差。更進一步地觀察資料，就能發現其中的原因。那些關注一種「低資訊」新聞來源的人，通常會關注其他類似的來源，而且較不可能關注高資訊來源；而關注一種高得分來源的人，通常也會關注其他的高得分來源。

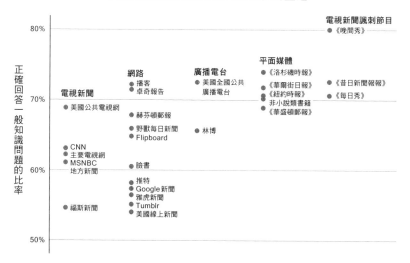

平面與廣播新聞的閱聽人消息較為靈通

這沒有什麼好稀奇的。就像有一個觀察心得是，看過《蜘蛛人》（Spider-Man）電影的人，可能也看《鋼鐵人》（Iron Man）電影，但是比較不會看太多英格瑪・柏格曼（Ingmar Bergman）的電影。

以《華爾街日報》為例，約略過半的《華爾街日報》讀者表示也看《紐約時報》（占五三％）。相較之下，只有六％的福斯新聞觀眾會看《紐約時報》。四分之一的《華爾街日報》讀者收聽美國全國公共廣播電台，但是很少福斯新聞觀眾會收聽（分別為二七％與八％）。

事實上，大約一半的《華爾街日報》讀者收看福斯新聞（占四七％）。但是，這種支持並沒有獲得對等的回報，只有一一％的福斯新聞觀眾表示會看《華爾街日報》。

對所有《華爾街日報》的讀者來說，該報可說是用來補充的，他們看《華爾街日報》的財經新聞，再從其他地方找一般新聞。光是這一點就證明他們有心掌握最新消息，也證明確實有一股動力要看《華爾街日報》，包括線上與實體報紙。

福斯新聞的觀眾在吸取新聞上，似乎就比較隨性，他們很常轉換頻道，並且參考臉書和其他的網路來源。這些來源就像福斯新聞本身，與低知識水準相關。

閱聽人研究顯示，全天候有線電視新聞頻道的觀眾與舊式電視新聞節目的觀眾有所差異。[285] 傳統的無線電視新聞觀眾會收看晚間電視節目，再不時以有線電視新聞做為補充；傳統的有線電視新聞觀眾則可能會收看好幾個頻道，但是較不可能觀看三大電視網的晚間新聞。有線電視新聞觀眾或許會認為，那些電視網半小時的新聞古怪又過時，但是那些節目卻是用三十分鐘，合理總結概括全世界的消息。有線電視觀眾——通常比

三大電視網新聞節目的觀眾花費更多時間看新聞，在一個頻道轉換到另一個頻道時，因而錯過整理好的概要導覽。

一般來說，高度客製化的新媒體受眾，成績低於客製化程度較低的媒體。在網路來源中，新聞聚合平台如Google、雅虎及美國線上（America Online, AOL），分數特別低。

另一個訂製新聞的方法是社群網絡。臉書和推特利用朋友及信賴的來源，推薦個人相關內容，同時也利用分析工具，偏重最有可能吸引個別使用者的貼文。社群網絡的表現並沒有比新聞聚合平台好多少。

其實，不難了解原因。我快速計算自己的臉書訊息中最近張貼的一百則連結，大約只有五則是「真正的」新聞——報紙或電視網新聞報導會提到的重大國內外新聞，另外有十一則是有黨派色彩的釣魚標題（clickbait），通常是我從未聽過的無名政治人物發表聳動的評論，這些東西的存在是為了讓文化戰爭的一方再三確認另一方的猙獰恐怖。

剩下的八十四則大概在預期之中，也就是名人新聞和家人的消息、有趣的影片與奇聞軼事。大部分都很有趣，但是我從臉書得到「真正的」新聞並沒有比ESPN來得多。

在臉書貼文有些不成文規定，不貼舊的連結；只貼可立即引起朋友回應的東西，要讓他們震驚、好笑、悲痛或是**有什麼感覺**。以新聞來源而言，臉書是福斯新聞的平方。

個人新聞聚合平台，例如：Flipboard與蘋果應用程式News，將客製化的新聞報導蒐集成一本數位雜誌。比方說，用Flipboard可以看到設計得精緻華麗的「報紙」頁面，內容是來自你的臉書或推特帳號中的新聞報導。（但是或許你不想這麼做。）Flipboard令人沉迷上癮，視覺上也比傳統新聞聚合平台

更吸引人，可是在知識調查中依然成績欠佳。

　　報社發行人太清楚社群網絡閱聽人消費新聞的方式大不相同，接踵而至的連結提供曝光機會，全球各地的讀者或許會因此發現一篇報紙的報導和意見評論，但是這樣的讀者很少轉變成定期在原始新聞網站閱讀。皮尤研究中心有一份研究發現，直接導向新聞網站的人平均瀏覽二十五個頁面。[286]透過臉書或推特連結進入相同網站的人則看不到五個頁面，而且一個頁面所花費的時間更少。社群網絡使用者摘取最方便順手的新聞，之後就繼續轉移到任何吸引他們如同鳥兒一般注意力的東西。

　　得分最高的網路新聞來源是播客。若要證明，我會說播客其實就是電台，只不過正好是透過網路傳送。就像廣播節目，收聽播客通常是從頭聽到尾，幾乎沒有中斷。

　　報紙，無論是看實體報紙或是線上閱讀，通常表現都會優於電視新聞（美國公共電視網例外）。《每日秀》及其衍生系列節目就如同我說的，是電視的局外人，表現優於嚴肅的新聞節目和頻道。儘管有此一說，《每日秀》是忠實觀眾唯一的新聞來源，但是其實不然。在我的樣本中，《每日秀》觀眾平均關注六・五個其他的新聞來源。大部分的《每日秀》觀眾表示，他們也收聽美國全國公共廣播電台（占五九％），也會從臉書（占五〇％）、美國公共電視網（占三八％）、CNN（占三四％）、MSNBC（占三一％）、《紐約時報》（占二八％），以及非小說類書籍（二八％）獲取訊息。和其他的新聞閱聽人相比，他們較不可能將新聞聚合平台列為消息來源。

　　總而言之，與消息靈通有相關性的新聞來源大致上有幾個共通點：

- **客製化程度不會太高**。得分最高的消息來源，呈現在閱聽人面前的是平衡的新聞概要，在注意廣度內可以完全吸收。這些閱聽人樂於用開車時間收聽美國全國公共廣播電台、翻閱實體報紙，或是在報紙應用程式瀏覽所有標題，並且收聽一整段的播客，或是收看完整一集的《每日秀》。媒體之間的差異大多可以用注意廣度來解釋。得分最低的新聞來源，是客製化程度或客製化可能性最高的，也就是專挑最便利的報導以吸引閱聽人，或是讓閱聽人自己動手當新聞編輯。

- **聰明機智**。諸如美國公共電視網、美國全國公共廣播電台、《紐約時報》、《華爾街日報》及《每日秀》等新聞來源，會吸引有學問又關心新聞的人。其他的新聞來源，如電視新聞頻道、網路新聞聚合平台及社群網絡，受眾範圍更廣，但是平均而言教育程度較低，而且有時候比較沒有那麼專注新聞。這就大致解釋了特定類型媒體之間的不同，如果你希望消息靈通，就要偏重見多識廣者所關注的新聞來源。

- **可以做為補充**。《華爾街日報》和《每日秀》並未假裝自己是獨立完整的新聞來源，那也無妨，只要他們的讀者與觀眾尋找其他的來源即可。

　　營養專家說，我們應該將所吃的食物想像成四等分。一等分放進肉類或相等物，另一等分是澱粉，剩下的兩等分則是蔬菜與水果，這是最令人滿意的均衡分配。但是，根本不像典型美國餐點的四盎司牛肉堡（Quarter Pounder）、三十二盎司的汽水，以及……番茄醬可以算蔬菜嗎？

能自由選擇的人，很難在立刻滿足與長期後果之間達到平衡。如果一美元餐點代表你在二十年後得做心臟繞道手術，那麼一美元餐點的菜單其實並沒有那麼便宜。我們的資訊來源同樣受到塑造美國飲食的那股市場力量影響〔美國全國公共廣播電台除外，該機構於二〇〇三年收到麥當勞創辦人雷·克洛克（Ray Kroc）遺孀瓊恩·克洛克（Joan Kroc）捐款兩億美元〕。

最能提供有用資訊的新聞來源，就體現了飲食餐盤分類的哲學。有國內新聞、國際新聞、流行文化、高雅文化、科技、健康及體育等區塊。這些區塊的規模，取決於編輯或製作人對理想平衡比率的看法，更甚於閱聽人想要或認為自己想要什麼。根據盛行的媒體哲學，如美國全國公共廣播電台、《紐約時報》及《華爾街日報》等新聞來源是倒退返古——「精英」守門員，不多加利用客製化與群眾外包，而它們在提供閱聽人資訊方面也頗有成效。

等待入口的爆米花

談論理性均衡的資訊攝取是一回事，但是我認識的人之中沒有一個完全只靠報紙或公共電台獲取新聞，只有媒體隱士才能避開電視頻道、社群網絡及新聞聚合平台。有了這些東西，不斷會有誘惑讓人想要點擊新聞連結。我和許多人一樣，在電腦螢幕前工作，這就像坐在一碗爆米花前面，而爆米花就是要吃下肚。

數位戒毒網站DitigalDetox.org為企業整理了沒有網路的避世休息之所，並且宣稱：

一般美國人將三〇％的休閒時間用於瀏覽網路……287

十分之一的美國人據稱有憂鬱症；重度網路使用者憂鬱的可能性多了二・五倍……

一般員工一天查看四十個網站，一小時轉換活動三十七次，每兩分鐘就更換手上的工作……

我們有太多的工作時間與玩樂時間，都用在無法滿足的資訊搜尋。但是，我懷疑「數位戒毒」途徑就像所有速成減肥一樣價值有限。我們生活在一個媒體豐富多元的年代，必須設法和平共處，而不是起而對抗。

過去幾年來，我努力解決這個問題。期間，我嘗試根據從調查中學到的心得，改善自己的媒體攝取。以下是對我有用的幾種技巧。

個別來看，新聞來源無所謂好壞，而是要看如何與其他新聞來源配合。就像節食的人，發現少吃點心並規劃均衡飲食最好。任何在意消息靈通與否的人都應該空出時間給至少一種高品質的新聞來源：好的報紙、美國全國公共廣播電台，或是夜間電視新聞節目。從這種每日例行工作中，最重要的是了解整體局勢。

客製化是一個嬰兒，不應隨著洗澡水一起潑出去。客製化若是將你引導到其他地方無法找到，但個人感興趣的報導，那樣很好，唯有客製化讓你生活在明確的偏好泡沫中才是不好的。我的策略是充分利用客製化，但是避免用客製化的來源替代更好的新聞來源。

臉書對我有價值的部分，是朋友與家人的消息──里程碑、出遊及照片。我專注這些而忽略新聞連結，因為我有更好

的新聞來源。

Google新聞首頁會按照報紙的方式分門別類，諸如「頭條」、「國際」、「美國」及「為您推薦」（Suggested for You）等標題。我唯一關心的是「為您推薦」，這個標題在每個有Google帳號的人登入之後就會出現。點選「為您推薦」，會有一頁訂製的新聞報導，是Google演算法判斷你會想看的。一個滑動滾軸小工具可以讓你改進新聞的選擇，告訴Google哪些類別的主題和新聞來源是你想要或寧可避免的。你可以增加具體的關鍵字，例如：體育團隊的名稱、名人、政治哲學，或是電玩名稱。我將「為您推薦」頁面加入書籤，這樣就能直接載入，不必在首頁停留。

我們在愈來愈小的螢幕上消費資訊。要是如同傳統實體報紙的大小，像顯示器一樣按照斜對角尺寸衡量，應該是二十五吋。不過短短幾年，有很多讀者大眾都從報紙轉移到十五吋的筆記型電腦、十吋的平板電腦，再到五吋的手機。

設計人員依然在探索新聞內容要如何與小螢幕配合會最好，而解決辦法不免意味著一眼看到的內容會更少，也需要更常捲動，以及其他主動瀏覽的方法。我習慣老老實實地翻閱每一頁報紙，即使我沒有興趣的版面也是，我用這樣的方式瀏覽每一個新聞標題，幾乎如此。報紙有開頭、中間和結束，而這樣的線性路徑很容易衡量進度。

許多報紙應用程式捨棄線性路徑的簡單方式，而採取曲折的複雜呈現。新聞訊息會在你往下拉時不斷更新，而且沒完沒了，令人灰心；讀者本來期望找到喜歡的版面和子版面，然後跳回去。可是現在讀者卻變成遼闊森林中的流浪者，可能多次遇到相同的報導，卻始終不確定自己是否全部看過了。

平板電腦應用程式通常比手機應用程式更適合看新聞，尺寸更大有幫助，而比較方正的長寬比（四比三）也比適合看影片的十六比九來得好。

我們不難預測，未來新聞應用程式可能會施行一種飲食餐盤分類的策略。類似Flipboard的應用程式，可能產生均衡的新聞雜誌，依照想要的比率分配未客製化的嚴肅新聞與花絮。可以像是健身應用程式一樣操作，鼓勵使用者記錄自己的新聞閱讀習慣，同時評分。在你瀏覽應用程式時，可以提供更多在攝取新聞期間遺漏的頁面，而少一些已經大量攝取的內容。這未必符合所有人的品味，就像健身應用程式也一樣，但是對於積極主動的讀者卻頗有價值。

降低無意義的瀏覽行為

我發現兩種無痛的方式可以降低自己的「垃圾」瀏覽。以前我都把瀏覽器首頁設定在新聞聚合平台，意思就是每當打開新的瀏覽器視窗時，就會看到一連串的新聞標題。我思考著，既然每個現代瀏覽器的上方都會有一個搜尋框，將Google.com設為首頁就顯得多餘了。你也可以將新聞網站設為首頁，這樣就能在做其他事的同時，迅速瞥一眼最新的消息，對吧？這是**錯的**。聚合平台的新聞是設計讓你點進去看的，即使是最有價值的新聞也需要付出時間和注意力。而在這個時候，工作相關的搜尋會因為讓人心癢難耐的連結（不會導向太多的新聞內容）而受到延宕。

我的解決辦法就是改變瀏覽器的喜好設定，讓新視窗打開就是Google.com。這樣就不會分心〔除了首頁塗鴉（Doodle）

以外〕；我只在搜尋框輸入想要尋找的東西，然後進入結果，或是從書籤選單中選擇一個網站。這樣一來，我就能在願意轉移注意力時自行選擇。我不會主動將自己的時間和注意力，交給那些靠點擊率牟利的人。

如果你不喜歡看到偶爾出現的 Google 塗鴉，可以將大部分瀏覽器設定成一打開是空白頁，這樣分心的機會就會更少了。

第二個技巧是，有一段時間挪開那碗爆米花。我只允許在下午和傍晚時，也就是中午到晚上八點之間，瀏覽一些非必要的娛樂性內容。這讓我的垃圾瀏覽減少將近一半，也讓上午時光排除主要會讓我分心的事物，因為那是我一天中最有生產力的時間。我的時程表還在晚上排出時間，做一些更有文化修養的事，睡覺之前也不會暴露在有害的螢幕藍光下而干擾睡眠。

我擔心遺漏什麼嗎？不會。上午我會看《紐約時報》和《洛杉磯時報》，所以在早餐時已經充分掌握消息。之後直到中午，我就一直處在資訊禁食的狀態。這種堅持並不困難，因為我知道幾個小時候就可以觀看新聞與社群網路，甚至浪費一點時間。如果有什麼新聞是我必須知道，才能活絡晚餐對話氣氛的，下午我就有機會接觸。

我考慮要進一步縮減，也許縮減到一天一小時的非必要瀏覽，但是我想八小時已經達到最高價值了。這種感覺不像在犧牲，而且現在一週又找回原本浪費在釣魚標題的幾小時。

我用解決一個餿主意來做為本章的結束。最近有一個頗受歡迎的建議，就是找出質疑個人意識型態的新聞來源。保守派應該不時會看看瑞秋‧梅道（Rachel Maddow），而自由派就應該看比爾‧歐萊利（Bill O'Reilly）。費爾利迪金森大學的調查未能提出證據，證明這麼做會有什麼好處。調查發現福斯

新聞的名望低，主要可歸因於收看該頻道的自由派和無黨派人士。你或許會很意外，竟然**有**自由派人士收看福斯新聞。他們確實會看，而且他們比保守派人士還笨。

調查詢問五個相當艱深的國內時事問題，福斯新聞的觀眾平均答對一・〇四題。[288]福斯觀眾中的自由派只答對〇・八二％，而保守派則答對一・二八題。

相反的模式亦可見於自由派頻道MSNBC，收看MSNBC的保守派見識並不如自由派。

調查無法肯定那些收看政治立場對立新聞頻道的人，究竟是要尋求平衡，還是要看笑話，或是他們真的愚昧到不知道自己停留在「錯誤的」頻道。

對立的觀點幾乎不虞匱乏，每個新聞來源都會加以呈現。我不知道有什麼確實可靠的證據能證明，敵對的政治傾向是對你有益的苦口良藥。如果要說的話，與資料相符的概念是，人們從與自己觀點相容的來源會吸收得更多。也許人生苦短，沒有必要將時間花費在你認為有偏見、不正確，或單純只是討厭的新聞來源上。

18 用事實為你的思考背書

關注時事要比從前更吃力，考慮耶魯大學法學暨心理學教授卡翰設計的這一個難題：

> 氣候科學家相信，如果北極冰帽因為人類造成的全球暖化而融化，全球海平面將上升。這個陳述是對或錯？[289]

有答案了嗎？太好了，現在去冰箱拿出一把冰塊丟進玻璃杯或量杯裡，然後將杯子裝滿水，用紙膠帶標注水位（或是注意在量杯中的水位），接著把它放到一邊。等到所有冰塊融化後確認水位，你會發現水位幾乎一模一樣。

北極冰帽是漂浮在北冰洋的一層冰，冰帽漂浮的原因和冰塊一樣，是因為冰的密度低於水。和所有的漂浮物體一樣，北極浮冰取代本身在水中的重量。在浮冰融化時，對全世界海平面的影響……沒有。卡翰設計的這個難題的正確答案是「錯」。

卡翰將這個問題放進調查中，發現只有一四％的人回答出

正確答案。[290] 有趣的是，自由派與保守派回答的成績一樣差，這是獲得兩黨支持、絕大多數的共識，卻是針對錯誤的答案。不用說，自由派和保守派對氣候變遷有強烈而對立的意見。卡翰的謎題證明，那些意見大多並未附帶對相關科學的深刻理解。

你和所有認識的人都是白痴，是對或錯？

克里斯・穆尼（Chris Mooney）於二〇〇五年出版的《共和黨人對戰科學》（*The Republican War on Science*）一書中聲稱，保守派比自由派更可能不同意敏感問題的科學共識。要產生與這個假設前提一致的調查資料並不難，但是需要一些洞察力。一如既往，調查結果取決於問題的精確用字。

舉例來說，卡翰對兩個隨機群組提出不同版本的是非題：

A. 我們現在所知的人類，是由較早期的動物物種發展而來的。

B. 根據演化論，我們現在所知的人類，是由較早期的動物物種發展而來的。

結果有很大的差別！看到A版本的人，有將近一半勾選為正確；另一組則有超過九〇％的人說B版本正確。幾乎所有人都理解天擇的基本概念，由於這在卡通、科學節目及宗教傳單裡是無所不在的主題，所以很難忽略。但是，只詢問A版本的調查人員會比只詢問B版本的調查人員，發現大眾的訊息更閉塞，而且訊息較閉塞的主要是共和黨票倉幾州的民眾。

包括保守派和自由派，都樂於宣稱科學站在自己這一邊，有時候如此，有時卻不然，但那都是事後諸葛，科學事實很少能左右政治哲學的選擇。可以證明的是，一般人通常會附和身邊人的信念。他們不見得同意科學共識，而是因為許多他們最信任的人——鄰居、同事、牧師及政治領袖告訴他們，套用卡翰的話來說就是：「如果你是我們的一份子，就要相信這個；[291] 否則我們就知道你是他們的一份子。」所以，在遇到政治敏感議題時，調查結果至少有一部分是共同體與文化的表現。「很顯然地，」卡翰說：「如果詢問：『你和所有關係密切的人都是白痴，這句話是對或錯？』沒有人會回答『對』。」[292]

全球暖化的意見分歧

北極浮冰的問題，詢問的是氣候科學家的想法，而不是參與調查者的想法。如果不是這樣，就會有更多保守派的人回答對，但卻是基於錯誤的理由！

出其不意的迂迴問題，或許有助於評估大眾究竟知道什麼。卡翰利用這個問題和其他科學問題，有的陷阱重重，有的則比較直接，結果發現知識與科學，以及知識和相信面臨全球暖化威脅之間，整體而言只有些微的相關性。

卡翰調查一般科學素養，用的是國家科學基金會民調詢問的部分問題（例如：「雷射是靠集中聲波而作用……抗生素能殺死病毒和細菌。這個陳述是對或錯？」）。他按照意識型態將資料繪製成圖表，結果出現的並不是筆直的一條線，而是歪倒的V型。無論政治立場如何，最沒有科學素養的人對氣候變遷的看法基本上完全相同，這群人中約有三〇％說是人類活動

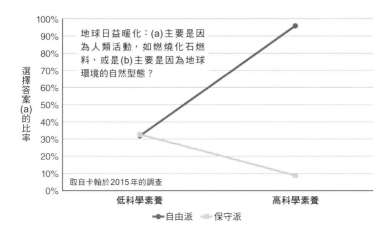

科學素養增加造成對氣候變遷的意見分歧

地球日益暖化：(a)主要是因為人類活動，如燃燒化石燃料，或是(b)主要是因為地球環境的自然型態？

選擇答案(a)的比率

取自卡翰於2015年的調查

低科學素養　　　　　　　　　高科學素養

─●─自由派　┄┅┄保守派

讓地球暖化。[293]

　　不斷增加的知識讓人意見分歧。自由派人士對科學認識愈多，就愈有可能說出是人類造成氣候變遷；而保守派人士對科學認識愈多，就愈**不**可能相信是人類造成氣候變遷。

　　這怎麼可能？似乎有許多精通科學的人利用本身的知識，為自己一直以來想要相信的事情辯護，他們常常進修氣候變遷方面的知識，始於（有時候也終於）普及與他們政治見解相投的看法。他們可能發現確認科學不確定性的證據（有很多），而將對手定位為不經思考又不懂科學的黨派支持者（大部分的確是！）。

　　卡翰的圖表十分令人困擾。我們或許會想，無知者可能相信各式各樣的瘋狂事物，但是知識讓我們更接近共識。如果每個人都具備科學素養與文化素養，世界將是更和諧的地方……卡翰的研究質疑這種樂觀的想法。

這個問題不光是理性無知（保持無知是因為學習知識的成本超越好處），而是更深層的東西。要針對推動現今公共政策的科學和科技問題——氣候變遷、網路中立、幹細胞研究、基因改造生物形成意見，光是了解事實並不夠，而是必須深入思考這些事實，並且積極尋求證據，質疑自己想要相信或原本不相信是真實的想法。然而，這並不是許多平凡民眾有時間或有意願做的事。我們捏造自己的意見，跟著群眾隨波逐流（我們這一派）。卡翰提出警告：

> 這種思考推理風格是集體災難：[294] 一個文化多元的民主社會公民運用得愈純熟，對於可保護他們免受傷害的必要科學證據就愈不可能趨於統一的見解。

徒勞無功的民調數字

孤陋寡聞的人不但見識不足，也比見識廣博的人更少思慮，但是他們卻自認為見多識廣，於是對當前的議題抱持著堅定的看法。因為無知和少思慮的人是多數，甚至是絕大多數，群眾其實並沒有那麼睿智。

這些不是新問題。一七八七年，貴族一派的詹姆斯・麥迪遜（James Madison）就警告，一般美國人見識太過淺陋，不足以引導國家政策。他寫道，有必要「提升並拓展大眾視野，以精選出來的人民團體為媒介。」[295] 這些精選的團體包括國會與選舉團，負責選民無法承擔的學習和思考，這些團體會判斷如何代替民眾投票最好。

麥迪遜的共和主義理想未能預料到美國選民歷久不衰的民

粹傾向，以及未來科技會為民粹主義推波助瀾。例子之一就是本書的研究基礎：民意測驗，這種做法愈來愈容易，也日益普遍。

喬治·蓋洛普（George Gallup）於一九三六年預言小羅斯福將在總統選舉中擊敗阿爾夫·蘭登（Alf Landon）。蓋洛普並非第一個民調專家，他勝過更知名也更悠久的《文學文摘》（Literary Digest）民調，該民調預測蘭登將獲得壓倒性勝利。蓋洛普的民調有五萬名受訪者，以現在的標準來說是龐大的數目，但是《文學文摘》卻有兩百萬，兩者的差別在於該雜誌的受訪者並非廣大投票選民的代表。大衛（蓋洛普）擊敗了巨人哥利亞，是憑藉更努力地落實代表性。

在一九三六年勝利的餘暉中，蓋洛普做了破壞性創新者大多會做的事，他編織出一個美好嶄新的產品，回敬舊有的行事方法，但是更好。

> 現在從某方面來說，新英格蘭市民大會的概念已經復興了。[296] 日報廣為流傳……幾乎全世界都擁有收音機……而且現在出現取樣公投，創造一種方法可以迅速判斷大眾對當下議題辯論的反應，其實就等於創造範圍遍及全國的市民大會。

雖然我們喜歡說唯一算數的民調是投票箱，但是沒有政治人物相信，民調數字成為自我應驗的預言。民調數字產生一種無可奈何（或徒勞無功）的感覺，影響誰募款、誰獲得選票，以及誰又贏得選舉。民調在媒體上無所不在的角色，以及對於直接民主的民粹信念，刺激票選公投方式的採用。我們票選美

食酒吧和實境秀參賽者，現在又為法律投票，關注與鑑別能力差不多同樣匱乏。

但是，麥迪遜說得有道理。我們這個世紀與他所處的那個世紀一樣，關於各項問題及正確理解問題所需的事實，大部分的選民並未受過訓練。支持共和政體的政治人物（不管是共和黨或共和主義者）未必就比別人更耳聰目明。競選活動成為錯誤教育大眾的行為。

讓選民更有智慧的嘗試

悲觀主義者說，資訊低落的選民永遠不可能改變。言下之意是，這類選民缺乏心智能力與知識。但是有證據顯示，見識淺薄的人**可以**學習，只要給予機會並且稍加督促。達寧和克魯格就證明了這一點，他們在完成一次邏輯測驗後，將一些得分最低的人帶去上邏輯推理的速成課。果然有效，不但他們的邏輯能力有改善，還能看出自己先前的無知。經過輔導後，他們對自己在原來測驗中的表現優劣，評估也實際（低）得多。「讓人體認到自己的能力不足有一個方法，就是讓他們有足夠的能力。」[297] 達寧和克魯格寫道：「當然，這當中也有悖論，一旦他們習得後設認知技能，得以體認自己的能力不足，他們就不再能力不足了。」

如何應對理性無知，亦即達克效應與扭曲的心理地圖，有一個有趣的提議就是名為**商議式民調**（deliberative polling）的方法。一九九六年，幾家德州電力公司帶了一個問題找上當時的德州大學（University of Texas）教授詹姆斯‧費希金（James Fishkin）。新的法規要求電力公司在設置新的發電廠時，要徵

詢顧客的意見，因此電力公司面臨兩大問題：第一是應該側重對話，還是推動新電廠？第二則是應該建立化石燃料電廠，還是追求太陽能與風力發電，雖然對環境較好，但卻昂貴許多？

德州的電力公司過去曾就這些問題舉辦公聽會，因此知道會遇到什麼狀況。會有固定的一群環保人士、一群否認氣候變遷的人，還有一群對著任何提高費用的說法暴跳如雷的憤怒顧客，也可能會有自由意志主義者、鄰避者（not in my back-yard, NIMBY，譯注：是指拒絕嫌惡設施的人）、商會、奧杜邦協會（Audubon Society），以及除了「真人」以外的所有人。任何人都會猜想，組織完整的特殊利益團體是否為任何人發聲？他們的確是在各說各話。

另外一個可能性就是意見調查，缺點是會有許多為了滿足民調人員而當場發明的「意見」。政治學家喬治・畢夏普（George Bishop）曾經證明這一點，詢問是否贊成廢除「一九七五年公共事務法」（Public Affairs Act of 1975）。其實並沒有這個法案，但是有三〇％的人上當而提供意見。畢夏普發現，教育程度愈低的人更有可能發表意見。

規劃能源的問題複雜繁瑣又有技術性。大眾對燃煤電廠的成本相對於風力電場的成本，以及對電費、環境與經濟成長的影響，都是理性無知。民調問題可能必須採取簡略的表達方法，結果可能就視用字遣詞而定。許多人會聽到的，大概都是一些「永續」和「自由市場」之類的狗哨（dog whistles）政治語言。

第三個可能性就是焦點團體。可以找一小群「真人」齊聚一桌，各抒己見。小組的設定得以做背景資訊的簡報，而小團體可以討論問題。但是如果焦點團體太小了，就不會有統計顯

著性。這種討論也傾向於由一、兩個自告奮勇的主持人主導。

德州電廠對於費希金在一九八八年描述的另類選項有興趣。他稱為商議式民調：「構想……就是了解若真的有機會仔細思考，大家會怎麼想。」[298]

商議式民調是在意見調查之後進行大型焦點團體，這個焦點團體接近市民大會的規模，而且了解的事實差不多是速成課的兩倍。等到會議結束後，小組重新回答原本民調詢問的問題。重點是觀察，在接觸到事實、想法及反方觀點後，意見是否會有所改變。

德州電廠同意費希金的提議，它們付錢舉辦最初的民調，並將一組參與者帶到達拉斯的一家飯店進行商議。參與者拿到的議題資料說明，是由利害關係人參與製作的，各方都能提出所有事實，以及和個案相關的論點（只是不能審查對方的事實與論點）。就和開會差不多，參與者碰面，由會議主席主持小組討論，之後在全體會議時可以質問官員及其他各方。

在原始民調中，有五二％的人說他們願意為了永續能源支付更高的電費。到了會議結束時，這個比率增加到八四％——因為小組已經開會並商議。願意為節能措施多付錢的人也有增加，從四三％增加到七三％。[299]

哪一個民調數字是「真的」？是第一個，還是會議之後的那一個？兩個都是真的，兩者衡量的是不同的問題。不過，商議後的意見是較為合理縝密的。要否認其正當性，就等於是說基於知識和思考的意見並非真實意見，而唯一可信的意見是那些基於無知的意見。

商議式民調讓參與者可以形成由衷的意見。接觸事實是其中的重要部分，但和不同觀點的人互動也是。討論和辯論，比

閱讀最條理分明的評論文章，更能有效精進見解。在我們生存的這個年代裡，這類互動的機會大不如前。我們交談的鄰居，觀看的有線電視新聞頻道和我們一樣。當我們無論是在飛機上、酒吧裡、家庭聚會中必須面對不同觀點時，我們學會改變話題的生存策略。這剝奪了市民大會的動力；在市民大會裡藉由傾聽他人的觀點，我們或許能重新思考，並且推敲觀點，偶爾也會改變觀點。

隨機抽樣會有代表性嗎？

美國的開國元勛是以古地中海民主政體為模型塑造美國，他們忽略雅典民主最根本的創新：隨機抽樣。在雅典，大部分官員與立法機構是由抽籤選出。目的**不在於**選出最適合職位的人，而是為了選出最能代表公民的樣本。

美國用隨機抽樣選出陪審團，至於國會，這根本就難以想像。商議式民調是雅典式概念的新變化，初始民調是從民眾裡隨機抽樣，而其中的隨機分組——大約三百至五百人受邀開會商議。

在古雅典，隨機抽樣決定的是法律，在美國卻從來不是。你可以說，蓋洛普民調也一樣。意見民調是民間部門非正式的成果，並沒有任何法律地位。但是我們漸漸明白，設計完善的民調會在媒體中公布，並且成為政治對話的一部分。費希金希望商議式民調也能加入這種對話，藉此散發給選民與領導人的訊息是，意見是依知識與思慮而定，而審慎評估事實後會偏重贊同某些政策。政治人物必須不斷向選民證明自己行為的正當性，例如：「我投票贊成該法案，是因為民調顯示我的選區有

六〇％的人支持。」商議式民調提供領導人多一點基礎，支持聰明、務實的解決辦法，捨棄愚蠢的辦法。

在商議式民調期間改變意見，尤其讓人想起關於長期取捨的「棉花糖實驗」。在典型的意見民調中，有許多人表示他們不願意為了將來的回報，而在現在做出**任何**犧牲，但是理性的公共政策往往需要這種長期展望。

有一個中肯又有趣的例子，就是加州在二〇一二年的三十一號提案（Proposition 31）投票，這是由費希金協助設計，採用商議式民調。民調與討論提出三十項加州法律的可能改革，其中有六項獲得強烈支持。這些都包裝進三十一號提案：政府績效與課責法案（Government Performance and Accountability Act）。

有一項改革是要求該州的立法機構不可通過（特定類型的）法案，來增加支出或減稅，**除非**立法者另有辦法支應額外的支出或減少的收入。

這項條款既不偏自由派也不偏保守派，十分務實。除非知道價格，否則你不會決定買一輛車或一棟公寓；你不會在尚未考慮如何在沒有薪水的情況下支付開銷，就貿然決定辭職，那麼為什麼支出方案或減稅就應該有所不同？立法者應該將法令及其成本包裹表決。

我們的現行制度很少鼓勵這種治理方式。自由派知道政府發送免費東西很容易得到支持，而保守派則知道大眾最愛大方減稅。雙方都知道（最終）必須承擔後果，但是都有不同的意識型態為後果尋找藉口。保守派相信「餓死野獸」（starving the beast），現在減稅，等到政府沒錢了，支出或多或少就得刪減，而且想必對減稅的人沒有政治影響；自由派則相信，津貼一旦建立，就永遠不會收回，而政府最終別無選擇，只能加

稅。兩種手段都不誠實，因為它們將利益與成本分開，都不是真正的取捨。

參與商議式民調的人最後了解到這一點，而加州選民卻沒有。三十一號提案一面倒地輸了，結果是三九‧五％對六〇‧五％。事後檢討提到，選民始終沒有真正了解三十一號提案是什麼。那是改革的百寶袋（不是只有我提到的那一項），塞在一個含糊曖昧的名稱下，無法做出簡潔省力的說明。它和同一年的其他十項提案，為了加州選票而競相爭取知名度。

三十一號提案得到死亡之吻──加州共和黨的背書支持。由於共和黨無望在沙加緬度通過任何法案，限制減稅根本就不是問題，他們將三十一號提案視為控制民主黨州議會支出的方法。民主黨與工會反對這項措施。有相當多的選民可能是在投票時才第一次看到這個提案的名稱，撇開背書支持不談，他們是根據黨派投票。

提出以事實和思考為基礎的意見

費希金在二〇〇三年轉到史丹佛大學任教，該校目前有一個商議式民主中心（Center for Deliberative Democracy），並在二十國安排超過七十次的商議式民調，[300] 涵蓋的主題包括日本札幌除雪、迦納的都市雜亂擴張、兩韓統一、保加利亞的羅姆人政策，以及坦尚尼亞的天然氣歲收支出。

商議式民調比一般民調的費用高昂，贊助者必須支付數百位參與者的交通和住宿費用。但是對於重要的政策問題來說，這種支出可能只是九牛一毛。想想所有花費在努力說服大眾相信氣候變遷的金錢，那是億萬富翁的戰爭，柯克‧蒂爾（Koch

Steyer）和湯姆・蒂爾（Tom Steyer）兩兄弟就以支票簿與筆對決。支持某一方的商議式民調可能是便宜的投資，前提是假設能夠說服另一方的話。

我們可能會覺得政治太過兩極化，商議式民調無法發揮影響力。極端偏執者完全不指望號召大部分的有識之士，一直都是仰賴資訊不足的選民維持現狀。無論商議式民調多麼謹慎地執行，還是會有人指責偏頗。那些人會說，在商議式民調中改變想法的人是受到洗腦，辯論有一方並未予以適當呈現。

傳統的意見民調也有類似的指責。任何對民調結果不滿意的人都可以自己做民調，現在有數百種意見民調，有偏左也有偏右，新聞媒體和大眾在解讀民調都已經相當純熟老練了。我們知道可以算數的民調，要有準確與無偏見的歷史紀錄；我們也知道許多民調的加權平均數，比單一民調數字更能提供訊息。落敗候選人的標誌，就是宣稱民調有誤，以及能夠信任的民調唯有該候選人自己陣營所做的民調。

商議式民調不必說服所有的人，最有可能影響的是，在政治光譜上所有對議題不清楚也沒有思考太多的人在大眾之中占多數（就像本書的調查所證明的）。不過，有一點是所有人都會同意的：以事實和思考為基礎的意見，會比消息閉塞的意見來得更好。

19 — 你要當狐狸，還是當刺蝟？

希臘詩人亞基羅古斯（Archilochus）並沒有初版作品，他的作品只剩下斷簡殘編。一位希臘學者齊諾比厄斯（Zenobius）編纂一套格言大全，其中就包含出自亞基羅古斯的這一句話：「狐狸所知甚多，刺蝟只知道一件要事。」[301]

因為某種不可考的原因，這句隱約帶著不祥意味的話一直困擾著西方想像。一九五三年，牛津大學（University of Oxford）的哲學家以賽亞・柏林（Isaiah Berlin）賦予標準的現代注解[302]：刺蝟是將一切聯繫到一個重大核心概念的專家，而狐狸則是兼容並蓄，對許多方法抱持開放態度，並且對於自相矛盾的說法安然自在。

如此定義後，**狐狸**和**刺蝟**自然就成為流行詞彙。奈特・席佛（Nate Silver）採用狐狸做為他的五三八（FiveThirtyEight）部落格識別圖案。《華爾街日報》於二〇一四年的一篇文章標題，就將兩大速食連鎖店的對決塑造成「現代狐狸與刺蝟」。〔「麥當勞在這裡是狐狸，四處開槍掃射以維持優勢……溫蒂漢堡（Wendy's）……完全是刺蝟，但是沒有蜷縮成一團防衛的

刺球，而是加倍下注核心的漢堡陣容，並且引進非常成功的新花樣：貝索餐包（pretzel bun）。」〕[303]

幾乎所有區分刺蝟與狐狸的人，都是為了讚頌狐狸的優點。狐狸是通才，心胸開闊、講求事實，並且具有創業精神；刺蝟則是一頭栽入「重大概念」，無論其重要性如何——手拿鐵鎚的人，看到所有的問題都像鐵釘。華頓商學院的心理學家菲利浦・泰洛克（Philip Tetlock）以追蹤專家預言的不可靠而聞名。在大部分情況下，智庫專家（刺蝟）的精準度幾乎不比小報的算命師來得高。泰洛克發現，那些經過認證的專家在預測方面也沒有比「《紐約時報》的記者或細心留意的讀者」[304]更好。

本書的結果為一種狐狸特性做出有力的解釋。概略性、有來龍去脈，甚至淺層的知識，似乎會在意想不到的地方派上用場。

蒐集幾個這類能在益智問答遊戲看到的一般知識問題，而後放進調查中。你可能會發現得分高與高所得、身體健康，有時還有其他的正面特質相關。或許學習知識而建立的認知技能，是其他方法無法輕易建立的（甚至是無法學習的「技能」），知識的廣度本身可能就有用處。我們的人生是一連串中小型的決策，包含汽車的車主衡量費用龐大的修理是否有必要、選民評估某個陣營的承諾，以及消費者決定到底要不要買電視廣告的營養補給品。這些決定大多是在衝動下做出來的，很少或完全沒有進行研究，說不定也根本就沒有意識到有需要進行研究。博學多聞的人較不可能會因為輕忽了什麼，而做出嚴重至極的拙劣決定，並且更有能力清楚說出他們不知道的事。

氪、蒂芙尼玻璃（Tiffany glass）、**都市農居**（urban homesteading）、**真空低溫烹調**（sous vide）、**年金、驗證碼**（checksum）、**散景**（bokeh）、**計畫性汰舊**（planned obsolescence）、**場面調度**（mise-en-scéne）……博學多聞的人聽過這些名詞或其中的大部分，雖然知識或許淺薄，只比名詞本身多一點，以及模糊的背景概念，但是能對一個主題說上一、兩句的人，知道有一整套知識是他們匱乏的，因此只要在瀏覽器輸入那個字詞就可以研究探索，而缺乏那些名詞的人則不行。腦中有淵博的知識，是解開雲端的鑰匙。

有背景知識的人，最善於獨立思考

「世貿遺址清真寺」（Ground Zero mosque）是媒體為五十一號公園（Park51）新創的詞語。五十一號公園是規劃在距離世貿遺址兩個街區處，建立的伊斯蘭社區中心。原本的構想是由黎巴嫩裔美籍建築師米契・阿布德（Michel Abboud）設計的十三層高樓，以傳統伊斯蘭圖樣做結晶狀的後現代無限延伸。該建築致力於多種信仰的理解，裡面包含祈禱空間、表演藝術中心、運動設施、美食廣場，以及九一一罹難者紀念館。二〇一〇年初步計畫宣布後，一群自稱「阻止美國伊斯蘭化聯盟」（Stop Islamization of America）的團體稱這項計畫為「世貿遺址清真寺」。這個名稱果然對媒體有不可抗拒的吸引力，從此也成為爭議話題。這項計畫被迫縮減，指派給新的建築師，並且重新設計為一棟豪華公寓摩天大樓的便利設施。直到二〇一五年年底，選址地點只開設一個相當小的伊斯蘭中心。一些人認為該中心的存在，是對九一一罹難者的麻木冷漠。「阻止美國伊斯蘭化聯盟」則被其他人視為仇恨團體。[305]

我做了一次有關科學、商業、地理、歷史、文學、流行文

化及體育的十題綜合測驗調查，這些問題和伊斯蘭、恐怖主義或曼哈頓不動產完全無關。調查還包含問答題，其中一題如下：

> 五十一號公園，是計畫在距離世貿遺址兩個街區建造的伊斯蘭中心，被稱為世貿遺址清真寺。在距離世貿遺址這麼近的地方有一個伊斯蘭中心，你有什麼看法？

知道的事實愈少，就愈有可能會反對「世貿遺址清真寺」。[306]

即使個別問題也有顯著相關性，不知道在道奇體育場（Dodger Stadium）進行何種運動的人，更有可能反對這個並不算是清真寺的計畫；[307] 說不出美國是從哪一個國家爭取到獨立的人，或 DC 漫畫（DC Comics）的反派人物是「犯罪之王小丑」（clown prince of crime）的人也一樣。你可能會想，**無法**回答這些問題的人肯定是無法通過如何成為美國人訓練課程的沉睡細胞（sleeper-cell，譯注：指潛伏的恐怖份子）。但是並非如此，無法回答這些問題是「美國出生的伊斯蘭教徒焦慮」之預測因子。

我的「世貿遺址清真寺」問題答案並沒有對錯之分，詢問的是你的感覺。但是情緒和事實緊密相連，許多最反對五十一號公園的人似乎缺乏對背景的認識。他們聽說世貿遺址清真寺是糟糕的事，也就是盲目接受別人的意見，他們或許不知道這項計畫打算紀念恐怖主義的罹難者，或是裡面還有美食廣場。美國約有兩千一百座清真寺，[308] 紐約州有兩百五十座，有兩座位於曼哈頓下城（五十一號公園不算在內，因為不是清真寺），其中一座〔曼哈頓清真寺（Masjid Manhattan）〕距離

世貿遺址只有六個街區，[309] 從一九七〇年就開始運作，而以前世貿中心南塔十七樓也有伊斯蘭祈禱室。[310]

不必知道我剛才一口氣列出來的清真寺統計數據，你也能仔細思考。紐約市有許多的清真寺，有些必定相當靠近世貿遺址，有人要打賭那裡有世貿遺址星巴克（Starbucks）嗎？（Google 地圖顯示，和五十一號公園一樣靠近世貿遺址範圍的星巴克分店有七家。）也許適當的結論是，曼哈頓的建築很多，無論哪裡都有東西靠得很近。

在本書的研究中，我發現在爭議話題上知識和意見有相關性。見多識廣的人更有可能接受世貿遺址清真寺或基因改造食品，會懷疑邊界圍欄及「觸發警告」（trigger warning）的必要，而且認為華盛頓紅人隊（Washington Redskins）應該改名，這些都是文化鬥士會做出下意識反應的敏感議題。**有背景知識的人更善於獨立思考。**

許多個別事實似乎是意見的預測因子。[311] 表格顯示的是我的調查中有強烈顯著性的部分，能說明較廣泛的趨勢。

無知……	與……相關
不知道美國從哪一個國家爭取到獨立	反對「世貿遺址清真寺」
不知道道奇體育場進行何種運動	
不知道 DC 漫畫反派人物是「犯罪之王小丑」	
不知道哪一個城市有著名為拉瓜迪亞（LaGuardia）的機場	對亞裔占美國人口比率的估計至少是實際狀況的兩倍 [312]

無知……	與……相關
以為太陽繞著地球轉	贊成大學課程要有「觸發警告」[313]
不知道太陽比地球大	支持烘焙業者拒絕為同性伴侶製作結婚蛋糕 [314]
不知道《萬有引力之虹》（Gravity's Rainbow）是誰寫的	希望有邊界圍欄可以阻止非法移民 [315]
不知道史波尼克衛星是什麼	
不知道武當幫（Wu-Tang Clan）是什麼	反對政府承認同性婚姻 [316]
以為美國是從西班牙獨立而來	認為華盛頓紅人隊應該保留隊名 [317]

　　我也問了有關行為的問題，從世俗到純粹假設性的都有。你會讓自己的孩子接種麻疹、腮腺炎及德國麻疹混合疫苗嗎？你會在「公開持武」（open carry）槍枝活動期間前往星巴克嗎？你會為了一百萬美元而把寵物丟下懸崖嗎？

　　同樣地，一般知識成績優異的人通常表示會有較明智務實並且負有社會責任的行為。表示會讓自己的孩子接種疫苗的這一組人，[318] 比較可能知道人類不曾和恐龍同時存在，能夠說出曼哈頓計畫（Manhattan Project）是美國建造原子彈的計畫；知道美國有多少參議員；知道美國比印度大，但是人口比印度少；還知道一八一二年戰爭比南北戰爭來得早。

　　有一個假設性的問題設計成棉花糖實驗：

　　　　假設有一個高效能燈泡要價一百美元，但是在十年使用壽命期間可省下三百美元的電費，你願意購買嗎？

　　就如同字面上看到的那樣，這是根本不用思考的事。一百美元的投資不但能幫助融化的冰帽，還能讓使用者一年省下三十美元，這等於是保證三○％的免稅投資報酬率，所以理智的答案是願意。對完全不相關主題的知識愈淵博，就愈有可能說願意購買這種燈泡。[319]

　　知道往哪一個方向轉可以鬆開螺絲，並不是什麼高深的學問，有九三％的人答對。不過，還是和購買一百美元燈泡有相關性[320]，而兒童接種疫苗及在超市使用可重複使用購物袋也是。基本背景知識有其道理，而這種知識勉強可以稱為「常識」。

　　「你會為了一百萬美元而把寵物丟下懸崖嗎？」有一二％的民眾說會。而比率明顯更高的還有：無法說出最堅硬礦物的人（其中有二○％說他們會把寵物丟下懸崖）、不知道GOP這幾個字母代表什麼的人（占一九％），以及不知道愛倫坡知名詩中說「永遠不再」（Nevermore）的是哪一種生物的人（占二二％）。[321]

無知……	與……相關
無法在地圖上找到內布拉斯加州	拒絕讓孩子接種麻疹、腮腺炎及德國麻疹混合疫苗
不知道美國有多少參議員	
以為早期人類獵捕恐龍	
以為美國人口比印度多	拒吃基因改造食品[322]
以為蝦子符合猶太教教規	反對超市使用可重複使用購物袋[323]

無知……	與……相關
不知道往哪一個方向轉可鬆開螺絲	拒絕購買可省下三百美元的一百美元燈泡
認為新墨西哥州是墨西哥的一部分	會在「公開持武」槍枝活動期間前往星巴克[324]
不知道在愛倫坡名詩中說「永遠不再」的是哪一種生物	會為了一百萬美元而把寵物丟下懸崖
不知道 GOP 代表什麼	
認為由蓋茲與保羅・艾倫（Paul Allen）成立的公司是特斯拉（Tesla）	

另一個問題問到：

> 你會按下能讓你成為億萬富翁，但是會隨機殺死一個陌生人的按鈕嗎？沒有人會知道是你造成對方的死亡，你也不會被指控犯罪。

將近五分之一的美國人表示會按下按鈕。[325]在一般知識測驗得分低的人更有可能按下按鈕，而在無法說出九一一世貿中心攻擊是哪一年的人當中，回答「會」的人將近兩倍（占三六％）

一般知識淵博的狐狸哲學正面臨強勁的逆風，我們的媒體時代思潮對事實更偏好刺蝟般的關係。我們獲得數位工具，可以一頭栽入興趣的深水池裡，同時屏除其他的一切。而寄

望的就是「其他的一切」都將存在於雲端，隨手可得。迷失在這種誘人的宣傳中，見多識廣等同於對背景脈絡的了解，與對似是而非的事情一樣瞭若指掌。有了整體的概略看法，才能對個別項目做出評估，對我們**不**知道的事情提出極為重要的洞見。

　　廣博的終身教育不僅是實現財富與健康的方法（雖然大有關係），學習這一項行為會塑造我們的直覺和想像。已知的事實是共同的參考點，連結個人、文化及意識型態，是閒聊、意見與夢想的基礎；讓我們成為更聰明的公民，並且提供我們謙遜這種被低估的恩賜，唯有博學多聞的人能明白自己不懂的有多少。

　　你無法Google到的一件事，就是你應該查詢什麼。

致謝

　　羅伯特・普羅克特（Robert Proctor）的著作對本書的初期構想有重大影響，只是我在本書採用的方法完全偏離普羅克特的方法，他在比較無知學（agnotology）的研究成果，令我相信以無知為題材的重要性。

　　如果沒有成千上百的人撥空參與調查，本書不可能完成。還要感謝崔西・波哈爾（Tracy Behar）、約翰・布羅克曼（John Brockman）、肯尼斯・卡爾森（Kenneth Carlson）、卡斯加特、達寧、希莉亞・哈波（Celia Harper）、泰德・希爾（Ted Hill）、賴瑞・胡薩（Larry Hussar）、羅伯特・拉斯金（Robert Luskin）、莫琳・邁爾斯（Maureen Miles）、伊凡・米勒（Evan Miller）、德魯・莫哈利克（Drew Mohoric）、比利・尼爾（Billy Neal）、勞利・歐提茲（Laurie Ortiz）、蓋雷伯・歐文（Caleb Owen）、侯達・皮西維耶（Hoda Pishvaie）、羅迪格、東尼・史考特（Tony Scott）、SurveyMonkey團隊，以及加州大學洛杉磯分校研究圖書館的工作人員。

⚬▶ 注釋

1. Parker, 2009, 15n.

2. 個統計數字來自我的選擇題調查，題目提供六個選項（戈培爾、奧斯卡・王爾德（Oscar Wilde）、伏爾泰（Voltaire）、阿道夫・希特勒（Adolf Hitler）、溫斯頓・邱吉爾（Winston Churchill）及馬克・吐溫（Mark Twain）。這段引文從未在戈培爾的著作中出現，而是在一九四六年非美活動調查委員會（House Un-American Activities Committee）的報告中，認為是戈培爾所說，從此被廣為引用。在我的調查中，最普遍的猜測是馬克・吐溫，有三八％的人選擇。

前言：事實老是過時，記那個幹嘛？

3. Amy Miller, "New J-Lo Movie Makes 'First Edition "Iliad" ' a Thing," *Legal Insurrection,* February 4, 2015: bit.ly/1aKNK0j.

4. Hillin, 2015.

5. Sotheby's, Auction Results, Music, Continental Books, and Manuscripts, June 5, 2013: bit.ly/1GLJ06l.

6. Itzkoff, 2011.

⑴▶在臉上塗了檸檬汁的搶匪，就能隱形嗎？

7. Morris, 2010.

8. 達寧，作者訪談，二〇一五年六月十二日。

9. Ehrlinger, Johnson, Banner, et al., 2008.

10. Kruger and Dunning, 1999, 1132.

11. Kruger and Dunning, 1999.

12. 達寧，作者訪談，二〇一五年六月十二日。

13. bit.ly/1os8vxN.

14. Rosen, 2014.

15. Wagstaff, 2013.

16. 同上。

17. Cathcart, 2009.

18. Dickens, 1859. 引自第一章的第一段。

19. Hirsch, 1987, 2.

20. Krauss and Glucksberg, 1977.

21. Hirsch, 1987, 4.

22. Boylan, 2014.

23. 同上。

24. 例子可參見臉書頁面，"Common Core Crazy Homework," on.fb.me/1EetjGk.

25. 題目為選擇題，大部分的問題都有四個選項加上「不知道」。

26. Pew Research Center, "Who Knows What About Religion," September 28, 2010, pewrsr.ch/1pD7bxq.

27. Tauber, Dunlosky, Rawson, et al., 2013.

28. 同上。

29. Coley, Goodman, and Sands, 2015, 17.

30. 同上，2。

31. Nielsen, 2014. Figures for China, Russia, and Brazil: Pew Research Center, 2014.

32. 大部分以作者本身的調查為根據。其餘請參見Tauber, Dunlosky, Rawson, et al., 2013。

33. Downs, 1957, 244–46 and 266–71.

34. Salary.com網站上一篇專題報導的實際標題：bit.ly/1e7g5cz。

35. Henkel, 2014.

36. Zachs, 2015.

37. Wegner and Ward, 2013, 80.

38. Wegner and Ward, 2013.

39. Stephens-Davidowitz, 2015.

40. Nestojko, Finley, and Roediger, 2013, 321.

41. Quoted in Kaczynski, 2013.

42. Fisher, 2015.

43. Wegner and Ward, 2013, 61.

44. 麥克魯漢在的影片片段在YouTube上的 bit.ly/1Dlq4dD。

45. Google 公開資料（Google Public Data）：bit.ly/152hP8f。

46. 三個案例的年齡與正確答案相關性皆為 *p* 值小於〇・〇〇一。（不知道 *p* 值是什麼？第六章有說明。）參議員問題的樣本數為二百零七；巴西和游擊手問題的樣本數為四百四十五。

(02) ▸ 地圖這麼大，你該記住的不是每個國家的首都！

47. Bittenbender, 2014.

48. 我以不正確答案的比率為 Gastner-Newman 擴散演算法的密度。使用的軟體是 ScapeToad。

49. 地圖調查的樣本數略高於一百。至於剛果共和國，誤差為正負四・三％——幾乎和調查數值一樣大。

50. National Geographic Education Foundation, 2006.

51. National Geographic Education Foundation, 2006, 6.

52. Lexi M. Del Toro and Bessie X. Zhang, "Roving Reporter: Canada," November 18, 2013: bit.ly/1DK92YL.

53. Tauber, Dunlosky, Rawson, et al., 2013, 1129.

54. 該題為有五個選項的選擇題（美國、墨西哥、德州、瓜地馬拉及南美洲）。選美國的有九一・五％，誤差為正負三・三％。樣本數為兩百八十二。

55. National Geographic Education Foundation, 2006, 56.

56. 知識與支持邊界圍欄的相關性 *p* 小於〇・〇〇一。如果教育和年齡納入線性迴歸，知識在預測支持邊界圍欄上依然非常顯著：*p* 等於〇・〇〇二。

57. 這些數字來自線性迴歸，年齡和教育維持為三十五歲及受過四年大學教育。

58. *p* 小於〇・〇〇一。雖然北卡羅來納州的模式相似，但是數據並無統計顯著性（*p* 等於〇・二七七）。該調查樣本數為兩百二十八。

59. *p* 小於〇・〇〇一。

60. 對邊界圍欄的平均評估為，說對者為十人之中有七・三一人，說錯者則為四・五一人。

61. National Geographic Education Foundation, 2006.

62. Norton and Ariely, 2011, 9.

63. Schrager, 2014.

64. Statista, "Shares of Household Income of Quintiles in the United States from 1970 to 2014": bit.ly/1PkkUng.
65. Kiatpongsan and Norton, 2014.
66. Norton and Ariely, 2011, 12.
67. Kohut, 2015.
68. Cohn, Taylor, Lopez, et al., 2013.
69. Desvousges, Johnson, Dunford, et al., 1992.
70. Ipsos MORI, 2014.
71. 同上。
72. 同上。
73. 同上。
74. Romano, 2011.
75. p 等於〇・〇〇五，樣本數為四百六十二。

(03) ▶ 死背年代事件，得到的還不如一齣穿越劇

76. Terkel, 2010; *Los Angeles Times,* 2014.
77. See "Don't Know Much About History?", July 2, 2010: bit.ly/1Na7nzX.
78. Wilson, 2015.
79. *Newsweek,* 2011.
80. Wilson, 2015.
81. 羅迪格，作者訪談，二〇一五年三月十六日。
82. Beloit College, Mindset List, 2016 list: bit.ly/1CpeE3G.
83. Koppel and Berntsen, 2014.
84. Skiena and Ward, *Time,* 2013.
85. 樣本數約為一百六十。約半數樣本能辨識的人物誤差線為正負八％。
86. Tauber, Dunlosky, Rawson, et al., 2013, 1123.
87. Gewertz, 2007.
88. Zaromb, Butler, Agarwal, and Roediger, 2013.
89. See bit.ly/1e0891p; Matt Novak, "9 Albert Einstein Quotes That Are Totally Fake," *Paleofuture,* March 14, 2014: bit.ly/17hHKK7; Brown, 1983, 68.
90. 這個名詞是由英國作家暨廣播主持人尼哲・里斯（Nigel Rees）所創造的。See Peters, 2009.
91. Deam, 2014.
92. 同上。
93. Townes, 2014.

94. Legum, 2015.

95. Kurtz, 2014.

96. Cave, 1996, 35-36.

97. 羅迪格，作者訪談，二〇一五年三月十六日。

98. 參考菲力普・鮑赫勒（Philipp Bouhler）的《為德國而戰：德國青年教科書》（*Kampf um Deutschland: Ein Lesebuch für die deutsche Jugend*）（Munich: Zentralverlag der NSDAP, Franz Eher Nachfolger, 1938）。網路上有部分譯文 bit.ly/1fG9qfC。

04 ▶ 二〇%的人相信錯誤的事，你該怎麼辦？

99. Luippold, 2010.

100. Anti-Defamation League, 2014.

101. 我呈現反誹謗聯盟資料的方式，與該組織在自己網站的表現方式略有不同。該組織的網站指九三％的德國人聽說過猶太大屠殺，而這些人之中有一一％認為被誇大了。我想，若以從未聽過猶太大屠殺的人與否認及認為被誇大的人做比較，應該會更有幫助。因此，用選擇題的已知值乘以聽過猶太大屠殺的數字。因為四捨五入，百分比加總後未必都是一百。

102. 例子可參考 Boyd, 2008.

103. Wood, Douglas, and Sutton, 2012.

104. Lewandowsky, Gignac, and Oberauer, 2013, 2-3.

05 ▶ 選舉就是一場智力測驗

105. Krugman, 2015.

106. Carl, 2013.

107. Krugman, 2015.

108. Carl, 2013.

109. Garvey and Garrison, 2006.

110. Garrison, 2006.

111. Pew Research Center, "Who Knows What About Religion," September 28, 2010, pewrsr.ch/1pD7bxq.

112. p 等於〇・七四二，但是我的樣本數很小，只有一百一十。

113. Annenberg Public Policy Center, 2014.

114. Dooley, 2014.

115. Gorman, 2015.

116. Ramer, 2011.

117. 錄音檔請參見 bit.ly/1GpEhZu。

118. Vavreck, 2014.

119. 同上。

120. Meyerson, 2014.

121. Lopez, 2014.

122. Ipsos MORI, 2014.

123. 相關性測試 p 等於○‧○二一，樣本數為一百零六。投票預測因子：p 等於○‧○○七。

(06) ▶ 每樣事實，都可以貼上一個價格標籤

124. Sullivan, 2006.

125. 同上。

126. tylervigen.com。

127. 例子可參見 Payscale.com 的大學薪資報告。

128. 測驗分數的 p 等於○‧○○二。

129. p 等於○‧○○四。

130. Kahneman and Deaton, 2010; Luscombe, 2010.

131. p 等於○‧三七一。

132. 完整的測驗還詢問巴西的首都、游擊手的位置在哪裡、眾議院議長的姓名、π 的第三位數，以及若以年報酬率七％計算，一項投資需要多久才能翻倍。

(07) ▶ 看到相對論，只想到 $E=mc^2$

133. youtu.be/s_5j1mVE8Sk.

134. Taegan Goddard, "Just Two Scientists Left in Congress," *Taegan Goddard's Political Wire,* January 6, 2015: bit.ly/1yz7u1F.

135. National Science Board, 2006.

136. Newport, 2014.

137. Luke Lewis, "A Whole Bunch of People on Facebook Thought Steven Spielberg Killed a Real Dinosaur," BuzzFeed, July 11, 2014: bzfd.it/1dzn4k0.

138. 誤差範圍為正負四‧九％。樣本數為兩百零四。

139. 樣本數為一百二十一。

140. 薩根數次寫到或提到這句話，第一次明確出現是在 Sagan, 1973, 189-90。

141. Timmer, 2014.

142. Candisky and Siegel, 2014.

143. p 小於〇‧〇〇一;樣本數為兩百零四。

144. Ehrlinger, Johnson, Banner, et al., 2008.

145. p 等於〇‧一二九,樣本數為兩百零四。

146. John F. Sargent Jr., *The U.S. Science and Engineering Workforce: Recent, Current, and Projected Employment, Wages, and Unemployment,* Congressional Research Service, February 19, 2014: bit.ly/1amEn69.

147. p 等於〇‧〇一六,樣本數為一百二十四。

148. 樣本數為兩百零四。

⑧ ▸ 從餐廳菜單到商用文件的文法警察

149. McMillen, 2015.

150. Black, 2008.

151. 同上。

152. GrubHub, 2013; Satran, 2013.

153. Paolo Rigiroli, "Top Misspelled," *Quattro Formaggi,* n.d.: bit.ly/1ThRAOP.

154. 布萊克在維吉尼亞州阿靈頓(Arlington)的約克鎮小餐館(Yorktown Bistro)發現的。

155. Madison, 2010.

156. 正確版菜單的樣本數為兩百二十二,不正確版則為兩百一十五。

157. Memoli, 2014.

158. 文法測驗,所得是 p 等於〇‧六〇五,教育水準是 p 等於〇‧〇八六,樣本數為一百一十七;年齡是 p 等於〇‧一二五,樣本數為兩百二十六。拼字測驗,年齡是 p 等於〇‧六七七,樣本數為一百零三。

159. 拼字是 p 等於〇‧〇七九,樣本數為一百零三。文法是 p 等於〇‧二四六,樣本數為兩百二十六。

160. p 等於〇‧〇二三,樣本數為兩百二十六。留意 p 值是指所得在人口中屬於偏多的機率,而不是說一年兩萬三千美元的數字完全準確。

161. Kleinman, 2014.

162. 八個俚語問題題組和八個首字母縮寫字與縮寫詞題組,兩者皆為 p 小於〇‧〇〇一。

163. 首字母縮寫字題組是 p 等於〇‧八七八,俚語題組則是 p 等於〇‧五七九。兩項調查的樣本數為一百零七;男性說教的樣本數為兩百零七。

164. O'Leary, 2013.

165. p 等於〇‧〇二二，樣本數為一百八十三。

⑨▸ 只有少數人認識的名人，卻領到高額代言費

166. Bilton, 2015.

167. 同上。

168. Grundberg and Hansegard, 2014.

169. January 7, 2014, post on @AnthonyDeVito Twitter feed.

170. Williams, 2015.

171. *New York Post,* 2013.

172. 樣本數為兩百六十一。威斯特和嘻哈鬥牛梗的辨識率差距並無統計顯著性。威斯特的誤差範圍為正負五‧九％，嘻哈鬥牛梗則是正負五‧八％。

173. p 小於〇‧〇〇一。平均測驗結果，千禧世代約為七〇％，六十歲以上者三〇％。

174. p 等於〇‧〇三三。以年齡做線性迴歸，以嘻哈知識為所得的預測因子不再有顯著性。p 等於〇‧三七一。

175. Kalia, 2015.

176. 同上。

177. Said, 2013.

⑩▸ 難道達賴喇嘛不是佛教徒？

178. Pew Research Center, 2010.

179. 同上，70。

180. Stephen Prothero, "Religious Literacy Quiz," Pew Research Center, 2007: pewrsr.ch/1aLl9bd.

181. Prothero, 2007.

182. Sontag, 2007.

183. Pew Research Center, 2010 and 2015.

184. Pew Research Center, 2010, 4.

185. 所得是 p 等於〇‧六八〇，快樂是 p 等於〇‧五八〇，已婚是 p 等於〇‧八三九。樣本數為一百一十八。

186. Oppenheimer, 2007.

187. 樣本數為一百一十八。

⑪▸擊敗尼采的實境秀演員

188. 一八九〇年出版的《格雷的畫像》(*The Picture of Dorian Gray*)序言。電子書可參見 bit.ly/1KfBR0J。

189. Christie's, Post-War and Contemporary Art sale results, November 12, 2013: bit.ly/1Ic0g77.

190. 樣本數為一百六十四。得分最低藝術家的誤差範圍約為四％。

191. Tumblr 部落格 *454 W 23rd St New York, NY 10011-2157* 創造這個名詞,並列出一連串正確的發音。參見 bit.ly/1yTivoP。

192. *p* 等於〇‧〇二六,樣本數為一百八十三。

193. *p* 等於〇‧〇一一。

194. 參考 The-Numbers.com 的票房數字。我是以平均十美元的票價來估算。

195. Greenfeld, 2014.

196. 教育是 *p* 小於〇‧〇〇一,所得是 *p* 等於〇‧〇八二。樣本數為一百一十九。

⑫▸無麩質薯條是一種健康食品?

197. Semuels, 2014.

198. Audrey Tang with Matt Itelson, "Center Tests Americans' Sexual Literacy," *SF State News,* July 11, 2005: bit.ly/1OaylEz.

199. Semuels, 2014.

200. Vine, 2008.

201. Post on @AliceDreger Twitter feed, April 15, 2015. See also Nelson, 2015.

202. Lilienfeld and Graham, 1958.

203. Xu, Markowitz, Sternberg, and Aral, 2006.

204. Proctor and Schiebinger, 2008, 112.

205. Allday, 2006.

206. Oliver and Wood, 2014.

207. *Consumer Reports,* 2015, 37.

208. 影片片段在 YouTube at bit.ly/1hxnfrr。

209. Zamon, 2014.

210. *Consumer Reports,* 2015, 40.

211. 樣本數為一百五十一。

212. 該段引文取自狄克於一九七八年的演說:「如何建立不會在兩天後分崩離析的宇宙。」("How to Build a Universe That Doesn't Fall Apart Two Days Later.")參見 bit.ly/1koJyFx。

213. p 等於〇‧〇一四，十五個題目也問到了健康。

214. p 等於〇‧〇二九。

215. 這些問題就在我說過的十五題測驗中，各自都是健康的預測因子。關於最高法院：p 等於〇‧〇四一；笛卡兒：p 等於〇‧〇二七；太陽：p 等於〇‧〇〇八。樣本數為四百四十五。

⑬▸對運動冷知識懂得愈多，就賺得愈多？

216. See Reddit posts at bit.ly/1ca4H4G.

217. Campbell, 2014.

218. p 等於〇‧〇〇九，樣本數為一百五十四。

219. CONSAD Research Corporation, 2009.

220. p 等於〇‧七四二。模型中的運動知識，p 等於〇‧〇一四。

221. p 等於〇‧三五九，樣本數為一百零四。

222. 第二回調查 p 等於〇‧〇四四，樣本數為一百一十。所得落差略有變大：得分〇％者每年（家戶）所得兩萬九千五百一十一美元，得分一〇〇％的則為八萬七千零九十二美元。

223. p 等於〇‧〇〇九，樣本數為一百一十。迴歸推斷得分〇％者平均為十分之中三‧八九，得分一〇〇％者為六‧四五。

224. 樣本數為一百一十。

225. 所得相關性 p 等於〇‧〇二四。樣本數為一百一十七。

⑭▸人生，是一連串的棉花糖測試

226. New York *Daily News,* June 3, 2013.

227. Piore, 2013.

228. Gallup News Service, 1999.

229. p 等於〇‧〇三五，樣本數為三百二十二。

230. 測驗分數與自評快樂的相關性 p 小於〇‧〇〇一。

231. Gerardi, Goette, and Meier, 2010.

232. 同上，11。

233. Maranjian, 2015.

234. 這個金融經驗法則是說，將七十二除以年報酬率，得到的百分點就是投資增加一倍需要的年數。以這個例子來說，將七十二除以七，得到一〇‧二九年。答案就數學來說並不精準，但是對於經常推測報酬率的投資人來說夠接近了。

235. 正確答案與所得的相關性 p 小於○・○○一。樣本數為四百二十七。至於存款，相關性 p 等於○・○一二，樣本數為三百二十二。至於快樂評比，以零到三為等級，答對複利問題的人為二・○九一，未能答對的人為一・八一五（ p 等於○・○○四）。

236. Casey, Somerville, Gotlib, et al., 2011; Schlam, Wilson, Shoda, et al., 2013.

237. Pelletier, 2013, 2.

238. Pelletier, 2013.

239. Matthew Reed and Debbie Cochrane, "Student Debt and the Class of 2011," Project on Student Debt of the Institute for College Access and Success, October 2012: bit.ly/21wksZ2.

240. See S. H., 2014.

241. Mandell and Klein, 2009.

242. Cole and Shastry, 2008.

243. p 等於○・○二六，樣本數為三百二十二。

244. p 等於○・○○四，更快樂： p 等於○・○一二。樣本數為三百二十二。

⑮▸表層學習的價值

245. Quoted in Sweet, 2010, 51.

246. p 等於○・○一九。supersede： p 等於○・○○二。儘管樣本數僅有一百零三，但 p 值頗令人印象深刻。

247. p 等於○・○一四，樣本數為一百。

248. p 等於○・一三二，樣本數為兩百零七。

249. p 小於○・○○一，樣本數為兩百二十八與兩百零七。另一個「困難」的調查： p 等於○・○○三，樣本數為兩百二十八。

250. LoBrutto, 1997, 19.

251. Chase and Simon, 1973.

252. 參見「知名女發明家」（Famous Women Inventors）：Bette Nesmith Graham 條目（bit.ly/1Fn7Chu），以及維基百科。

253. Einstein, 1931, 97.

254. 愛因斯坦及達爾文和華萊士，參見 Asimov, 2014。

255. Rosen, 2014.

256. Mohan, 2015.

⑯▶標籤、保單與其他設計出來的無知

257. Mobley, 2014.

258. 年齡為陡峭負相關且 p 小於〇・〇〇一，樣本數為一百零六。

259. Davis, Wolf, Bass, et al., 2006.

260. Brown, 2014.

261. 此為世界衛生組織（World Health Organization, WHO）2013年的數字。參見 bit.ly/1myPji2。

262. Frederick, 2005.

263. 參考麻省理工學院網站，「入學許可」（Admissions）網頁：bit.ly/1Qfyhfo。

264. Paddock, 2011.

265. Loewenstein, Friedman, McGill, et al., 2013.

266. 同上，860。

267. 樣本數為兩百六十八。

268. 樣本數為一百二十一。

269. p 等於〇・〇四八，樣本數為兩百六十七。

270. 樣本數為兩百六十八。鄭重聲明，正確答案僅適用於美國與英國。在澳洲，則是四茶匙等於一湯匙，一湯匙等於三分之二液量盎司。

271. 樣本數為兩百六十八。

272. Weinberger, 2012. 我平均二〇〇二年到二〇一一年的數字，計算出五・四八％。

273. 樣本數為兩百六十八。

274. Reed and Montoya, 2013.

275. Prange, n.d.

276. Reed and Montoya, 2013.

⑰▶破解長輩文、假新聞與網路謠言

277. See the "Celebrity Fake News Hoax Generator" story on FakeAWish.com at bit.ly/1n0YtS7.

278. Miller, 2014.

279. 羅迪格，作者訪談，二〇一五年三月十六日。

280. 同上。

281. 卡斯加特，作者訪談，二〇一五年六月五日。

282. 樣本數為四百五十八，以九五％的信心水準，福斯新聞分數為五六・六％，正負四・四％。

283. 如果你懷疑這個說法，請參見 Poundstone, 1990, 311-15。我嘗試驗證所有出現在六份小報週報的報導。我可以確認《國家詢問報》的一百九十六篇報導大致上全都符合事實。即便是以捏造封面故事（極度缺乏愛的猩猩為了小矮人而瘋狂）聞名的《世界新聞週刊》（*Weekly World News*），九六％也都符合事實。

284. Marshall, 2013.

285. Vavreck, 2015.

286. 同上。

287. "The Facts: Why Digital Detox?" at bit.ly/1aLo1F9. 並未提供統計數據的來源。

288. Fairleigh Dickinson, 2012, 3.

⑱▸用事實為你的思考背書

289. Kahan, 2015, 22.

290. 同上，42。這並不是說浮冰融化沒關係，要擔心的是陸地——主要是南極地區和格陵蘭。

291. Kahan, 2012.

292. Kahan, 2015, 29.

293. 同上，12。

294. 同上，14。

295. 引述 Fishkin, 2006。

296. 引述 Fishkin and Luskin, 2005, 286。

297. Kruger and Dunning, 1999, 1131.

298. Aizenman, 2015.

299. Fishkin, 2006.

300. 參見商議式民主中心網站：cdd.stanford.edu。

⑲▸你要當狐狸，還是當刺蝟？

301. Berlin, 1978, 22.

302. 同上，23。

303. Gara, 2014.

304. Tetlock, 2005.

305. 南方貧困法律中心（Southern Poverty Law Center）如此稱呼。「阻止美國伊

斯蘭化聯盟」可參見維基百科的條目，bit.ly/1Q91MGd。

306. p 等於〇‧〇二。

307. p 等於〇‧〇三九。美國獨立：p 等於〇‧〇〇四。DC漫畫反派角色：p 等於〇‧〇〇四。正確答案分別為棒球、英國及小丑。

308. 參見維基百科條目：「美國清真寺名單」（List of Mosques in the United States），bit.ly/1GBdPeT。

309. Barnard, 2010.

310. Freedman, 2010.

311. 我應該預先提醒讀者有關多重性（multiplicity），這是記者和決策者很少理解的統計風險。傳統做法是，若是純粹隨機抽樣，發生機率誤差在五％以下，結果就算顯著。這是源自傳統科學概念，認為蒐集資料（並形成假設前提）是勞力密集的工作。如今在線上蒐集資料，並由軟體搜尋可能存在的相關性，既容易又便宜，這大概相當於測試數千種可能的假設。在這種情況下，p 值就比較無法去蕪存菁。研究人員必定預料到，每檢查二十個假設就會約有一個「顯著」但虛假的相關性。多重性這時就是一個潛在疑慮，因為我挑選的相關性是多少比較有趣，而且能說明知識與意見或自評行為的大致關係。因此，我在偏重有高度顯著 p 值的單一事實相關性、一般知識測驗表現與信念之間的典型相關性，態度謹慎。兩個表格的 p 值中間值為〇‧〇〇七。

312. p 小於〇‧〇〇一，樣本數為一百二十五。我採用的這個小組估計亞裔美國人口為一五％以上（人口普查數字為五‧六％）。

313. p 等於〇‧〇三六，樣本數為兩百八十二。

314. p 等於〇‧〇一七，樣本數為兩百零七。

315. p 等於〇‧〇一一。史波尼克人造衛星與贊成邊界圍欄的相關性：p 小於〇‧〇〇一。樣本數為兩百二十八。

316. p 等於〇‧〇〇一，樣本數為兩百一十七。

317. p 等於〇‧〇二，樣本數為兩百八十二。

318. 參議員的問題，p 等於〇‧〇一二；其他所有引用的意見，p 小於〇‧〇〇一；樣本數為兩百零七。

319. p 等於〇‧〇二〇。

320. p 小於〇‧〇〇一（願意讓孩子接種疫苗）；p 等於〇‧〇〇二（贊成可重複使用購物袋）；p 等於〇‧〇〇九（願意購買一百美元的燈泡）。樣本數為兩百零七。

321. p 等於〇‧〇一八。特斯拉：p 等於〇‧〇〇七。愛倫波：p 等於〇‧〇一七。樣本數為兩百五十四。

322. p 等於〇‧〇〇七，樣本數為兩百零七。

323. p 等於〇‧〇〇五，樣本數為兩百零七。

324. p 等於〇‧〇二六，樣本數為兩百八十二。

325. 精確的結果是一八‧九％，正負四‧八％。知道或不知道九一一攻擊是哪一年的相關性 p 等於〇‧〇〇一，樣本數為兩百五十四。

資料來源

1. Aizenman, Nurith. "It's Not a Come-On from a Cult. It's a New Kind of Poll!" NPR *Morning Edition* story, aired May 18, 2015. n.pr/1Afszii.
2. Allday, Erin. "Safer Sex Info Goes High-Tech." *SFGate,* April 26, 2006.
3. Annenberg Public Policy Center. "Americans Know Surprisingly Little About Their Government, Survey Finds." September 17, 2014. bit.ly/1IsSaqy.
4. Anti-Defamation League. "ADL Global 100," 2014. Global100.adl.org.
5. Asimov, Isaac. "Isaac Asimov Asks, 'How Do People Get New Ideas?' " *MIT Technology Review,* October 20, 2014.
6. Barnard, Anne. "In Lower Manhattan, 2 Mosques Have Firm Roots." *New York Times,* August 13, 2010. nyti.ms/1FNjkWV.
7. Berlin, Isaiah. *Russian Thinkers.* Edited by Henry Hardy and Aileen Kelly. Vol. 1 of *Selected Writings.* London: Hogarth, 1978.
8. Bilton, Nick. "Jerome Jarre: The Making of a Vine Celebrity." *New York Times,* January 28, 2015.
9. Bishop, George F., Robert W. Oldendick, Alfred Tuchfarber, and Stephen E. Bennett. "Pseudo-Opinions on Public Affairs." *Public Opinion Quarterly* 44, no. 2 (1980): 198–209.
10. Bittenbender, Steve. "Kentucky Teacher Resigns Amid Parents' Ebola Fears: Report." Reuters, November 3, 2014.
11. Black, Jane. "Typos a la Carte, Ever a Specialty of the House." *Washington Post,* June 18, 2008.
12. Boyd, Robynne. "Do People Only Use 10 Percent of Their Brains?" *Scientific American,* February 7, 2008. bit.ly/1IYfJv9.
13. Boylan, Jennifer Finney. "A Common Core for All of Us." *New York Times,* March 22, 2014.

14. Brown, Eryn. "Doctors Learn to Push Back, Gently, Against Anti-Vaccination Movement." *Los Angeles Times,* October 21, 2014.
15. Brown, Rita Mae. *Sudden Death.* New York: Bantam, 1983.
16. Campbell, Colin. "Obama Can't Stop Using Sports Metaphors to Explain Foreign Policy." *Business Insider,* May 29, 2014.
17. Candisky, Catherine, and Jim Siegel. "Intelligent Design Could Be Taught with Common Core's Repeal." *Columbus Dispatch,* August 20, 2014.
18. Carl, Jeremy. "Liberal Denial on Climate Change and Energy." *National Review,* October 23, 2013.
19. Casey, B. J., Leah H. Somerville, Ian H. Gotlib, Ozlem Ayduk, et al. "Behavioral and Neural Correlates of Delay of Gratification 40 Years Later." *Proceedings of the National Academy of Sciences* 108, no. 36 (September 6, 2011): 14998-15003. bit.ly/1Cg7lw6.
20. Cathcart, Brian. "Is Google Killing General Knowledge?" *Intelligent Life,* Summer 2009.
21. Cave, Alfred. *The Pequot War.* Amherst: University of Massachusetts Press, 1996.
22. Chase, W. G., and H. A. Simon. "Perception in Chess." *Cognitive Psychology* 4 (1973): 55-81.
23. Cohn, D'Vera, Paul Taylor, Mark Hugo Lopez, et al. "Gun Homicide Rate Down 49% Since 1993 Peak; Public Unaware." Pew Research Center, May 7, 2013.
24. Cole, Shawn, and Gauri Kartini Shastry. "If You Are So Smart, Why Aren't You Rich? The Effects of Education, Financial Literacy and Cognitive Ability on Financial Market Participation." Harvard Business School Working Paper 09-071, November 2008.
25. Coley, Richard J., Madeline J. Goodman, and Anita M. Sands. "America's Skills Challenge: Millennials and the Future." Princeton, N.J.: Educational Testing Service, January 2015.
26. CONSAD Research Corporation. "An Analysis of Reasons for the Disparity in Wages Between Men and Women." Prepared for the US Department of Labor, January 12, 2009. bit.ly/1ie1UWk.
27. *Consumer Reports.* "The Truth About Gluten." January 2015: 37-40.
28. Davis, Terry C., Michael S. Wolf, Pat F. Bass III, et al. "Literacy and Misunderstanding Prescription Drug Labels." *Annals of Internal Medicine* 145, no. 12 (December 19, 2006): 887-94.
29. De Groot, Adriaan. *Thought and Choice in Chess.* The Hague: Mouton, 1965. Reprint of the 1946 Dutch edition.
30. Deam, Jenny. "New U.S. History Curriculum Sparks Education Battle of 2014." *Los Angeles Times,* October 1, 2014.
31. Desvousges, William H., F. Reed Johnson, Richard W. Dunford, et al. "Measuring Nonuse Damages Using Contingent Valuation: An Experimental Evaluation of Accuracy." Research Triangle Institute Monograph 92-1, 1992.

32. Dickens, Charles. *Hard Times— For These Times*. Originally published in 1854. A Project Gutenberg eText is available at bit.ly/1pH9ASu.

33. Dooley, Erin. "Oops! Va. Judge Confuses Constitution, Declaration of Independence in Gay Marriage Ruling." ABC News, February 14, 2014.

34. Downs, Anthony. *An Economic Theory of Democracy*. New York: Harper & Brothers, 1957.

35. Dropp, Kyle, Joshua D. Kertzer, and Thomas Zeitzoff. "The Less Americans Know About Ukraine's Location, the More They Want U.S. to Intervene." *Washington Post*, April 7, 2014.

36. Ehrlinger, Joyce, Kerri Johnson, Matthew Banner, David Dunning, and Justin Kruger. "Why the Unskilled Are Unaware: Further Explorations of (Absent) Self-Insight Among the Incompetent." *Organizational Behavior and Human Decision Processes* 105, no. 1 (January 2008): 98–121.

37. Einstein, Albert. *Cosmic Religion: With Other Opinions and Aphorisms*. New York: Covici-Friede, 1931.

38. Fairleigh Dickinson University PublicMind Poll. "What You Know Depends on What You Watch: Current Events Knowledge Across Popular News Sources." May 3, 2012.

39. Fisher, Marc. "Steal This Idea." *Columbia Journalism Review*, March/April 2015.

40. Fishkin, James S. "The Nation in a Room." *Boston Review*, March 1, 2006.

41. Fishkin, James S., and Robert C. Luskin. "Experimenting with a Democratic Ideal: Deliberative Polling and Public Opinion." *Acta Politica* 40 (2005): 284–98.

42. Foster, James. "Do Users Understand Mobile Menu Icons?" Exis, n.d. bit.ly/1DRUqpK.

43. ———. "Don't Be Afraid of the Hamburger: A/B Test." Exis, n.d. bit.ly/1Cxj6NB.

44. Frederick, Shane. "Cognitive Reflection and Decision Making." *Journal of Economic Perspectives* 19(2005): 25–42.

45. Freedman, Samuel G. "Muslims and Islam Were Part of Twin Towers' Life." *New York Times*, September 10, 2010.

46. Gallup, George. "Public Opinion in a Democracy." The Stafford Little Lectures, Princeton University Extension Fund, 1939.

47. Gallup News Service. "Lotteries Most Popular Form of Gambling for Americans." June 17, 1999.

48. Gara, Tom. "McDonald's and Wendy's: A Modern-Day Fox vs Hedgehog." *Wall Street Journal*, January 24, 2014.

49. Garrison, Jessica. "Guesswork Is the Norm When Voting for Judges." *Los Angeles Times*, May 28, 2006.

50. Garvey, Megan, and Jessica Garrison. "Judge's Loss Stuns Experts." *Los Angeles Times*, June 8, 2006.

51. Gerardi, Kristopher, Lorenz Goette, and Stephan Meier. "Financial Literacy

and Subprime Mortgage Delinquency: Evidence from a Survey Matched to Administrative Data." Federal Reserve Bank of Atlanta Working Paper 2010-10, April 2010.

52. Gewertz, Ken. "Albert Einstein, Civil Rights Activist." *Harvard Gazette,* April 12, 2007.

53. Gorman, Sean. "Rick Perry Errs in Tying Patriotism Quote to Thomas Paine." *Richmond Times-Dispatch,* March 9, 2015.

54. Greenfeld, Karl Taro. "Faking Cultural Literacy." *New York Times,* May 24, 2014.

55. GrubHub. "Family Favorites Top the List of Most Misspelled Food Names." Press release, May 28, 2013. bit.ly/1HGxs7V.

56. Grundberg, Sven, and Jens Hansegard. "YouTube's Biggest Draw Plays Games, Earns $4 Million a Year." *Wall Street Journal,* June 16, 2014.

57. Henkel, Linda. "Point-and-Shoot Memories: The Influence of Taking Photos on Memory for a Museum Tour." *Psychological Science* 25, no. 2 (February 2014): 396–402. doi:10.1177/0956797613504438.

58. Hickey, Walter. "A New Poll Shows Americans Don't Actually Understand Anything About the Deficit." *Business Insider,* October 9, 2013. read. bi/1Cg9Iid.

59. Hillin, Taryn. " 'Boy Next Door' Screenwriter: That Cringe-y 'First Edition Iliad' Scene Was Not in My Script." *Fusion,* February 6, 2015. fus.in/1ukOyBl.

60. Hirsch, E. D., Jr. *Cultural Literacy: What Every American Needs to Know.* New York: Houghton Mifflin, 1987.

61. Ipsos MORI. "Perceptions Are Not Reality: Things the World Gets Wrong." Perils of Perception Study, October 29, 2014. bit.ly/1ydnOFb.

62. Itzkoff, Dave. "Where the Deer and Chameleon Play." *New York Times,* February 25, 2011.

63. Kaczynski, Andrew. "Section of Rand Paul's Book Plagiarized Forbes Article." BuzzFeed, November 5, 2013. bzfd.it/1GLxbwP.

64. Kahan, Dan M. "Climate-Science Communication and the Measurement Problem." *Advances in Political Psychology* 36 (2015): 1–43.

65. ———. "Why We Are Poles Apart on Climate Change." *Nature* 488, no. 7411 (August 15, 2012): 255.

66. Kahneman, Daniel, and Angus Deaton. "High Income Improves Evaluation of Life but Not Emotional Well-Being." *Proceedings of the National Academy of Sciences* 107, no. 38 (September 21, 2010): 16489–93. bit.ly/1yW8S9h.

67. Kahneman, Daniel, Ilana Ritov, and David A. Schkade. "Economic Preferences or Attitude Expressions? An Analysis of Dollar Responses to Public Issues." *Journal of Risk and Uncertainty* 19 (1999): 203–35.

68. Kalia, Ajay. " 'Music Was Better Back Then': When Do We Stop Keeping Up with Popular Music?" *Skynet & Ebert,* April 22, 2015. bit.ly/1HvgYMA.

69. Kiatpongsan, Sorapop, and Michael I. Norton. "How Much (More) Should

CEOs Make? A Universal Desire for More Equal Pay." *Perspectives on Psychological Science* 9, no. 6 (November 2014): 587–93.

70. Klaus, Robert M., and Sam Glucksberg. "Social and Nonsocial Speech." *Scientific American* 236 (February 1977): 100–105.

71. Kleinman, Alexis. "FBI Crafts 83-Page Report on What Things Like 'LOL' and 'BRB' Mean." *Huffington Post,* June 18, 2014.

72. Kohut, Andrew. "Despite Lower Crime Rates, Support for Gun Rights Increases." Pew Research Center, April 17, 2015.

73. Kopan, Tal. "Rand Paul on Plagiarism Charges: If Dueling Were Legal in Kentucky . . ." *Politico,* November 3, 2013. politi.co/1N9Vlqm.

74. Koppel, Jonathan, and Dorthe Berntsen. "Does Everything Happen When You Are Young? Introducing the Youth Bias." *Quarterly Journal of Experimental Psychology* 67 (2014): 417–23.

75. Kruger, Justin, and David Dunning. "Unskilled and Unaware of It: How Difficulties in Recognizing One's Own Incompetence Lead to Inflated Self-Assessments." *Journal of Personality and Social Psychology* 77 (1999): 1121–34.

76. Krugman, Paul. "Hating Good Government." *New York Times,* January 18, 2015.

77. Kurtz, Stanley. "How the College Board Politicized U.S. History." *National Review,* August 25, 2014.

78. Legum, Judd. "Oklahoma Lawmakers Vote Overwhelmingly to Ban Advanced Placement U.S. History." *ThinkProgress,* February 17, 2015.

79. Lewandowsky, Stephan, Gilles E. Gignac, and Klaus Oberauer. "The Role of Conspiracist Ideation and Worldviews in Predicting Rejection of Science." *PLoS ONE* 8, no. 10 (2013). doi:10.1371/journal.pone.0075637.

80. Lilienfeld, A. M., and S. Graham. "Validity in Determining Circumcision Status by Questionnaire as Related to Epidemiological Studies of Cancer of the Cervix." *Journal of the National Cancer Institute* 21, no. 4 (October 1958): 713–20.

81. Liu, James H. "Narratives and Social Memory from the Perspective of Social Representations of History." In *Narratives and Social Memory: Theoretical and Methodological Approaches,* edited by Rosa Cabecinhas and Lilia Abadia, 11–24. Braga, Portugal: University of Minho, 2013.

82. LoBrutto, Vincent. *Stanley Kubrick: A Biography*. New York: D. I. Fine, 1997.

83. Loewenstein, George, Joelle Y. Friedman, Barbara McGill, et al. "Consumers' Misunderstanding of Health Insurance." *Journal of Health Economics* 23 (2013): 850–62.

84. Lopez, Steve. "Idea of an L.A. Voteria Is Gaining Currency." *Los Angeles Times,* August 19, 2014.

85. *Los Angeles Times*. "A Textbook Case of Meddling in California." June 15, 2014.

86. Luippold, Ross. "The Craziest Beliefs Shared by 'One-in-Five' Americans."

Huffington Post, August 24, 2010. huff.to/1O9CzMP.

87. Luscombe, Belinda. "Do We Need $75,000 a Year to Be Happy?" *Time,* September 6, 2010.

88. Madison, Jillian. "The Food Network Loves Mascarpone." *Food Network Humor,* April 15, 2010. bit.ly/1ydqmTQ.

89. Mandell, Lewis, and Linda Schmid Klein. "The Impact of Financial Literacy Education on Subsequent Financial Behavior." *Journal of Financial Counseling and Planning* 20, no. 1 (2009): 15–24.

90. Maranjian, Selena. "The Simple 3-Question Financial Quiz Most Americans Fail: Can You Pass It?" *The Motley Fool,* March 10, 2015.

91. Marshall, Perry. "Why I Don't Watch the News & Why You Shouldn't Either." July 15, 2013. bit.ly/1GLARii.

92. McMillen, Andrew. "One Man's Quest to Rid Wikipedia of Exactly One Grammatical Mistake." *Medium,* February 3, 2015.

93. Memoli, Michael A. "Louisiana Congressman 'Very Sorry' After Video Shows Romantic Encounter." *Los Angeles Times,* April 8, 2014.

94. Meyerson, Harold. "How to Boost Voter Turnout in L.A. — and It Isn't Offering Prizes." *Los Angeles Times,* August 19, 2014.

95. Miller, Dean. "News Literacy Is Not Optional If You Need to Be Well-Informed." *New York Times,* February 28, 2014.

96. Mobley, Eric W. "The Ambiguous Hamburger Icon: Is the Icon Mystery Meat to Users?" February 12, 2014. bit.ly/1HR6Xb1.

97. Mohan, Geoffrey. "Can Money Buy Your Kids a Bigger Brain?" *Los Angeles Times,* March 30, 2015.

98. Mooney, Chris. *The Republican War on Science*. New York: Basic Books, 2006.

99. Morris, Errol. "The Anosognosic's Dilemma: Something's Wrong but You'll Never Know What It Is." *New York Times,* June 20, 2010.

100. National Geographic Education Foundation. "National Geographic–Roper Public Affairs 2006 Geographic Literacy Study." May 2006. on.natgeo.com/QrP3aj.

101. National Science Board. "Science and Engineering Indicators 2006." Arlington, Va.: National Science Foundation (volume 1, NSB 06–01; volume 2, NSB 06–01A). 1.usa.gov/1c9bk7i.

102. Nelson, Libby. "Read a Professor of Medicine's Outraged Tweets from Her Son's Abstinence-Only Sex Ed Class." *Vox,* April 15, 2015.

103. Nestojko, John F., Jason R. Finley, and Henry L. Roediger III. "Extending Cognition to External Agents." *Psychological Inquiry* 24, no. 4 (2013): 321–25.

104. Newell, Allen, and Herbert A. Simon. *Human Problem Solving*. Englewood Cliffs, N.J.: Prentice-Hall, 1972.

105. Newport, Frank. "In U.S., 42% Believe Creationist View of Human Origins." Gallup Politics, June 2, 2014.

106. *Newsweek.* "Take the Quiz: What We Don't Know." March 20, 2011. bit.ly/1y56VvY.

107. *New York Post.* "Diddy Mistaken for Kanye West at Art Basel." December 6, 2013.

108. Nielsen. "Mobile Millennials: Over 85% of Generation Y Owns Smartphones." September 5, 2014. bit.ly/1pyhyfG.

109. Noble, Kimberly G., Suzanne M. Houston, Natalie H. Brito, et al. "Family Income, Parental Education and Brain Structure in Children and Adolescents." *Nature Neuroscience* 18, no. 5 (May 2015): 773-78. doi:10.1038/nn.3983.

110. Norton, Michael I., and Dan Ariely. "Building a Better America — One Wealth Quintile at a Time." *Perspectives on Psychological Science* 6, no. 1 (January 2011): 9-12.

111. O'Leary, Amy. "An Honor for the Creator of the GIF." *New York Times,* May 21, 2013.

112. Oliver, J. Eric, and Thomas Wood. "Medical Conspiracy Theories and Health Behaviors in the United States." *JAMA Internal Medicine* 174, no. 5 (May 2014): 817-18. doi:10.1001/jamainternmed.2014.190.

113. Oppenheimer, Mark. "Knowing Not." *New York Times,* June 10, 2007.

114. Paddock, Catharine. "Medicine Labels to Carry Clearer Instructions, UK." *Medical News Today,* March 4, 2011.

115. Parker, Dorothy. *Not Much Fun: The Lost Poems of Dorothy Parker.* Edited by Stuart Y. Silverstein. 1996. Reprint, New York: Scribner, 2009.

116. Pelletier, John. "National Report Card on State Efforts to Improve Financial Literacy in High Schools." Burlington, Vt.: Champlain College Center for Financial Literacy, 2013.

117. Peters, Mark. "If 'Mark Twain Said It,' He Probably Didn't." *Good,* September 27, 2009.

118. Pew Research Center. "America's Changing Religious Landscape." May 12, 2015. pewrsr.ch/1FhDslC.

119. ———. "Emerging Nations Embrace Internet, Mobile Technology." February 13, 2014. pewrsr.ch/1mg8Nvc.

120. ———. "Public's Knowledge of Science and Technology." April 22, 2013. pewrsr.ch/1Cp50xP.

121. ———. "U.S. Religious Knowledge Survey." September 28, 2010. pewrsr.ch/1Cxom3u.

122. Piore, Adam. "Why We Keep Playing the Lottery." *Nautilus,* August 1, 2013.

123. Poundstone, William. *The Ultimate.* New York: Doubleday, 1990.

124. Prange, David. "A Sign of the Times." *National Oil and Lube News,* n.d. bit.ly/1c9d7JK.

125. Proctor, Robert, and Londa Schiebinger, eds. *Agnotology: The Making and Unmaking of Ignorance.* Palo Alto, Ca.: Stanford University Press, 2008.

126. Prothero, Stephen. *Religious Literacy: What Every American Needs to Know—*

And Doesn't. San Francisco: HarperOne, 2007.

127. Ramer, Holly. "Bachmann Flubs Revolutionary War Geography in NH." Boston.com, March 13, 2011.

128. Reed, Philip, and Ronald Montoya. "Stop Changing Your Oil." Edmunds. com, April 23, 2013.

129. Roediger, Henry L., III, and Robert G. Crowder. "A Serial Position Effect in Recall of United States Presidents." *Bulletin of the Psychometric Society* 8, no. 4 (October 1976): 275-78.

130. Roediger, Henry L., III, and K. A. DeSoto. "Forgetting the Presidents." *Science* 346, no. 6213 (November 2014): 1106-9.

131. Romano, Andrew. "How Ignorant Are Americans?" *Newsweek,* March 20, 2011.

132. Rosen, Jody. "The Knowledge, London's Legendary Taxi-Driver Test, Puts Up a Fight in the Age of GPS." *New York Times,* November 10, 2014.

133. Sagan, Carl. *The Cosmic Connection*. Garden City, N.Y.: Doubleday, 1973.

134. Said, Sammy. "The Most Expensive Celebrity Endorsements." *The Richest,* October 5, 2013. bit.ly/1Cp80dK.

135. Satran, Joe. "Misspelled Food Names: The 11 Dishes GrubHub Users Get Wrong the Most." *Huffington Post,* May 30, 2013. huff.to/1O9JlSN.

136. Schlam, Tanya R., Nicole L. Wilson, Yuichi Shoda, et al. "Preschoolers' Delay of Gratification Predicts Their Body Mass 30 Years Later." *Journal of Pediatrics* 162, no. 1 (January 2013): 90-93.

137. Schrager, Allison. "Are Americans Saving Too Much and Spending Too Little?" *Bloomberg Business,* October 27, 2014.

138. Seaman, Andrew M. "You're Not Alone: Medical Conspiracies Believed by Many." Reuters, March 19, 2014.

139. Semuels, Alana. "Sex Education Stumbles in Mississippi." *Los Angeles Times,* April 2, 2014.

140. S. H. "Financial Literacy: Back to Basics." *The Economist,* July 11, 2014.

141. Skiena, Steven, and Charles B. Ward. *Who's Bigger? Where Historical Figures Really Rank*. Cambridge, UK: Cambridge University Press, 2013.

142. ———. "Who's Biggest? The 100 Most Significant Figures in History." *Time,* December 10, 2013.

143. 蘇珊・桑塔格（Susan Sontag）所著的《同時：桑塔格隨筆與演說》（*At the Same Time: Essays and Speeches*），繁體中文版於 2011 年由麥田文化發行。

144. Sparrow, Betsy, Jenny Liu, and Daniel M. Wegner. "Google Effects on Memory: Cognitive Consequences of Having Information at Our Fingertips." *Science* 333, no. 6043 (August 2011): 776-78.

145. Stephens-Davidowitz, Seth. "Searching for Sex." *New York Times,* January 24, 2015.

146. Sullivan, Patricia. "William 'Bud' Post III; Unhappy Lottery Winner." *Washington Post,* January 20, 2006.

147. Sweet, Leonard. *Nudge: Awakening Each Other to the God Who's Already There*. Colorado Springs: David C. Cook, 2010.

148. Tauber, Sarah K., John Dunlosky, Katherine A. Rawson, et al. "General Knowledge Norms: Updated and Expanded from the Nelson and Narens (1980) Norms." *Behavioral Research Methods* 45, no. 4 (December 2013): 1115-43.

149. Terkel, Amanda. "Texas Board of Education: Jefferson Davis and Obama's Middle Name Are Essential for Students to Learn." *ThinkProgress,* May 21, 2010.

150. Tetlock, Philip. *Expert Political Judgment: How Good Is It? How Can We Know?* Princeton, N.J.: Princeton University Press, 2005.

151. Timmer, John. "Ohio Lawmakers Want to Limit the Teaching of the Scientific Process." *Ars Technica,* August 26, 2014.

152. Townes, Carimah. "Denver Students Walk Out in Protest of Conservative Takeover of Curriculum." *ThinkProgress*, September 24, 2014.

153. Vavreck, Lynn. "The Power of Political Ignorance." *New York Times,* May 23, 2014.

154. ———. "Why Network News Still Matters." *New York Times,* February 18, 2015.

155. Vine, Katy. "Faith, Hope, and Chastity." *Texas Monthly,* May 2008.

156. Wagstaff, Keith. "Forget Cursive: Teach Kids How to Code." *The Week,* November 14, 2013.

157. Way, Wendy L., and Karen Holden. "Teachers' Background and Capacity to Teach Personal Finance: Results of a National Study." National Endowment for Financial Education, March 2009. bit.ly/1Y4HW4Z.

158. Wegner, Daniel M., and Adrian F. Ward. "How Google Is Changing Your Brain." *Scientific American,* December 2013: 58-61.

159. Weinberger, Hannah. "Changing Gears: Is Knowing How to Drive Stick in America Still Essential?" CNN, July 19, 2012. cnn.it/1JoPpUJ.

160. Williams, Alex. "15 Minutes of Fame? More Like 15 Seconds of Nanofame." *New York Times,* February 6, 2015.

161. Wilson, Reid. "Arizona Will Require High School Students to Pass Citizenship Test to Graduate. Can You Pass?" *Washington Post,* January 16, 2015.

162. Wood, Michael J., Karen M. Douglas, and Robbie M. Sutton. "Dead and Alive: Beliefs in Contradictory Conspiracy Theories." *Social Psychological and Personality Science* 3, no. 6 (November 2012): 767-73.

163. Wu, Suzanne. "USC Survey Reveals Low Health Care Literacy." *USC News,* March 24, 2014. bit.ly/1GLGHjy.

164. Xu, Fujie, Lauri E. Markowitz, Maya R. Sternberg, and Sevgi O. Aral. "Prevalence of Circumcision in Men in the United States: Data from the National Health and Nutrition Examination Survey (NHANES), 1999-2002." XVI International AIDS Conference, 2006.

165. Zachs, Jeffrey M. "Why Movie 'Facts' Prevail." *New York Times,* February 13, 2015.
166. Zamon, Rebecca. "Dr. Oz Says Gluten-Free Diets Are a Scam." *Huffington Post Canada,* May 26, 2014.
167. Zaromb, Franklin, Andrew C. Butler, Pooja K. Agarwal, and Henry L. Roediger III. "Collective Memories of Three Wars in United States History in Younger and Older Adults." *Memory & Cognition* 42(2013): 383–99.

新商業周刊叢書　BW0617

為什麼Google不夠用？

原 文 書 名／Head in the Cloud: Why Knowing Things Still Matters When Facts Are So Easy to Look Up
作　　　　者／威廉‧龐士東（William Poundstone）
譯　　　　者／林奕伶
企 劃 選 書／黃鈺雯
責 任 編 輯／黃鈺雯
編 輯 協 力／蘇淑君
版　　　　權／黃淑敏
行 銷 業 務／周佑潔、石一志

總 編 輯／陳美靜
總 經 理／彭之琬
發 行 人／何飛鵬
法 律 顧 問／台英國際商務法律事務所
出　　　　版／商周出版　臺北市中山區民生東路二段141號9樓
　　　　　　　電話：(02)2500-7008　傳真：(02)2500-7759
　　　　　　　E-mail：bwp.service@cite.com.tw
發　　　　行／英屬蓋曼群島商家庭傳媒股份有限公司　城邦分公司
　　　　　　　台北市104民生東路二段141號2樓
　　　　　　　電話：(02)2500-0888　傳真：(02)2500-1938
　　　　　　　讀者服務專線：0800-020-299　24小時傳真服務：(02)2517-0999
　　　　　　　讀者服務信箱：service@readingclub.com.tw
　　　　　　　劃撥帳號：19833503
　　　　　　　戶名：英屬蓋曼群島商家庭傳媒股份有限公司城邦分公司
香港發行所／城邦(香港)出版集團有限公司
　　　　　　　香港灣仔駱克道193號東超商業中心1樓
　　　　　　　電話：(825)2508-6231　傳真：(852)2578-9337
　　　　　　　E-mail：hkcite@biznetvigator.com
馬新發行所／城邦(馬新)出版集團
　　　　　　　Cite (M) Sdn Bhd
　　　　　　　41, Jalan Radin Anum, Bandar Baru Sri Petaling,
　　　　　　　57000 Kuala Lumpur, Malaysia.
　　　　　　　電話：(603)9057-8822　傳真：(603)9057-6622　email: cite@cite.com.my

封 面 設 計／柳佳璋　　內文設計暨排版／無私設計‧洪偉傑　　印　刷／韋懋實業有限公司
經 銷 商／聯合發行股份有限公司　電話：(02)2917-8022　傳真：(02) 2911-0053
　　　　　　　地址：新北市231新店區寶橋路235巷6弄6號2樓

國家圖書館出版品預行編目（CIP）數據

為什麼Google不夠用？／威廉.龐士東（William Poundstone）著；林奕伶譯. -- 初版. -- 臺北市：商周出版：家庭傳媒城邦分公司發行, 民105.11
　面；　公分. --（新商業周刊叢書；BW0617）
譯自：Head in the Cloud: Why Knowing Things Still Matters When Facts Are So Easy to Look Up
ISBN 978-986-477-131-8（平裝）

1.資訊社會

541.415　　　　　　　　　　　105019325

ISBN／978-986-477-131-8　　　版權所有‧翻印必究（Printed in Taiwan）
定價／360元

城邦讀書花園
www.cite.com.tw

2016年（民105）11月初版